被誤解的臺灣老地名

陸傳傑 著

②

時·間·篇

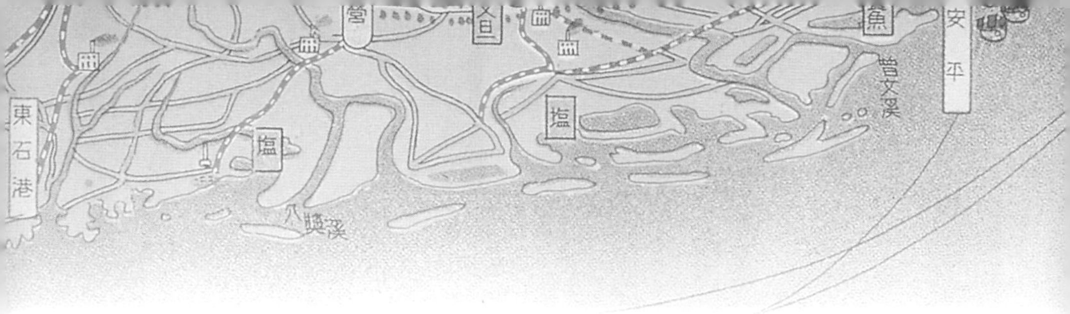
安平
曾文溪
鹽
東石港
八掌溪

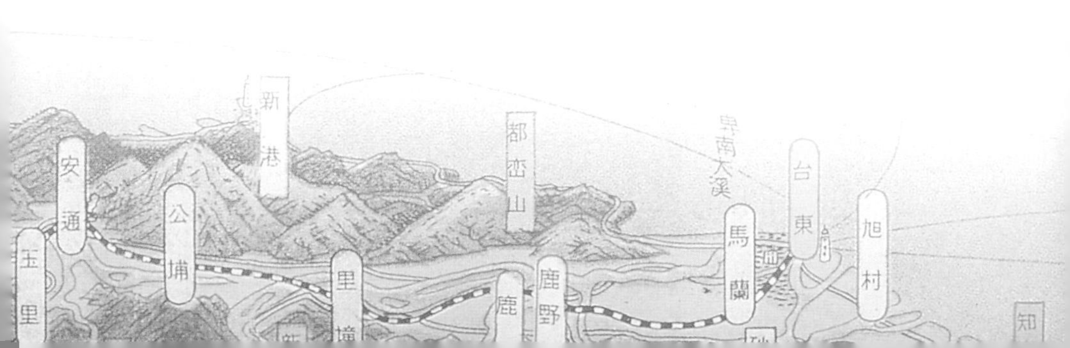
新港
都巒山
卑南大溪
台東
旭村
安通
公埔
玉里
馬蘭
鹿野

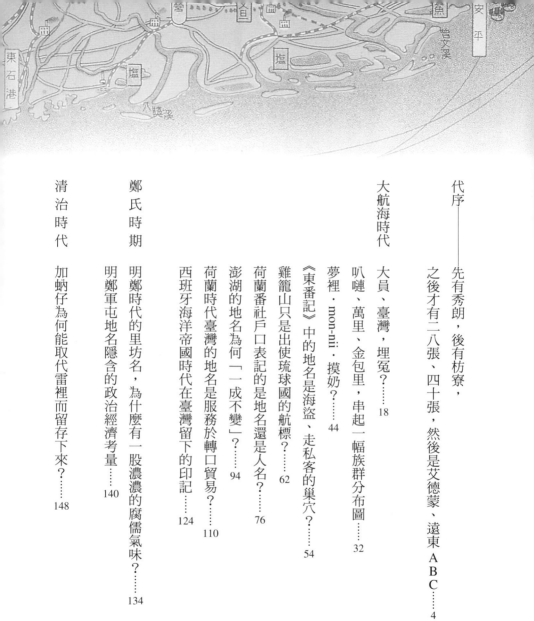

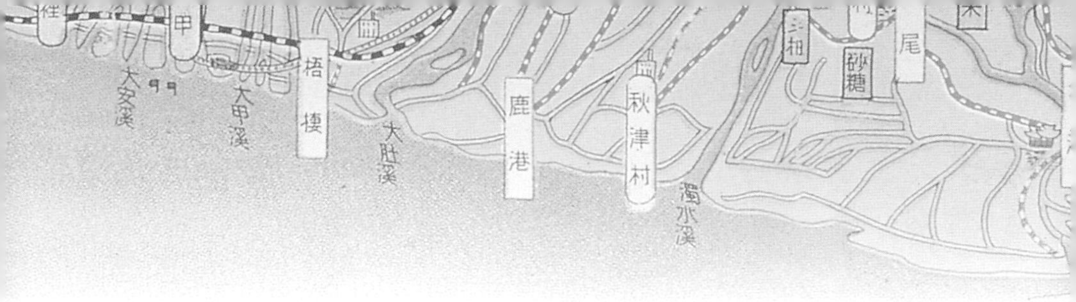
甲
梧棲
大安溪
大甲溪
鹿港
大肚溪
秋津村
濁水溪
砂糖
尾

日治時代

光復後

大濁水溪
清水断崖
三錐山
砂金
タツキリ溪
ゴルフ場
花蓮港
花蓮溪
吉野
吉野村
壽
豊田
豊田村
砂糖
林田
林田村
鳳林
秀姑巒溪
木瓜溪
大魯閣大山
大タロコ
深水
ビヤナン鞍部
大石

代序

先有秀朗，後有枋寮之後才有二八張、四十張然後是艾德蒙、遠東ABC

岳父姓游世居中和的枋寮，游是中和大姓，又住在枋寮，談起中和的過往，他是很有發言權的。每當有人問起枋寮地名的由來，岳父一貫的答覆是：早年山頂「做大水」，沖下了許多「枋仔」，也就是木板。人們拿這些「枋仔」搭寮居住，他說這就是枋寮地名的由來。我覺得這個說法十分可疑。

首先山洪暴發，除非山上有鋸木廠，否則沖下來的應該是原木，不可能是被加工成板材的「枋仔」。其次中和的南面是有些山，可都是像圓通寺、烘爐地之類的小山，不是什麼深山老林，這些小山丘是不可能長出「成材」的大樹，更不可能開設鋸木廠。那麼枋寮這個老地名究竟是怎麼來的？

在臺灣叫枋寮的地方不乏其例，叫枋寮的地方原本是將原木切割成「枋仔」的作坊，用現在用語就是鋸木廠。所以中和的枋寮原本就是切割「枋仔」的鋸木廠，不是用山上沖下來的「枋仔」搭成的「寮仔」。

枋寮、軍工寮都是生產軍用板材的作坊

早年叫枋寮的地方都是受政府管控的，因為當時枋寮生產的板材絕大部分是樟木或厚栗，這兩種板材都是用於建造水師戰船的上選之材，屬於嚴格管控的軍用物資。因為是軍用物資，所以有些地方的「枋寮」也叫「軍工寮」。臺北市連接和平東路三段的軍功路也有軍工寮，「軍功」其實是「軍工」之誤。另外有些叫「交力林」、「校立林」的地方和枋寮、軍工寮一樣，都是生產軍用物資的地方。「交力」、「校立」是「厚栗」的諧音。

在運力缺乏的年代，生產枋仔的枋寮最適當的地方應該就在森林附近，最好旁邊還有河道，方便運輸。中和的枋寮兩者皆備，枋寮旁古地名叫「三角湧」的地方，就有一條河道通到新店溪。對岸不遠處就是艋舺的「料館口」，是木材交易的集散地。

對世居中和枋寮的岳父而言，聽到我對枋寮地名由來的解釋，只能用目瞪口

呆來形容。如果他知道中永和一帶原本是成片的樟樹林，真不知道又會有什麼表情。中和原本是一大片樟樹林，並非我憑空杜撰，而是來自早年土地交易契約的記載。

要開發農地得先伐木

大臺北地區最古老的土地開墾許可是知名的陳賴章墾號取得的。陳賴章墾號申請開墾土地相當於整個大臺北的盆地。當然一家墾號是不可能開發這麼大一片土地，於是便分割發包出去。幾經轉手中永和一帶的土地轉包到「李餘周」墾號的手中。從「李餘周」招墾的契約當中，可以發現當時中永和一帶開墾是相當困難的。因為沒有灌溉渠道，根本沒有水源，沒有水源就無法種稻。但這還不是最大的麻煩，最讓佃戶頭疼的是土地上還是一片原始狀態的樟樹林。所以「李餘周」在每份招租契約上都特別聲明，地上的原始林佃戶必須自行處理，墾號概不負責。

讓佃戶自行伐木闢地根本不現實，很快的「李餘周」就玩不轉了，於是土地開發權又轉給了「林本源」，也就是知名的板橋林家。光復前岳父一家世代都是板橋林家的佃戶。

《乾隆中葉臺灣輿圖》

乾隆中葉，新店溪西岸與大嵙崁溪南岸，中永和與板橋、土城地區只標註了擺接社、武勝灣社、龜崙蘭與秀朗庄四個地名，當時枋寮還未出現。

哈仔蘭山
里族社
八芝蘭林庄
大加臘庄
興福庄
上埤頭庄
下埤頭庄
大浪泵社
內北投社
和尚洲庄
雷裡社
武勝灣社
擺接社
新庄街
興直庄
海坪
關渡門
八仙埔庄
磺山
大屯山
媽祖宮
紅毛砲臺
外北投社
石門
小南灣
大南灣

所以要開墾這片土地，前提就是要先將這一片樟木林給處理掉。如果要快的話放火燒林也是一個辦法。但樟樹不是雜木，可是值錢的軍用物資，再麻煩也不可能一把火燒了，於是枋寮就出現了。目前我們還沒有文獻可以了解枋寮是何時出現，又是如何運作的。但是我們還是可以從老地圖找到中和枋寮出現的大致時代。

一個地名如何發生？又如何演變？

從目前已知的方志和古地圖，中和枋寮出現的年代大約是在乾隆中晚期之後。乾隆五十年前後繪製的《御製臺灣原漢界址圖》、《紫線番界圖》在秀朗社、龜崙蘭社與武勝灣社之間都標示一個叫「大枋寮」的地名。顯然這個「大枋寮」就是現在中和枋寮里。「大枋寮」的標示有些奇怪，既不是漢人的「庄」，也不是原住民的「社」，難道當時它只是一個大型鋸木作坊，還未形成聚落？

乾隆中期之後板橋、土城、新莊以及對岸臺北市早已沃野平疇、村莊林立，甚至出現新莊和艋舺等中大型市街，而環繞其中的中和核心區域還只有原民聚落，並未出現漢人的村落。顯然那片樟木原始林還未清理完畢。我之所以做這番考據目的並非是為了「吐槽」岳父關於枋寮地名的說法，而是在思考一個關於地

《十八世紀末御製臺灣原漢界址圖》

乾隆末期板橋、土城地區漢人村莊林立，而中永和地區還是以原住民聚落為主，此時枋寮以「大枋寮」之名出現在地圖上。

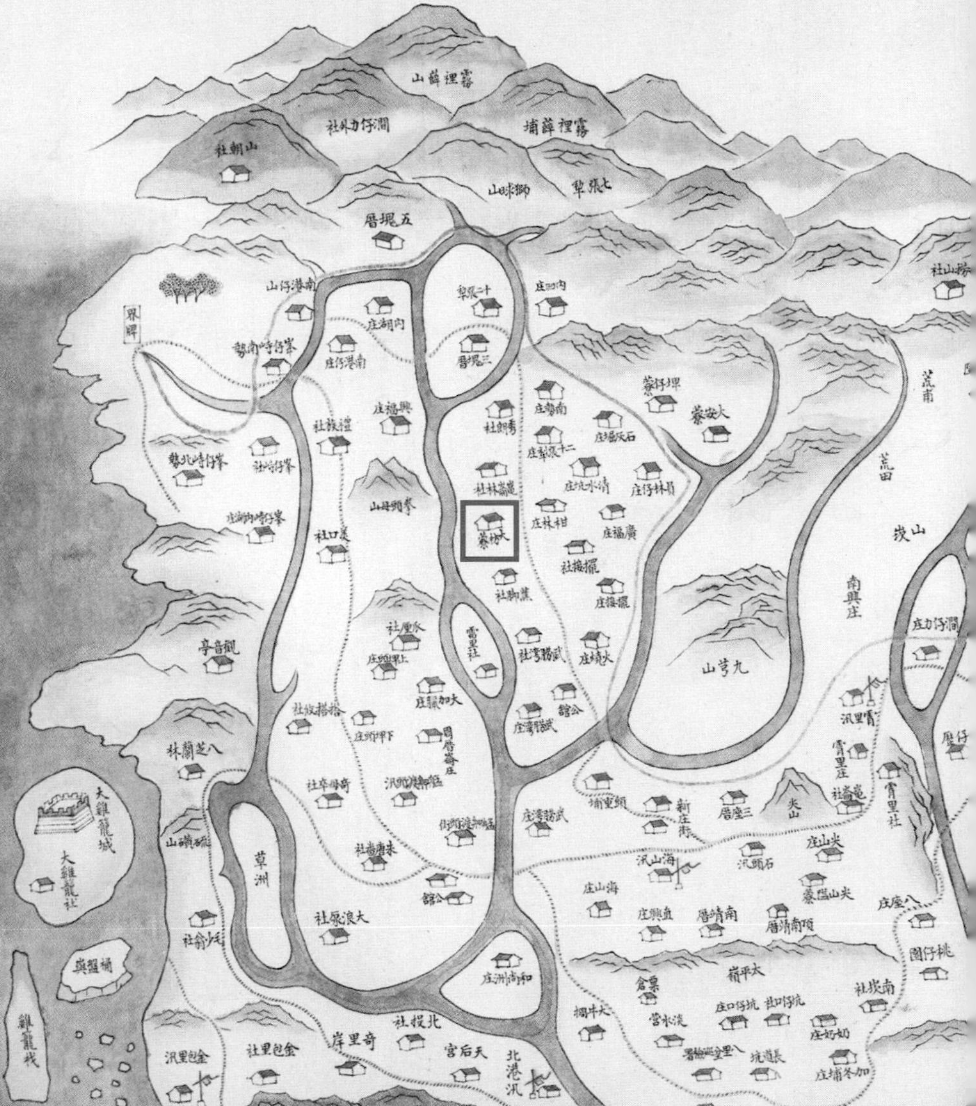
霧裡薛山
霧裡薛埔
七張犁
獅毬山
五堀厝
界碑
觀音亭
八芝蘭林
大雞籠城
大雞籠社
草洲
九芎山
大安寮
和尚洲庄
新庄街
三座厝
海山汛
海山庄
石頭汛
南靖厝
太平嶺
大浪泵社
北投社
奇里岸
天后宮
北港汛
金包里汛
金包里社
小雞籠社
小雞籠汛
外北投社
八里坌社
文館
砲臺汛
砲臺

名歷史上最核心的問題：一個地方的地名是如何發生，又是如何演變與發展的。

在《被誤解的臺灣老地名1》出版之後，不少讀者覺得意猶未竟，希望再看到續篇，出版社的編輯也頻頻邀約「老地名第二集」。數年過去了，我始終未動筆。因為我還在思考該以哪個角度來撰寫「老地名第二集」。一篇文章沒有主題是不成其文的，一部著作沒有中心思想還能匯集成冊嗎？我需要一個貫穿全書的中心思想。

或許有人會說，哪需要什麼主題、中心思想，輕輕鬆鬆的漫談，像《被誤解的臺灣老地名1》那樣不也很好？如果讀者有這方面的想法，應該是對《被誤解的臺灣老地名1》有所誤解。其實這本小書雖然結構有些鬆散，行文也沒有嚴肅的學術規範，但還是有一個明確的主題貫穿其間，只是沒有明言罷了，所以讀者也未必察覺得到。

來自前輩的啟發

有關臺灣老地名的著作中，洪敏麟的《臺灣地名沿革》是我極為喜愛的一本，很可惜這部巨著出到中部地區之後就中止了，對我而言一直有「紅樓夢未完」之憾。這部巨著的序篇對臺灣的老地名做了極為精細的分類，這部分對我影

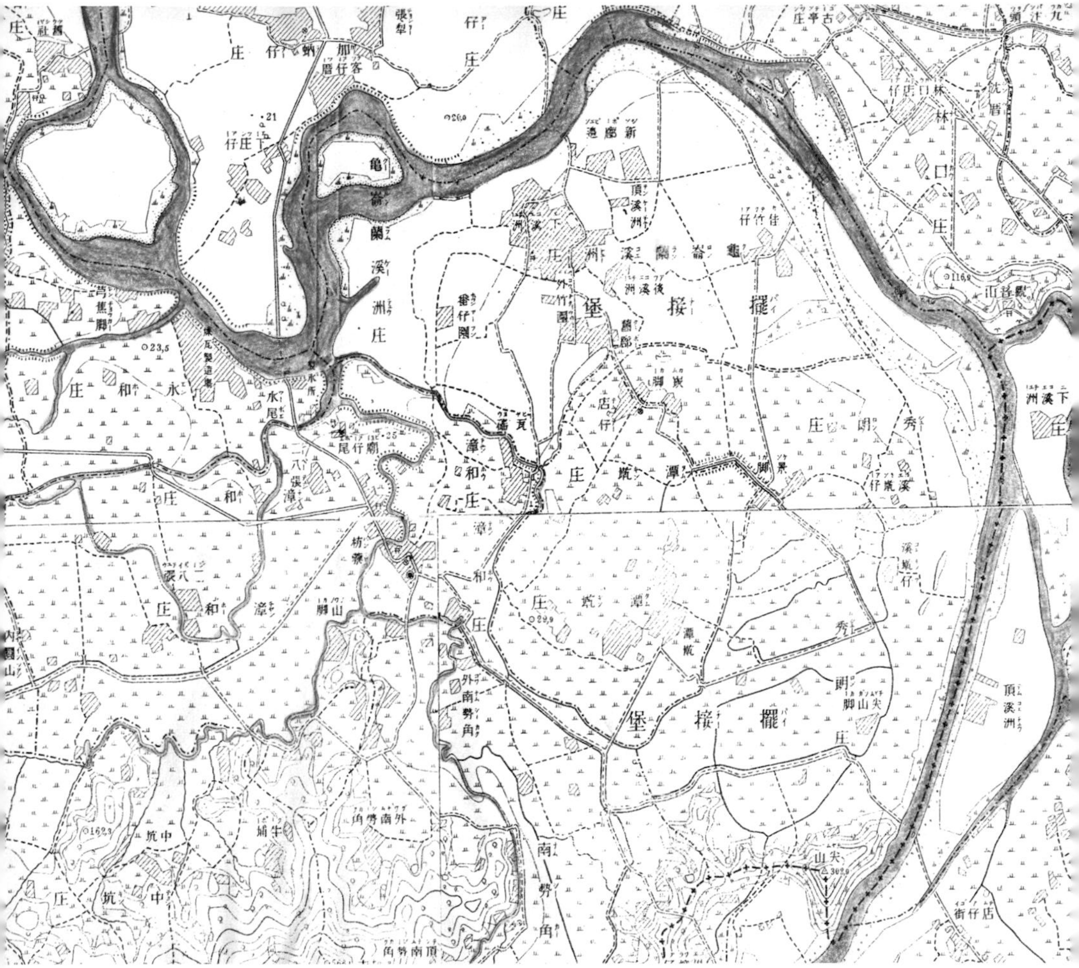

《臺灣堡圖》18、23、49、53號

19世紀後枋寮成為漳和庄的集市，
一條小溝穿過枋寮街區，為運送樟木
通向新店溪提供了便利。

響極大，《被誤解的臺灣老地名1》就是以地名的類別作為主軸。我希望透過地名的分類將老地名與臺灣歷史、地理、族群找到對應關係。雖然我沒有明言，也沒有以嚴肅的學術語言鋪陳，但我還是應該誠實的說明，這本小書的確是從洪老前輩那兒得到啟發的。但如果非要再寫一本關於老地名的續篇，主題還應該是地名的分類嗎？我想我做不到，即使勉強為之，不僅是對讀者的褻瀆，對我個人而言也是極不負責的。

尋找新的寫作主軸

我有一位極為相知的大學同學，大學畢業後赴德國研讀印歐語系歷史比較語言學。要研讀這門學問的前提是先要通過十種主要印歐語系的語言學分，其中包括已經成為「死語言」的古希臘文和拉丁文。可想而知，要修完這十種語言學分對歐洲人都不是件容易的事，更何況是東方人。其困難程度就好像要求一個西方人要同時學會粵語、閩語、湘語、贛語、客語、吳語、川語、藏語、晉語以及古代漢語一樣。這位同學花了十多年的時間總算獲得了博士學位。我對這門學問只能用「敬畏」來形容。所以只要我們有機會見面，我總是盡可能的請這位同學為我講授這門學問的大意。

漸漸的我發覺臺灣四百年來地名的發展過程和歷史比較語言學所處理的語言問題極為相似。歷史比較語言學關注的問題是語言的起源、發展、分化、相互競爭、覆蓋等等。臺灣的地名雖然只有短短的四百年，卻像一種飽經歷史顛沛的古老語言，早已飽含各類元素發展成為一個極為複雜的面貌。我想這應該就是「老地名第二集」的主軸。

以枋寮為例，在漢人尚未入墾之前，那兒是分隔武勝灣社、龜崙蘭社、秀朗社等聚落之間的一片原始森林。原始地名為何，已無從考證，即使是武勝灣社、龜崙蘭社、秀朗社也非原始地名，那不過是荷蘭人與漢人根據族群名稱所賦予的地理標示，之後才發展成為地名的。

進入清代，為了開闢農田，在原始森林邊緣設立了鋸木作坊「枋寮」，開發森林的資源。此後枋寮發展成為中和核心地帶的第一個聚落。隨著農地的擴大，這片原始森林消失之後，又陸續出現漳和、中坑、四十張、員山仔、永和、溪洲、潭墘、南勢角、秀朗等庄頭。此時龜崙蘭被「溪洲」所取代，後來又成為永和的市中心；秀朗歷經歷史的汰洗頑強的存活下來；枋寮則被「漳和」之名所覆蓋，成為漳和庄內的一個土名，然後逐漸為人淡忘。在這些庄頭之下還出現了無數類似枋寮的土名。這一切都是在那片原始樟樹林轉換成農田之後才出現的。

那麼是什麼力量促使武勝灣社、龜崙蘭社、秀朗社向漳和、中坑、四十張、員山仔、永和、溪洲、潭墘、南勢角、秀朗發展。有人或許會說是漢人移民造成的，似乎也對，但不夠全面。更準確的說是農業生產力促成的。如果不是中國大陸米糧急迫的需求，漢人就不會花這麼大的力氣將原始林砍去，又花更大的力氣整地、開鑿灌溉水渠。所以這些新生的地名實際上是一座座農業發展的里程碑。

日本時代中和一帶依然停滯於農業生產狀態，連帶的地名也停滯於清代的狀態，只不過清代的「庄」被日本人改成了「大字」，「土名」改成了「字」，地名幾乎一成不變。

工業生產力的巨輪碾碎了傳統土名

光復後國府遷臺，一些上海資本的紡織廠落腳於中和。與此同時中和也出現了大量的眷村。至此原本停留農業時代的庄名、大字名，在進入以工業為主要生產力的時代顯得超荷負載、不敷使用。因此除了像官方批量生產的八股地名之外，一些「體制外」的地名紛紛出籠，例如由陝西遷來的大華紗廠關閉後，那片地區就成了「大華」；愛德蒙海外公司設立後，「四十張」逐漸被淡忘，改口成了「海外公司」。近年海外公司關門，遠雄公司在原址上營建了數幢玻璃帷幕的工業大樓群，後來「海外公司」又成了歷史，被「遠東ＡＢＣ」所取代；樂華路夜市出現後，「店子街」被「樂華」所取代，其他像「大潤發」取帶了「水尾」之類的例子不可勝數。

老一輩的人們甚至文史工作者總是將那些意味深長的老地名的消逝，歸咎於國民政府對鄉土意識的摧殘，事實上是工業生產力的巨輪碾碎了農業時代的「大字」、「土名」。

秀朗一個多美的名字，如今以路名的形式蜿蜒於永和市區，但很少人會將其與平埔族群聯繫在一起。和秀朗同一時代的龜崙蘭則早已消失，連取代龜崙蘭的「溪洲」也以隱晦的樣貌「頂溪」殘存於捷運中和線上。枋寮之名還註記在地籍冊上，但已無人呼喚，和龜崙蘭、武勝灣一樣形同消逝。

前總統陳水扁將介壽路改名為凱達格蘭大道時，我多麼希望臺北市也能改名為凱達格蘭市或大加蚋市。在撰寫《被誤解的臺灣老地名1》的同時，好友平埔族文史達人吳智慶正四處奔走呼喊，終於將新建捷運萬大線的東園站改為「加蚋」一站，使得「加蚋仔」重現天日，我為他感到高興。好友知名攝影家張詠捷多年來推動馬公改回原名「媽宮」卻接連受挫，我為之氣憤不已，因為那兒是我出生的地方。童年時我在「媽宮」的天后宮被媽祖收為「契子」。

如今我終於完成了《被誤解的臺灣老地名2》的撰寫，悠遊於臺灣地名四百年的發展史，看到太多曾經在文獻上頻繁出現的老地名最終消沈於歷史長河之中。是什麼力量使一個地名歷久彌新？又是什麼力量使一個地名消逝？更神奇的是，因緣際會，一個曾被遺棄的老地名，竟然又回到它該有的位置。在撰寫本書的過程中，我逐漸摸索到可能的答案。

虎頸山

大員、臺灣，埋冤？

臺灣之名源於「大員」，在臺灣已成為基本常識。一九六〇年洪波浪與吳新榮編寫的《臺南縣志稿》在第三章第一節地名起源中提到：「臺灣社（Teyowan）今安平又書為『臺窩灣』，係當時一鯤鯓之地，明季陳第撰《東番記》所載之『大員』同一地，現在『臺灣』之名亦由此出。荷人建Zeelandia城（今之安平城）後原住平埔族被迫移徙新港及舊社（今之歸仁）」。

《臺南縣志稿》的作者短短幾句話就將臺灣、大員的由來交代得清清楚楚。但長久以來我一直沒弄清楚大員、臺灣是如何從一個原住民聚落演變成全島的總名？學界也沒有這方面的專門研究（可能是我孤陋寡聞不得與聞），大家似乎認為這個問題想當然耳，沒必要打破沙鍋問到底。但我認為這是研究臺灣地名繞不過的坎，尤其「認同臺灣」在島內已是頭等大事，對臺灣之名的源由豈可怠慢！

這個問題困擾我多年，直到二〇〇五年前後我到蘇州的臺商工廠任職後，這個問題才有新的體會。

臺灣成為全島總名應是在荷蘭時代

當時臺商在華東地區最大的滙集處是以昆山富士康為核心的蘇州地區，臺商從事最多的是手機、筆記型電腦上下游供應鏈上的協力廠商。當時還沒有直航航班，蘇州的碩放機場以軍用為主，民用航班很少。臺商往來臺灣與蘇州之間，通常是從港澳轉機上海浦東機場，再驅車前往蘇州。那時我發現一個特別的現象，臺商之間往來問候基本上是「什麼時候回上海？」或「什麼時候去上海？」好像沒蘇州什麼事。明明他們工作的地點就在蘇州，卻很少提到，這是為什麼？難道是虛榮心使然？好像沒那必要。

久而久之，我發現整個江南地區的臺商都有這種說法。後來我才發現只要轉機終點站是在上海的臺商，都有類似的說法。想通了這個問題，再反過來思考三、四百年前先民由大陸渡海來臺，抵達航船的終站——臺灣第一大商埠大員，就不難理解他們以「大員」稱呼整個臺灣島了。當然這是我個人的理解，要說明源由還得釐清「大員」到「臺灣」整個地名演變的脈絡。我認為「大員」、

《福爾摩沙島上荷蘭人港口圖》

此圖顯示荷蘭聯合東印度公司最早在臺灣設立的商館並非安平，而是在北汕尾。1625年商館從北汕尾遷到赤崁樓，後因瘟疫又遷回北汕尾。但北汕尾因缺淡水不適合作為商貿區，後來才又遷到大員。

麻豆社
moatao de los na turales
guan ru de los naturales
guan ru社
ORIENT
蕭壠社
Saulan de los naturales
SEPTETRIÕ
aquidentro esel
日本人商館
Lugar de los ja pones
odo esto, 220, Olandeses en la
100, en el baluarte de la es
lo, en la fatoria, 8, los de
en las naos, Ay tambien
chinas, y 160, japones
estero pordonde entran los nauios
VOC商館
fatoria del Olandes
北汕尾
鹿耳門水道
OCCIDENT

「臺灣」之所以成為臺灣島的總名，和大員從一個原住民小聚落發展成臺灣島上的第一大市鎮有關。

中國古代文獻中有關大員的記載，除了上文提到的《東番記》之外還有不少，在此就不一一列舉了。以《東番記》為例，作者陳第於十七世紀初，荷蘭東印度公司入主大員之前，隨福建水師游擊沈有容來臺巡哨。《東番記》文中所記下的臺灣地名遍及臺灣中南部海岸線，大員亦為其一。從內文脈絡可感受大員不過是有海盜和走私商人活動處之一，還沒有臺灣「第一通商大埠」的勢頭。所以《東番記》撰寫的年代，大員並非整個臺灣的總名。有人懷疑「東番」也有臺灣總名的可能，對此我不表贊同。

首先《東番記》提到的「東番」應該不是指臺灣島，從全文脈絡可知「東番」是陳第對臺灣原住民的泛稱。其次，當時由福建水師所提供海上地理資訊而繪製的輿圖一律將臺灣稱為「小琉球」，所以陳第沒有必要另外發明一個「東番」來故作新發現。《東番記》從地名學的角度而言，其實間接證明了在荷蘭占領臺灣之前，大員並非臺灣的總名。由此依時間脈絡，大員成為臺灣的總名，應該是大員在荷蘭東印度公司的經營下，從臺灣眾多的走私據點脫穎而出，成為第一大商埠之後。以下我們就來談談大員發展成臺灣第一大商埠的故事。

荷蘭時代初期商品交易並不在大員

一六二四年荷蘭人占領大員之後，立即在港口附近營建熱蘭遮城（Zeelandia），但是商品交易活動並不在大員，而是在與大員隔著大港水道的北汕尾。當時的情況荷蘭人記錄得不多，但我們可以從一幅一六二六年西班牙人繪製的《福爾摩沙島上荷蘭人港口圖》窺見大員附近的地理人文訊息。

圖中的熱蘭遮城已經初見規模，荷蘭人的商館設在北汕尾的北端，挨著鹿耳門水道。北汕尾的南端畫了幾座小屋，圖上沒註明具體用途。我猜應該是中國商人的宿舍或貨棧。荷蘭商館與日本商館隔著鹿耳門水道設在北岸，顯然荷蘭人對日本人是很有戒心的。其實原因很簡單，當時荷蘭人最主要的貿易活動是將中國商品轉口到日本，如果日本人和中國人直接交易，那麼就沒荷蘭人什麼事了，而荷蘭人在此設商站、蓋城堡自然就白忙活一場了。

日本人原本在大員和中國人貿易做得好好的，荷蘭人橫插一槓，日本人自然是很不痛快的，中國人心裡當然也是不舒服。荷蘭人的做法就是把中國人留在身邊，把日本人趕到鹿耳門水道的北岸。日本人對此當然很有意見，於是爆發了「濱田彌兵衛事件」。事件雖然以日方占了上風做了結，但由於自身的因素，日本人最終還是選擇退出大員，荷蘭人最終掌握了中日三角貿易的牛耳。這張地圖清楚呈現大員在荷蘭占領之初的中日荷三方角力的實況。

濱田彌兵衛事件後，荷蘭人將商館遷到普羅文西亞（赤崁樓一帶），後來普羅文西亞一帶爆發瘟疫，商館又遷回北汕尾。北汕尾因缺水等種種問題，荷蘭人最後將商館遷到大員。一幅荷蘭人繪製的圖畫《熱蘭遮城與大員》說明大員商貿區初建的景觀。

一六二九年大員市街初建，可能是未成規模，所以畫中的重點是擴建中的熱蘭遮城與荷蘭商館。當時的荷蘭商館建在大員市街與熱蘭遮城之間，商館旁有一座執行吊刑的木頭架。由此可見荷蘭已在此地建立司法管轄，商館應該是貿易、行政與司法的混合體。大員市街的建立是臺灣史上劃時代的一步，在地名學上的意義也是劃時代的一步。

如果荷蘭人將商館留在北汕尾或赤崁，大員就不會發展成一個商貿市街。那麼臺灣的總名也不會是現在大家習稱的「臺灣」，很可能是「北汕尾」或「赤崁」，或是發音類似的字眼。荷蘭方面，大員（Taioan）並非官方地名，官式地名是熱蘭遮（Zeelandia），不過荷蘭人在一般文書及地圖仍以大員（Taioan）稱之。

一六二八年荷蘭人規劃大員新市街時，當時大員的行政長官奴易滋（Pieter

Nuyts）將這個新市鎮命名為奧倫治（Orange），巴達維亞總部卻命令他改為熱蘭遮（Zeelandia）。奴易滋對此大概很不滿，竟然在信中反唇相譏，說乾脆叫Geldria（錢）算了！其實，命名為熱蘭遮（Zeelandia）是比較符合VOC的一貫傳統。Zeelande位於荷蘭的西南方，是荷蘭聯省共和國的七個主要省份之一。奧倫治大公則是荷蘭共和政權的首位元首。一般說來，VOC多以荷蘭本土地名為新殖民地命名，較少採用人名。

普特曼斯為大員的發展貢獻最大

「濱田彌兵衛事件」發生後奴易滋被解職，巴達維亞總部派普特曼斯（Hans Putmans）取代奴易滋擔任大員的第四任行政長官。普特曼斯在VOC殖民大員的歷史上是一位值得大書一筆的幹練官員。

普特曼斯看出中日轉口貿易是VOC在東亞最大的利益所在，為了消除「濱田彌兵衛事件」的惡劣影響，他派人赴日安撫德川幕府與薩摩藩，保住了VOC在平戶的商館。另一方面，普特曼斯與鄭芝龍放下了過去的恩恩怨怨，攜手合作打擊海盜勢力發展雙方貿易。兩手齊下的結果，大員的轉口貿易在一六三二年之後開始轉虧為盈。

《熱蘭遮城與大員》

此圖是荷蘭人最早關於大員市鎮景觀的畫作。

《TAIOAN》（大員鳥瞰圖摹本）

1636年之後荷蘭聯合東印度公司與鄭芝龍達成和解，確定大員作為雙方的商品交易區，此後大員商貿市鎮進入全盛時代。由於中國商人以大員作為商品交易市場，大員（TAIOAN）遂成中國商人對臺灣全島的總稱，也是臺灣之名的由來。

Fort de Zeelande ou de Taiovang
Pag. 68

中國人居住街區
市場
北汕尾

除了轉口貿易之外，普特曼斯對大員商務最大的貢獻，應該是發掘了臺灣生產蔗糖的潛能。此後砂糖成為VOC在臺的重大利益。臺灣糖業的發展不僅為VOC創造了商機，同時也為臺灣漢人社會的發展奠定了基礎。在此背景下大員市街持續發展。普羅文西亞城（Provintia，今赤崁樓）也因中國農業移民的大增而發展成街市，但還是難以和大員相提並論。

大員市街的發展可以從普特曼斯主政時代繪製的地圖看出。比較知名的是一六三五年芬柏翁（Johannes Vingboons）繪製的《大員設計圖》和《熱蘭遮城景觀圖》。從這兩幅地圖可以清楚看出，隨著大員商務的發展，普特曼斯不但重新規劃大員市街，還營建了新的商館，並加強熱蘭遮城堡的防禦設施。比較令人費解的是，舊商館拆除後並沒在原地重建，而是併入熱蘭遮城。之所以如此大概是因為一六三四年海盜劉香率領集團襲擊大員，為了安全只得將商館併入熱蘭遮城。

大員成為中國商人來臺目的地

一六三七年普特曼斯任滿返回VOC總公司述職時，曾向董事會展示了他的大員防禦與新市鎮的設計方案。董事會隨即下令巴達維亞總部必須根據普特曼斯的設計方案執行。普特曼斯的大員防禦新方案究竟是什麼模樣，如今已不復見，很可能和一六四四年《大員鳥瞰圖》呈現的景觀差不多。圖中的大員市街房舍儼然，鱗次櫛比，奠定了現今安平老街的風貌，成為當時臺灣最大，甚至是唯一的市鎮。

由於大員市街在荷蘭時代發展為臺灣第一大城鎮，中國商人赴臺基本上都是以大員為目的地，因此大員逐漸取代「小琉球」成為臺灣的總名。荷蘭時代東印度公司雖然以Formosa為全島之名，但綜觀當時中國文獻除了大員，幾乎找不著福爾摩沙之名。可見荷蘭時代，大員不但是中國人對現今安平老街的稱呼，同時也逐漸發展為全臺灣島的總名。

明鄭驅走荷蘭人初期，仍以熱蘭遮城為軍政中心。鄭經主政之後將政經中心轉移到承天府（即荷蘭時代的普羅文西亞），大員改為安平鎮。民間傳說鄭氏因大員閩南語發音與「埋冤」相近，故厭惡之而改名。這個說法難以證明，不過從鄭氏部屬楊英所撰之《從征實錄》，可以了解明鄭時代大員、臺灣之名向安平過渡的歷程。

鄭氏占領大員之後將熱蘭遮城改稱為「臺灣城」，不久便又改名為「安平城」，以紀念鄭氏石井故里的安平城。楊英並沒有說明鄭氏是否因大員閩南語發音與「埋冤」相近才改名的，但單單是紀念鄭氏先人發跡之地，其實已經有相當充分的理由了。

事實上整個明鄭政權不單單是對大員，他們對所有由原住民語音譯的地名是完全不買帳的。鄭氏在承天府建立政權之後，從府、州、縣以下，以至坊里全改為「仁德」、「永康」、「新化」、「善化」、「歸仁」、「依仁」之類的八股式地名，原住民音譯地名一個不留。所以，與其說鄭氏厭惡大員閩南語發音與「埋冤」相近，還不如說厭惡所有音譯的原住民地名。

從楊英所撰之《從征實錄》可以了解鄭氏最早是以「臺灣」取代了「大員」，後來才轉為「安平」。而「臺灣」、「大員」閩南語發音相同，如果有「埋冤」之說，又何必多此一舉？總之「大員」改寫為「臺灣」無疑是出自鄭氏之手，只是後來廢棄不用了。那麼是誰將「臺灣」恢復的，我認為是施琅或是其他明鄭的降將。明鄭治下的臺灣先後被定為「東都」、「東寧」，但一般人對這兩個新地名的稱呼接受度不高，仍習慣稱為「大員」或「臺灣」。

清政府早在拿下臺灣之前，就已經確定「臺灣」之名

臺灣之名最早出現清代官文書，我能查到的資料是康熙二年（一六六三）的《清實錄》，地圖則是康熙十三年（一六七四）南懷仁繪製的《坤輿全圖》。所以

早在清政府將臺灣納入版圖的二十年前，就將臺灣島稱之為與「大員」同音的「臺灣」。當時明鄭治下臺灣總名為「東都」、「東寧」，清廷對明鄭一律以「偽」稱之，當然不可能承認「東都」、「東寧」，但又如何稱呼臺灣島？最實際的辦法當然是用民間習稱的「大員」。但大員字面上有高官之意，用來稱呼臺灣島，顯得有些不倫不類，所以與大員同音的「臺灣」應該是清政府比較能接受的地名稱呼。根據楊英《從征實錄》的記載，應該可以推論以「臺灣」取代「大員」是從明鄭投誠官兵那兒聽來的。

清政府將臺灣納入版圖之後，當然不可能沿用東寧、東都之名，不過除了承天府、天興縣和萬年縣之外，其他明鄭時代的地名全被清政府保留下來，連與鄭氏家族最直接關係的「安平城」都沒有被屏蔽，這不能不說清政府在地名政策上的寬大與包容。至於承天、天興和萬年之類關係到皇國帝祚，被替換掉也還算說得過去。有意思的是，清政府雖然承認「安平」取代「大員」，但卻頒給了「大員」更大的獎賞，即將「臺灣」連升三級正式成為臺灣島的總名。

叭嗹、萬里、金包里串起一幅族群分布圖

八○年代高速公路通車之初，有一段時間往返臺北高雄的國光號中途休息站設在高速公路泰安休息站，民營化之後才改到了臺中市區的朝馬。從泰安站改到朝馬之後，除了來往高速公路中途休息有重回「塵世」感外，還有就是對朝馬這個說不出所以然來的地名感到好奇。直到很久之後，才知道朝馬是潮陽厝與馬龍潭的合稱。潮陽厝是個以原鄉廣東潮陽為祖籍人群的聚落，而馬龍潭以我當時對地名學的了解，還是一個玄妙的領域，完全不知如何解釋。

有一回我問一位同事的住處，他隨口一說在馬明潭的南面。這位同事比我年長十來歲，雖然是外省籍，但是從小就住臺北，算是個老臺北了。他們這輩人聊起臺北的地名，常常比一些本地人還「臺」，口中常常冒出一些馬明潭之類的老地號名。

我對馬明潭這個老地名有些好奇，於是我問他馬明潭在哪？馬明是人名嗎？他說：「嘿！馬明潭就在興隆路與木柵路口再興中學那兒，過去是個大水

潭，占地老大，可現在幾乎看不出來了。」至於馬明是不是人名，他並不清楚。當時我還沒將馬明潭和馬龍潭連在一塊兒。

馬明潭和馬龍潭有關嗎？

後來我在木柵好像是萬壽橋頭看到一塊臺北市文獻會立的碑，意思是當地古名「馬麟」是原住民語，意思是亡靈或哭的意思。碑文說是古時有個原住民淹死在這兒，族人悼之故名。至於臺北市文獻會林萬傳先生撰寫的馬明潭地名詞條上則寫道：「其名稱係由山胞語音音譯來。據傳昔日有八個山胞在潭中游泳，一人溺斃，七人環潭而哭，山胞語哭為『馬能』，故名馬能潭。日據時代日人以哭為地名不雅，乃改為馬明潭。」將「馬能潭」改為「馬明潭」是為了雅化地名？聽起來怪怪的。不過總算瞭解「馬能」與「馬明」同為音譯地名，是哭的意思。這時我想起臺中的馬龍潭，它和臺北的馬明潭有關嗎？

《被誤解的臺灣老地名1》出版後我受邀到臺中大墩文化中心演講。由於這本書提到臺中老地名不多，我希望多準備一些有關臺中老地名的題材，來彌補這份缺憾。因此我第一個想到的就是困擾我多年的「馬龍潭」。可是遍查臺中的方志完全找不著這方面的說法，令我相當氣餒。可我怎麼能就這麼放棄呢？於是

《臺灣輿圖並說．淡水縣與彰化縣》

淡水縣與彰化縣與兩大與「馬麟」相關地名分布的區域，但兩地分屬於不同的平埔族群。

岐萊界
新竹縣城界
大甲溪
彰化縣城
鹿港
大肚街
大里杙
嘉義縣界
梧棲港
潮漲水深一丈四尺
潮退水深九尺
水裡港
大肚溪
草港
鹿港
船港
三林港
北極出地緯線二十四度
王宮港
番挖港
海豐港

我擴大範圍在整個中彰投搜尋相關的地名。真是皇天不負有心人，我在中彰投甚至苗栗、雲林地區找到將近十個與「馬龍」、「馬鳴」、「馬明」相關的老地名。這類地名都是音譯地名，而且龍、明、鳴閩南語的發音相近，可說明這些地名有共通的意思。有意思的是《臺灣地名辭書》上說雲林褒忠鄉馬鳴村原名叫馬龍山，如今村民希望恢復「馬龍」的原名。

馬麟是守喪還是幽會之處？

至於「馬龍」、「馬鳴」、「馬明」相關的語意，我查了康熙年間巡臺御史黃叔璥所撰之《臺海使槎錄》記載「南投、北投、貓羅、半線、柴仔坑、水裡」等平埔族的喪葬習熟提到：「番死，老幼裹以草蓆，瘞本厝內；平生衣物為殉。親屬葬畢，必浴身始入厝。喪家不為喪服，十日不出；眾番呼為馬鄰。」

該書在有關「南投、北投、貓羅、半線、柴仔坑、水裡」等社的另一詞條居處也提到：「屋曰夏堵混。以草為蓋，或木或竹為柱；厝蓋葺茅編成，邀眾番合於脊上。大小同居一室；為未嫁者另居一舍，曰貓鄰。」

馬鄰閩南語語音為malinn，貓鄰語音為balinn，有些類似，但前者馬鄰是守喪、居喪之意，後者則是指未婚女子幽會之處，語意截然不同。「馬龍」、「馬嗚」、「馬明」到底是指居喪還是未婚女子幽會之處，實在不好說。

在搜尋的過程中，我又發現一部劉枝萬撰寫的一九五四年版本的《南投縣地名考》，在「大馬璘」詞條註解道：「噶瑪蘭廳志記載說明番人棄屍處為馬鄰，而平埔族**Pazeh**部族亦今尚發音**Maling**，意指相當廣義之不吉。不祇埔里盆地之**Pazeh**部族，其本宗豐原岸裡大社之**Pazeh**族亦然。馬璘窟亦傳說捉魚以食，立即有祟，除表其神祕之意外，及與不吉有關……宜蘭地方稱馬麟之番語為**Hematalin**乃獻祭之義，然其語義以及語音，似與埔里地方者，非屬同源。」

看到劉枝萬的說法真是豁然開朗，原來「馬龍」、「馬嗚」、「馬明」即**Pazeh**部族（今譯為巴宰海）的Maling。姑不論其意義是否真是「不吉」之意，單單是把「馬龍」、「馬嗚」、「馬明」等類似地名整理出來，幾乎就可以說明巴宰海族群的分布區域了。因為《臺海使槎錄》記載「南投、北投、貓羅、半線、柴仔坑、水裡」等平埔聚落，和劉枝萬所提的巴宰海聚落是相合的。因此我傾向「馬龍」、「馬嗚」、「馬明」是不吉或守喪之意。

本來我還想再整理宜蘭的「馬璘」，但時間上已經不允許了，大墩文化中心演講的時間到了。我記得在大墩文化中心的演講會場上，「馬龍」、「馬嗚」、「馬明」引起了很大的迴響。一位正在發掘巴宰海遺址的臺中科博館考古工作

臺灣地圖（北部）

基隆河兩岸與東北角是與「馬麟」相關地名分布最密集的區域。金包里、萬里、瑪陵坑、叭嗹、馬明潭應該都是「馬麟」的異字音譯地名。

富貴角
石門
老梅
阿里磅
阿里港
小基隆
舊小基隆
大坵田
中角
下角
三界壇
尖山湖
竹仔山
金包里
野柳鼻
野柳
八斗仔
瑪鍊溪
瑪鍊港內
磺嘴山
大屯山
七星山
竹仔湖
頂萬里加投
五指山
大坪
沙帽山
北投
頂北投
關渡
三角埔
石角
大崙尾山
士林
叭嗹湖
瑪陵坑
雙溪
芝蘭
金
包
里
臺
基
興直
新庄
大稻埕
臺北
大加蚋
錫口
新庄仔
水返脚
五堵
六堵
七堵
八堵
後山
南港山
深坑
景尾
文山

者，他急切地想瞭解「馬龍」、「馬鳴」、「馬明」等類似地名的分布區域。有趣的是幾位中部地區地名的研究者，事後告知筆者，他們原本是打算到現場「踢館」的，後來卻為「馬龍」、「馬鳴」、「馬明」這一系列地名的說法給折服了。

大墩文化中心的演講會後，我繼續宜蘭「馬璘」的研究。進展很快，整個東北角的海岸線，以及基隆河流域，金包里、萬里、馬鍊、叭連、馬陵等語音相近的地名星羅棋布地分布在北北基各處，這些地名和西班牙、荷蘭文獻中的Quimoury或Kimmaurij是一脈相承的。至於馬明潭是否真如林萬傳所言是「哭」的意思，還是劉枝萬所說「獻祭」之意，我想已經不是那麼重要了，重要的是金包里、萬里、馬鍊、叭連、馬陵等語音相近的地名說明了一個族群分布的領域。這是研究原住民族群分布最重要的課題。後來我又發現中部地區斗六門、斗六甲、萬斗六與洪雅族群，以及湄汪、後紅與西拉雅族群的關聯。

【Maling相關地名】

貓汝社（馬麟社）／道光噶瑪蘭廳志；噶瑪蘭廳淇武蘭堡／宜蘭縣礁溪鄉玉光村

馬僯社／光緒（臺灣總督府公文類　明治二十八年）；西勢界二十社化番／宜蘭縣礁溪鄉玉光村

馬僯社庄／光緒（臺灣總督府公文類　明治二十八年）；宜蘭廳四圍堡；宜蘭縣礁溪鄉玉光村

瑪僯庄／明治；宜蘭廳四圍堡／宜蘭縣礁溪鄉玉光村

Quimaurie／荷蘭番社戶口表／新北市金山區大同、和平里

金包里／康熙臺灣輿圖／新北市金山區大同、和平里

金包里社／雍正臺灣輿圖；淡水廳／新北市金山區大同、和平里

金包裡社／乾隆劉志；淡水廳／新北市金山區大同、和平里

金包里社／乾隆紫線圖；淡水廳芝蘭堡／新北市金山區大同、和平里

金包裏街／同治淡水廳志；淡水廳芝蘭三堡／新北市金山區大同、和平里

金包裏社／同治淡水廳志；淡水廳芝蘭三堡／新北市金山區大同、和平里

金包里街／光緒；基隆廳金包里堡／新北市金山區大同、和平里

馬揀大溪／乾隆臺灣輿圖；淡水廳芝蘭堡／新北市萬里區萬里里

馬鍊庄／同治淡水廳志；淡水廳芝蘭三堡／新北市萬里區萬里里

馬鍊庄／光緒；基隆廳金包里堡／新北市萬里區萬里里

頂萬里加投／光緒；基隆廳金包里堡／新北市萬里區大瓶、溪底、崁腳里

中萬里加投／光緒；基隆廳金包里堡／新北市萬里區龜吼、大坪、中福里

下萬里加投／光緒；基隆廳金包里堡／新北市萬里區國聖、大鵬、磺潭里

萬里阿突／新北市萬里區萬壽里

八連溪／新北市三芝區古庄里

八連圳／新北市三芝區八賢里

八連溪頭／新北市三芝區圓山里

八連港／乾隆臺灣輿圖／淡水廳／新北市汐止區八連里

叭嗹港庄／同治淡水廳志；淡水廳石碇堡／新北市汐止區八連里

叭嗹港庄／光緒；基隆廳石碇堡／新北市汐止區八連里

馬陵庄／光緒；基隆廳石碇堡／基隆市七堵區瑪東、西、南里

瑪陵坑／明治；臺北廳文山堡內湖庄／基隆市七堵區瑪東、西、南里

馬明潭／明治；臺北廳石碇堡／臺北市文山區明興里

馬麟厝／明治；新竹廳竹北一堡／新竹縣竹北市聯興里

馬鳴埔庄／同治淡水廳志；淡水廳大甲堡／臺中市外埔區馬鳴、中山里

馬鳴埔庄／光緒；苗栗縣大甲堡／臺中市外埔區馬鳴、中山里

馬鳴埔庄／明治；臺中廳苗栗三堡／臺中市外埔區馬鳴、中山里
馬璘坑／苗栗縣獅潭鄉竹木村
瑪璘湖／苗栗縣大湖鄉新井村
馬鳴埔／臺中市神岡區岸裡里
馬明潭庄／乾隆余志；彰化縣貓霧捒東保
馬龍潭庄／道光彰化縣志；彰化縣貓霧捒東下保
馬龍潭庄／明治；臺中廳捒東下堡
馬力埔庄／光緒；臺灣縣捒東上堡／臺中市新社區協成、永源里
馬力埔庄／明治；臺中廳捒東上堡／臺中市新社區協成、永源里
馬明山庄／乾隆余志；彰化縣馬芝遴保／彰化縣秀水鄉鶴鳴村
馬鳴山庄／道光彰化縣志；彰化縣馬芝遴保／彰化縣秀水鄉鶴鳴村
馬鳴山庄／光緒；彰化縣馬芝保／彰化縣秀水鄉鶴鳴村
馬鳴山庄／明治；臺中廳馬芝保／彰化縣秀水鄉鶴鳴村
馬鄰坑／南投縣草屯鎮雙冬里
馬燐坑／南投縣中寮鄉龍安村
大馬璘／南投縣埔里鎮愛蘭里
馬鳴山庄／光緒；雲林縣布嶼西堡／雲林縣褒忠鄉馬鳴村
馬鳴山庄／明治；嘉義縣布嶼堡／雲林縣褒忠鄉馬鳴村

虎顶山

夢裡．mon-nii．摸奶？

長久以來我一直覺得高雄鳥松區的夢裡里是最奇怪的臺灣老地名之一，其他還有像是「三腳貓」之類的。之所以覺得奇怪是因為不知如何理解，給不出個說法，並非地名本身有什麼奇怪之處。

大概在高中時代我就知道夢裡，那時我常常到澄清湖青年活動中心去游泳，活動中心所在就是夢裡村。當時縣市還未合併，夢裡是高雄縣鳥松鄉的一個村。青年活動中心雖然不算是澄清湖的門票收費區域，可當時要去活動中心還是得費一番周折，如果不買門票的話，最簡單的方法就是從夢裡村的小路推開一道沒有上鎖的鐵柵門，岔上環湖大道，之後就沒人會找你查票了，可以悠悠閒閒騎著單車，在風景如畫的環湖大道上一路晃到活動中心的游泳池。

這條小路上沒上鎖的鐵柵門幾乎是公開的祕密，從來沒人躲在這兒查票，而且活動中心游泳池的入場券比澄清湖的門票要高出不少，所以也沒人會懷疑泳客是抄小路來的。但是每回去活動中心游泳，從夢裡村抄小路岔上環湖大道時還是很緊張的。以至於四十多年後的今天，我還清清楚楚的記得夢裡村岔入環湖大道的那條小路，卻完全想不起當時夢裡村長什麼樣子，或許當時我一進入夢裡村就像進入了「攻擊發起」的緊張狀態，以至於夢裡村的場景就像夢境一樣灰灰淡淡的，講不出個所以然來。

當時年幼，對夢裡這個奇特的地名也沒有任何想法，不就是一個地名嗎？哪有什麼道理！我家住在高雄苓雅區五塊厝的核心區域，至今也沒人說得出最早的五座家屋是哪五個。

夢裡是因為此地像夢境？

撰寫《被誤解的臺灣老地名1》時，我曾想將夢裡納入寫作的內容，後來因為種種的限制就放棄了，一直到在駁二文創園區外看到「夢裡—駁二」六〇路公車才又興起搞清楚「夢裡」之名的緣由。

六〇路公車的終點站在駁二園區外的大義路、公園路口，常有幾部排班的公車司機在那兒閑坐，我問了其一位「夢裡」之名的緣由。這位司機大哥一聽，眼睛登時亮了起來，似乎等人問他這個問題已經等了很久了，他說「夢裡」地名的由來是日本占領臺灣時，日軍進到這個村子後發現當地地形崎嶇，怎麼走都走不

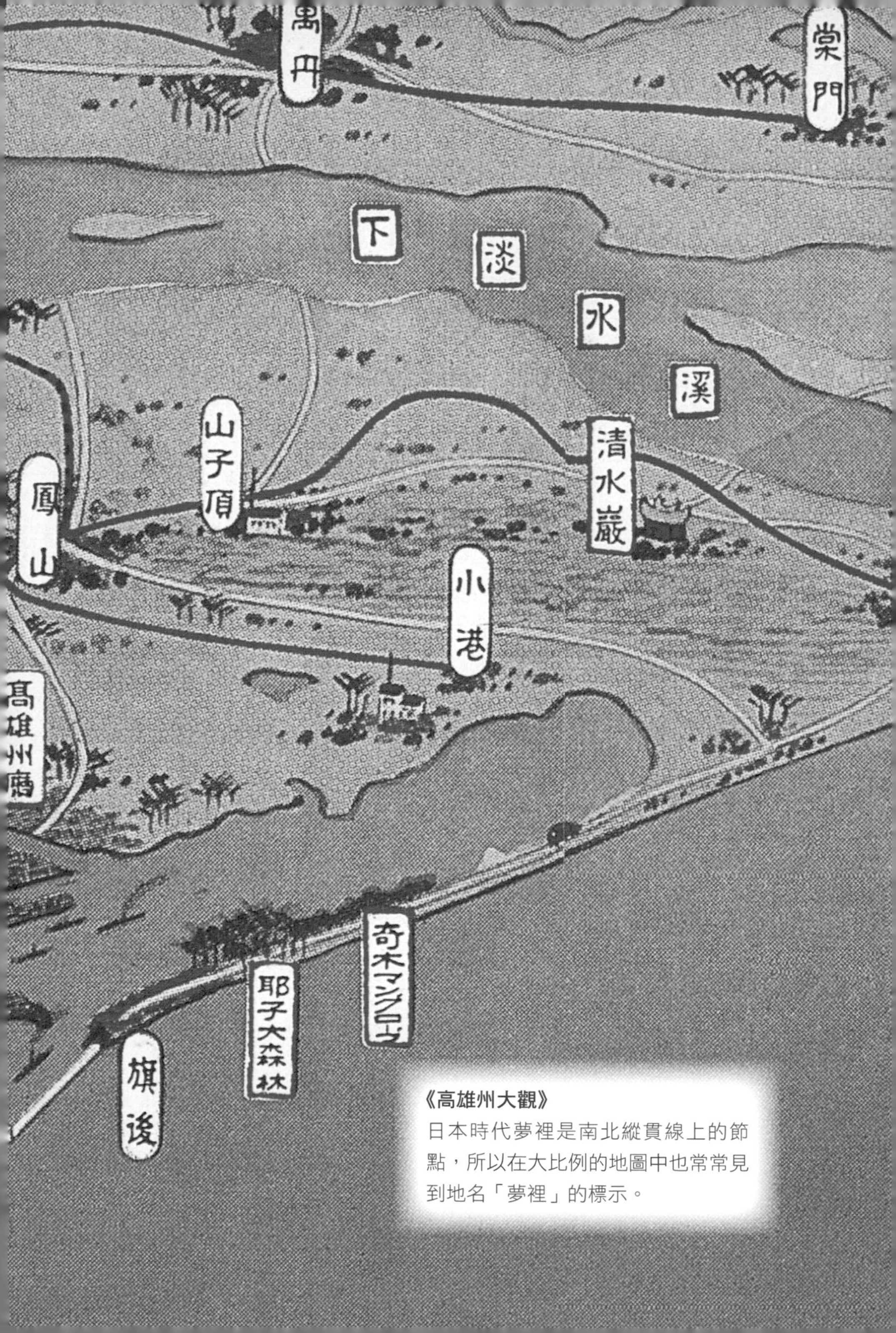

《高雄州大觀》
日本時代蔀裡是南北縱貫線上的節點，所以在大比例的地圖中也常常見到地名「蔀裡」的標示。

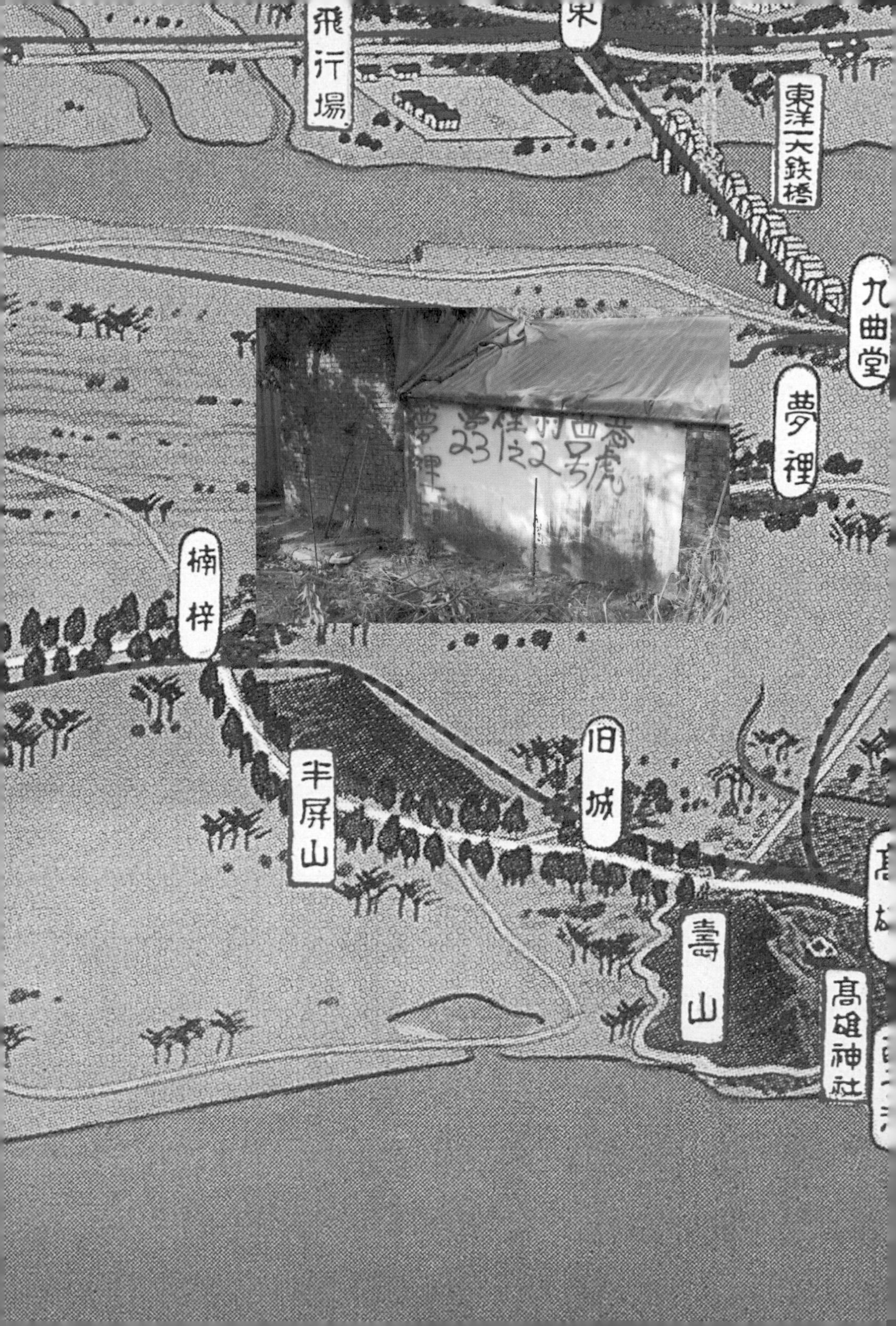
飛行場
東
東洋一大鉄橋
九曲堂
夢裡
楠梓
半屏山
旧城
壽山
高雄神社

出去，好像是在作夢一樣，所以將此取名為「夢裡」。

這個說法最大的漏洞，是早在日軍侵臺前一、兩百年前的乾隆時代，清代臺灣《鳳山縣志》已經標示了「夢裡」這個地名，所以六〇路司機大哥的說法純屬「鄉野奇譚」，不足採信。

「鄉野奇譚」是我考察臺灣老地名時最常碰到的頭疼問題。「鄉野奇譚」基本上是鄉民閑居茶餘飯後，助談助興的產物，往往會加上許多個人之見。幾經流傳，如果文史作家、鄉土文學不明真相，輕易引用這類「鄉野奇譚」，甚至相互傳抄，真假就愈發難辨了。

當時我不好意思揭穿他的說法，只得謝謝他的指教，藉故離去。沒想司機大哥談興一發不可收拾，一手緊緊拉著我，問我知不知道「打狗」地名的由來？他說：「日本時代……」這時我已經無法再照顧到他的自尊與談興了，只好強力掙脫他熱情擁抱，頭也不回逃離現場，如果我再不離開，那就真是身在「夢裡」了。不久我決定重返夢裡尋找地名的線索，而且坐的正是六〇路公車。

尋找夢裡的原始讀音

夢裡之名常給人雲裡霧裡般的疑惑，其實它只是原住民地名的音譯，乾隆時代還曾被譯為「夢鯉」。

我到夢裡最想弄清楚的一件事還不是「夢裡」之名的緣由，我想聽聽當地怎麼念「夢裡」這個地名。因為根據我理解臺灣老地名的經驗，我認為不管是閩南人還是客家人的地名命名傳統中，不太可能出現像「夢裡」一類的抽象性質地名。閩客傳統地名主要是根據地形地貌的特徵，或是聚落居民主要姓氏，當然還有不少是源自原住民族的音譯地名。我懷疑「夢裡」應該是個音譯地名，如果它真是一個音譯地名，那麼當地的住民可能會保留較原始的讀音。

例如高雄的彌陀也是一個音譯地名，外地人即使是用閩南語，也會將它念為mi-dou，但是彌陀當地人卻是念為「微羅」（bii-lo），保留了原來的音譯讀音。那麼夢裡的住民會如何念他們村落的地名呢？答案只能在當地尋找。

六〇路公車駁二的另一頭終點站是夢裡村「琅環宮」前的小廣場。「琅環宮」供奉的是神農大帝，顯然夢裡原來是個傳統的農業聚落，但奇怪的是來此進香的似乎大多是孤身落寞且盛裝打扮的「熟女」，完全不像是祈求「來年豐收」的田家，那麼她們想祈求什麼？這是一個謎。初到「琅環宮」還沒看到神農大帝時，我聯想到了近年熱播的《甄嬛傳》，難道這些孤身落寞且盛裝打扮的「熟女」也有這方面的聯想？

《臺南州管內全圖》

1920年地名改制之前，夢裡屬於赤山里。因地形之故，赤山在清代歷次民變中都是官軍與民軍的決戰之地。

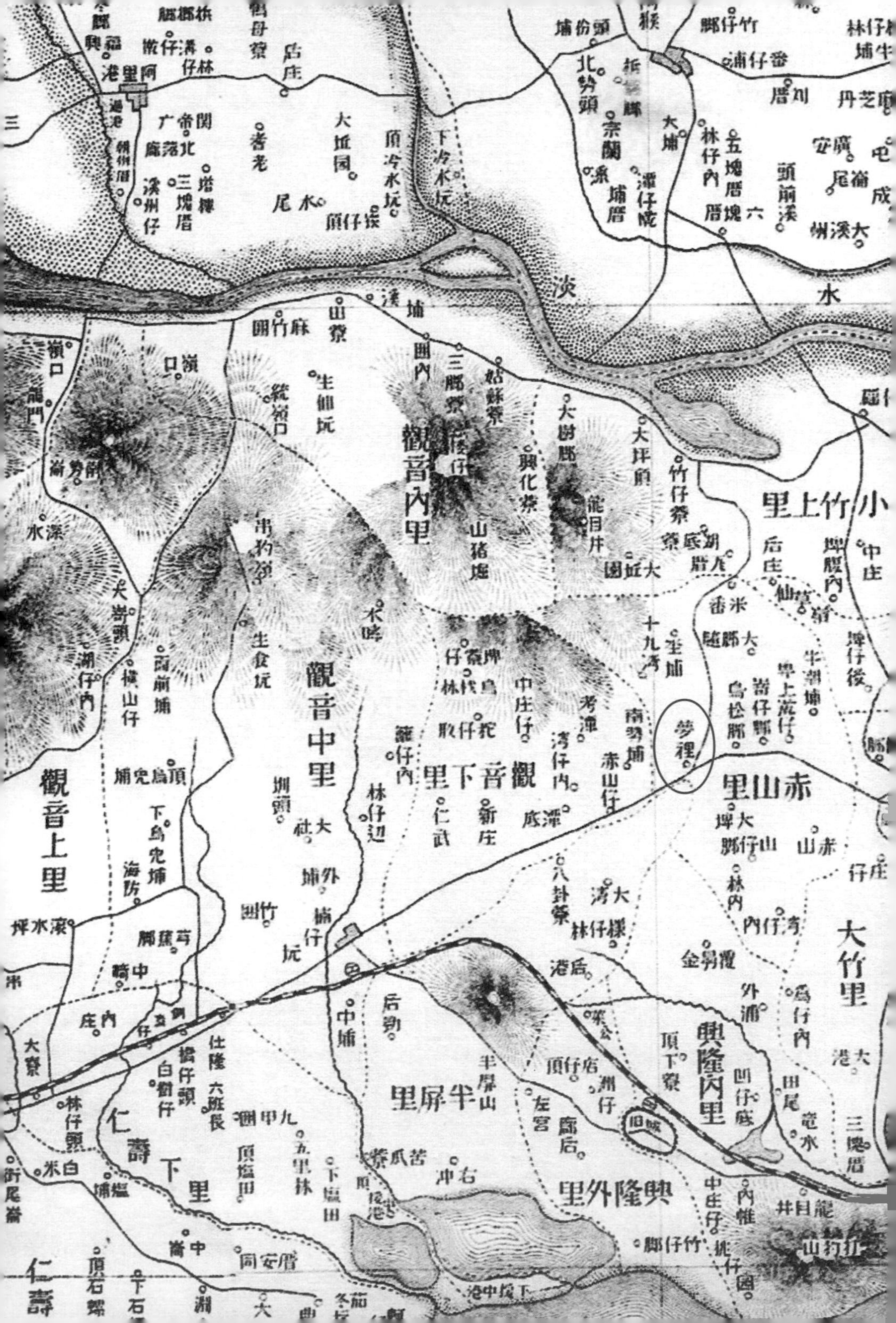

觀音內里
觀音中里
觀音下里
觀音上里
小竹上里
赤山里
大竹里
興隆內里
興隆外里
半屏里
仁壽下里
仁壽
淡
水
夢裡
旧城
阿里港
半屏山
大樹腳
龍目井
興化寮
山豬窟
大坪頂
竹仔寮
大坵園
三腳寮
麻竹園
山寮
溪埔
嶺口
龍門
大崎頭
湖仔內
橫山仔
海防
滾水坪
中崎
大寮
林仔邊
大社
中埔
後勁
左營
右冲
苦瓜寮
赤山
赤山仔
南勢埔
考潭
新庄
仁武
大湾
覆鼎金
大港
三塊厝
竹仔腳
龍目井

這不是我到此查踏的目的，我問宮廟內一位年長的女性工作人員，「夢裡」閩南語該怎麼念？她說在地人念作mon-nii（兩音節均為陰平），只有外地人才念成baˋng-liˊ。我問她這兩個音原來是什麼意思？她說她也不知道，不過當地有些人會開玩笑說「到底是摸你？還是摸我？」

一時之間，我被她的玩笑搞迷糊了，mon-nii和「到底是摸你？還是摸我？」扯得上什麼關係？這位宮廟的年長女性工作人員被我問得有些窘。後來搞了半天，我才明瞭當地人開「到底是摸你？還是摸我？」的玩笑是將mon-nii改念成諧音「摸奶」（以閩南語發音）。那麼mon-nii有沒有可能是「摸奶」的意思？閩南語「摸奶」（mon-ni）和mon-nii雖然十分類似，但音值完全不同，這位宮廟的年長女性工作人員會不會發錯音？

出了宮廟，我在村裡又找到五名長者請教當地人如何念「夢裡」，結果無一例外，全都念作mon-nii，而且兩音節的音值均為陰平。由此可見mon-nii不是閩南語「摸奶」的意思。宮廟的年長女性工作人員雖然開了「到底是摸你？還是摸我？」的玩笑，但是她念的mon-nii和其他村民完全一致，可見mon-nii是夢裡在地居民的標準念法，諧音「摸奶」只是一個玩笑，和mon-nii完全沒有關係。那mon-nii究竟是什麼意思？源於何種語言？村裡沒人說得清楚。

虎頭山

《東番記》中的地名是海盜、走私客的巢穴？

二〇〇八年一幅深藏於英國牛津大學博德立圖書館將近四百年的東亞古地圖《賽爾登中國地圖》（*Selden Map of China*），因為一位美國學者在查找資料時被重新發現。在臺灣島上此圖標示了兩個地名，「北港」與「加里林」。「北港」有學者認為是荷蘭時代之前臺灣的別稱，有人則認為是指安平，但目前沒有一致的定論。而「加里林」這個奇怪的地名又是指何方？無獨有偶，《東番記》中記錄的臺灣地名也有一個「加哩林」。這幅地圖對臺灣島的標示進一步證實了《東番記》的可信度。

陳第和福建水師都司沈有容一六〇二年來到大員（安平）一帶掃蕩倭寇，目的應該是警戒日本可能入侵臺灣。返回福建後，陳第根據見聞撰寫《東番記》一文。十六、七世紀之交，沈有容在臺海算是一號「知名人物」，許多海上事件他都曾親身參與。兩年後，即一六〇四年荷蘭東印度公司派韋麻郎（Wybrand van Warwijck）率特遣艦隊入侵澎湖時，沈有容也曾率福建水師船艦赴澎湖與荷蘭人交涉，事後還豎立了著名的「沈有容諭退紅毛番韋麻郎等」碑。

《東番記》不但對臺灣原住民的風俗習慣有相當程度的描述，更值得注意的是，陳第雖然沒有提到「小琉球」之名，可文中出現了魍港（蚊港）、加老灣（一六二三年荷蘭地圖上註記為kalowan，位於臺江內海沿岸）、大員（安平，即臺灣的早期音譯）、堯港（蟯港，今興達港）、打狗嶼（高雄旗後）、小淡水（高屏溪）、雙溪口（東港）、加哩林、沙巴里、大幫坑（大崩坑）等地名。《東番記》中記錄的部分地名後來並沒有消失，繼續延用到荷蘭時代，有些甚至到了日本時代才被改掉。

《東番記》在地名史上的意義

首先，臺灣地名群體式的出現在文獻紀錄，這還是歷史上的頭一回。十七世紀之前，有關臺灣附近島嶼的描述以澎湖居多。這和澎湖於元代設治有關，但即使如此，有關澎湖島上個別地名的紀錄，付之闕如，至少是我孤陋寡聞。至於元代對臺灣的記載，常常是要依靠澎湖的比對才能證實。《東番記》雖然沒有具體指出臺灣全島的總名，但因為文中記錄的十個地名，使得我們毫不懷疑《東番記》所描述的地方就是臺灣。

《福爾摩沙島與漁翁島海圖》

此圖為荷蘭人1636年所繪。全島海岸線除虎尾溪口到打狗之外都十分簡略，虎尾溪口到打狗是潟湖最發達的海岸線，也是荷蘭人防禦的重點。《東番記》所記錄的地名，基本上都分布在這一系列海岸潟湖當中。

F O R M O
Mattau Riuier
Vissers Eylant
Plaat
t Canael

幾乎與《東番記》同一年份繪製，現藏於北京中國第一歷史檔案館，徐必達繪製的《乾坤一統海防圖》中的小琉球國是荷蘭時代之前臺灣最清楚的地圖紀錄，但遺憾的是島上除了小琉球國之外，再也沒有標示其他地名。另一幅繪製年代相當的《賽爾登中國地圖》也只標示了「北港」與「加里林」兩個地名。《東番記》記錄的十個地名補足了這個缺憾。

其次，除了有原住民的音譯地名，也具有中文字義的地名，如蚊港、蟯港、小淡水、雙溪口、大崩坑等，可見當時中國人對臺灣熟悉的程度，已經達到以自身的認知經驗對島內區域加以命名的程度。原住民的音譯地名代表與原住民發生接觸，甚至混居之後的地理環境認知。至於具有中文字義的地名如蚊港、蟯港、小淡水、雙溪口、大崩坑等則說明中國人在原住民聚落之外的地點，發展出類似殖民據點的可能性。如果再進一步分析這些具有中文字義的地名型態，則可以確認這幾個地名都是中國南方屬性的地名，甚至是閩南式的地名。若真是閩南式地名，則說明來此活動的人群以閩南人為主。這些閩南人應該是後來殖民臺灣的前鋒。

其三，這十個地名除了大崩坑之外，基本上分布於北港溪口以南海岸線上的潟湖地形。這是一個很特別的現象。當然不能因此就認為北港溪以北沒有中國人的足跡，沒有中國人命名的聚落與據點。北部的雞籠、淡水早在十七世紀之前就出現在中國與西班牙的文獻，因此依此認定北港溪以北沒有中國人的足跡，沒有中國人命名的聚落與據點的想法是說不通的。

臺灣進入中國的視野

《東番記》記錄的十個地名都在北港溪以南，很可能和沈有容當年來臺巡視的目的有關。沈有容當年來臺巡查，主要為警戒豐臣秀吉南侵的可能。當時豐臣秀吉計畫侵襲朝鮮半島，為了擾亂明軍的部屬，便不斷放出南侵消息。所以沈有容來臺便是一探虛實。而這十個地方可能是中日兩國海商、海盜窩藏的據點，因此成為福建水師巡查的重點。那麼問題來了，難道中日海盜不會窩藏在北港溪口以北的海岸線？

自明洪武年間下達海禁令之後，原來的海商轉入非正式體系，成為走私商人與海盜的混合體。十七世紀之前，中日雙方的走私商人為了逃避稽查，逐漸改以臺灣為交易地點。而臺灣海岸線上最適合走私交易的地點就是那些河道複雜，出海口不止一個的河口潟湖。而北港溪口以北的海岸線因為受到氣候與地形地貌的限制，很難形成河口潟湖，因此不被走私者所青睞，所以也不會是沈有容巡查的重點。

由此可知，臺灣島進入中國的視野，主要是因海禁而成為走私商人海盜窩藏的淵藪。《東番記》記錄的十個地名大概都是海盜、走私販子活動的據點。

虎頭山

雞籠山只是出使琉球國的航標？

十六世紀末到十七世紀初，中國方面出版的輿圖，和臺灣相關的大都集中在臺灣的東北方海面。中國方面繪製這些輿圖是基於海防與出使琉球國的需求。這些輿圖包括《乾坤一統海防全圖》、《萬里海防圖》、《琉球國圖》等。這些輿圖除了將臺灣本島標示為「小琉球」外，和臺灣有關的，還包括釣魚嶼（釣魚臺）、彭加山（彭佳嶼）、瓶架山、鷄籠嶼（基隆嶼）和花瓶嶼。除釣魚嶼現在歸宜蘭縣頭城鎮管轄外，其他幾個島都隸屬於基隆市中正區。這幾個島大概是臺灣北部地區最早出現在文獻史料上的地名。

明代的輿圖對臺灣本島是極為忽視，原因是明代官方完全無意經略臺灣本島，繪製這個地區的輿圖主要是基於海上航行的需要。臺灣對福建水師或是出使「琉球國」的官員而言，也就是航行路線上的航標，除此之外沒有太大的意義。

就航標而言，臺灣還沒有彭佳嶼來得重要

出使琉球國的「封舟」大都由福州出發，出了馬尾，順風針路圖上在去程航線上標示的航標，由西向東分別是花瓶嶼、棉花嶼、彭佳嶼、釣魚嶼、黃尾嶼、赤尾嶼。基隆嶼只起到修正的作用，臺灣本島是可以忽略的。因此明代的輿圖除了《楊子器跋輿地圖》、《乾坤一統海防圖》之類由中央政府精心繪製的大型輿圖，會將臺灣島等比例繪製成大型海島之外，一般實用性的海圖，臺灣島經常是被忽略不計。即使畫出來，也和彭佳嶼、棉花嶼、花瓶嶼、基隆嶼的大小差不多。因為作為航標，臺灣島反而不如彭佳嶼、基隆嶼甚至花瓶嶼來得重要。甚至有的海圖乾脆不標示，有的則僅以「雞籠山」（基隆嶼）作為臺灣島的代稱。

《乾坤一統海防全圖》、《萬里海防圖》、《琉球國圖》等圖上標示彭佳嶼、棉花嶼、花瓶嶼、基隆嶼這幾個島嶼的位置，和實際上有些落差，但因為名稱和現在相差不大，所以基本上還是可以對應得上的。其中比較難以理解的是，「瓶架山」到底是指哪座島？雞籠嶼與雞籠山是否是同一個地方？是本文探討的重點。

陳第《東番記》是最早記錄臺灣島上地名的中國文獻，文中記錄的臺灣地名

《中山信訪錄》
此圖清楚標示福州到琉球的航線羅盤指向，又稱針路圖。航線上有雞籠山、花瓶嶼、彭家山、釣魚臺，都是重要的航標節點。

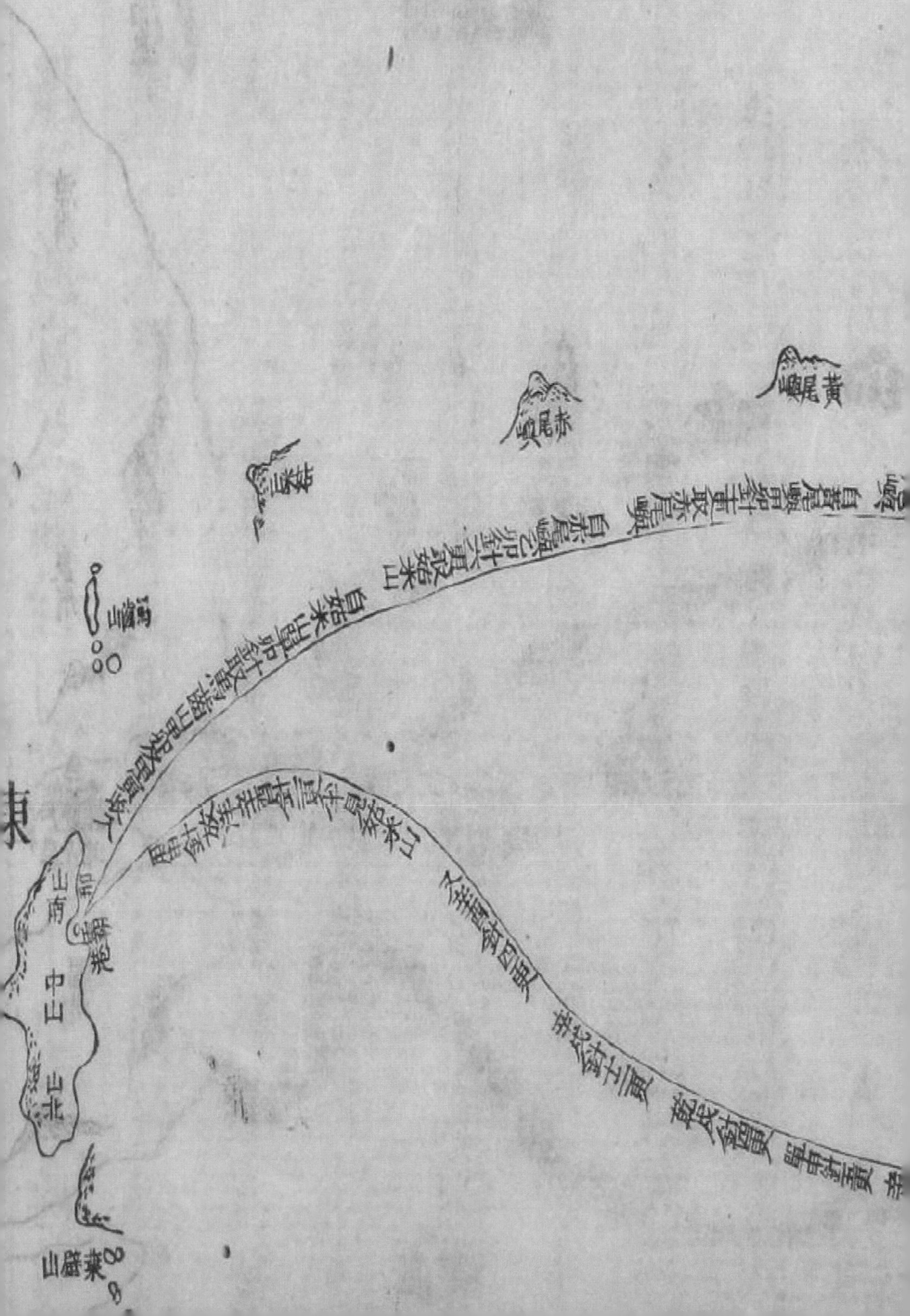

黃尾嶼
赤尾嶼
姑米山
馬齒山
東
自黃尾嶼用卯針十更取赤尾嶼
自赤尾嶼乙卯針六更取姑米山
自姑米山單卯針取馬齒山甲卯及甲寅針收入那霸港
那霸港
山南
中山
山北
葉壁山

有魍港（蚊港）、加老灣、大員、堯港（蟯港）等十餘個地名。從這些地名可以看出，當時閩南海上集團對臺灣西部海岸地區已經進行了相當程度的經略。可惜的是這些地名都分布於濁水溪以南的海岸地區，《東番記》沒有著錄臺灣北部地區的地名，但沒著錄並不表示不存在。

從同一時代西班牙人繪製的臺灣島圖中標示了Po. Tanchuy（淡水港）、Po. De Keilang（雞籠港）兩個點，西班牙人用拉丁字母拼寫的雞籠、淡水兩個地名，並非西式地名，也非原住民地名的音譯，應該是從閩南海員那兒得知的。由此可見當時的閩南海員對臺灣北部海岸地已經有一定程度的認識。

另外從其他史料與考古挖掘的發現，我們也認識到中國商人很早就在雞籠、淡水與原住民和日本商人進行交易，所以西班牙的地圖上才會出現淡水、雞籠這兩個閩南式的地名。現在有一部分學者主張淡水、雞籠這兩個地名並非閩南式地名，而是根據原住民語音譯的，這個問題暫且擱下，有機會再探討。在此要談談除了淡水、雞籠之外，十六世紀末雞籠外海的島嶼，彭加山（彭佳嶼）、瓶架山、鷄籠嶼（基隆嶼）和花瓶嶼。

瓶架山是哪座島嶼？

彭家山在不同的輿圖中出現了彭加山、彭佳山等異字名稱，但根據標示的位置，基本上可以認定這些同音異字地名就是基隆最北的島嶼彭佳嶼，這應該是沒有任何爭議的。

其次是花瓶嶼，雖然歷史上絕大多數的清代輿圖都將花瓶嶼標示為花矸嶼或花杆嶼，但這兩個異字異音的地名都是閩南語「花瓶」之意，這也不妨礙我們將它認定為和花瓶嶼為同一島嶼。

至於「瓶架山」就有些麻煩了。「瓶架山」在《琉球國圖》和《乾坤一統海防圖》都出現過，但奇怪的是，此後所有的清代輿圖再也沒有標示過「瓶架山」。難道這兩幅輿圖的「瓶架山」是個錯誤的標示？可能性不大，因為這兩幅輿圖的「瓶架山」在諸島排列位置次序不同，可見兩圖並無承傳的關係。無承傳關係的兩幅輿圖會出現相同的錯誤，可能性似乎也不大。

另外一個疑點是「瓶架山」和「彭加山」發音有些類似，那麼「瓶架山」會不會是「彭加山」的異字詞？這個可能性也不大。因為《琉球國圖》和《乾坤一統海防圖》都同時標示了「瓶架山」和「彭加山」兩座島嶼，而無承傳關係的

《琉球國圖》

此圖除描繪琉球國的形勢之外，還說明福州到琉球的航線，其中釣魚嶼、基隆嶼（雞籠嶼）、彭家山（彭佳嶼）、小琉球（臺灣）清晰可辨。

黿鼊嶼東離琉球水程一日
高華嶼東離琉球水程三日
彭湖島東離琉球五日
馬齒山
西
圓覺等寺
古米山
此山下水急礁
彭家山
釣魚嶼
天使館至歡會門三十里
迎恩亭至天使館五里
瓶架山
雞籠嶼
那霸港口一里九曲
泊舟之所
花瓶嶼
北山
小琉球
西南福建梅花所開洋順風七日可到琉球

兩幅輿圖出現異字詞的重複，可能性似乎更渺小。那麼「瓶架山」真的存在嗎？如果真的有這座島，現代的名稱又是為何？

如果仔細比對明、清兩代這個區域的輿圖，會發現所有清代的輿圖都不曾出現「瓶架山」。反之，清代輿圖常常出現的「扛轎嶼」，明代輿圖卻從不曾出現過。那麼清代輿圖經常出現的「扛轎嶼」會不會是明代輿圖中的「瓶架山」？「扛轎嶼」在清代的輿圖中很多有異字詞，但意思都相同，即閩南語「抬轎」之意。日本時代將「扛轎嶼」改稱為棉花嶼並沿用至今。

彭佳嶼、棉花嶼、花瓶嶼三島位於基隆的外海，由北而南依序排列，大小也是依此排列。《琉球國圖》和《乾坤一統海防圖》兩圖如果連最南邊、又最小的花瓶嶼都標示了，就不太可能忽略比花瓶嶼大許多的棉花嶼。因為以棉花嶼的位置與大小而言，通往琉球國的航海路線上，其在航標的作用上比花瓶嶼要顯著許多。所以海圖上不太可能畫出了花瓶嶼，卻忽略棉花嶼，這在經驗法則上說不通。依此邏輯，《琉球國圖》和《乾坤一統海防圖》兩圖中的「瓶架山」極有可能就是清代輿圖中「扛轎嶼」的異名稱呼，即現今的棉花嶼。這是目前較合理的推測。接下來我們來談談基隆嶼。

雞籠杙？雞籠找？

《琉球國圖》中在小琉球（即臺灣）旁標示了「雞籠嶼」，即現今的基隆嶼。而《乾坤一統海防圖》則在小琉球國的外海、彭加山與瓶架山之間標示一座叫「雞籠山」的島嶼。清代的輿圖經常出現「雞籠山」，但大多標示在臺灣本島上，所以明、清兩代對「雞籠山」的定義不同，明代的「雞籠山」是島嶼，就是現在的基隆嶼，或是清代輿圖中的「雞籠杙」；而清代輿圖中的「雞籠山」真是一座山，應該是現今位於瑞芳的基隆山。

不過清代的文獻中也有將基隆嶼稱為「雞籠山」的，例如《裨海紀遊》：「緣海東行百六七十里，至雞籠山，是臺之東北隅；有小山圓銳，去水面十里，孤懸海中；以雞籠名者，肖其形也。」很明顯此處的雞籠山，指的是基隆嶼。

另外，清代的輿圖也有將基隆嶼標示為「雞籠山」的，不過那都是極少數，可以忽略不計。為什麼明、清兩代的輿圖對基隆嶼的命名會有如此差別？明代的輿圖大都將彭佳嶼、棉花嶼、基隆嶼以「山」稱之。獨獨花瓶嶼以「嶼」稱之？

基本上彭佳嶼、棉花嶼、基隆嶼包括花瓶嶼都是火山島，都是因火山噴發

紫線番界圖	乾隆輿圖	乾隆中葉臺灣軍備圖	嘉慶臺灣輿圖	道光中葉圖	1871淡水廳全圖	全臺前後山輿圖	1880淡水縣圖	1891基隆廳圖	1895軍用地圖	1896五萬分一圖	1906臺灣堡圖
											彭佳嶼
			扛轎嶼	抬轎崙	抬簝嶼	扛轎嶼	扛簝嶼				棉花嶼
	花矸嶼	花杆嶼		花杆峙	花矸嶼	花矸嶼	花矸嶼				花瓶嶼
雞籠杙	雞籠杙	雞籠山（羅漢嶼上）	雞籠杙		雞籠杙（雞籠尖）	圭籠杙	雞籠杙	雞籠杙	雞籠材	雞籠杙	基隆嶼
	雞籠山						雞籠山				
（社寮島）	（社寮島）	（社寮島）	（社寮島）	（社寮島）	雞籠嶼（社寮島）	社寮	社寮	社寮		社寮島	社寮島
桶盤嶼	桶盤嶼	桶盆嶼	桶盤嶼		桶盤嶼	桶盤嶼	桶盤嶼				桶盤嶼
	獅球嶼	球嶼					后穴				
	燭臺嶼	燭臺嶼	燭臺嶼	灼台峙	燭臺嶼	灼臺嶼	灼臺嶼				
	旗竿石	旗杆石		其杆峙							
			大崙嶼								

【地圖與方志中的基隆外海嶼群】

琉球國圖	萬里海防圖	乾坤一統海防圖	1696臺灣府志（高志）	康熙臺灣輿圖	諸羅縣志	雍正輿圖	1741臺灣府志（劉志）	封舟出洋順風針路圖	1764臺灣府志（范志）	汛塘望寮圖	原漢界址圖
釣魚嶼	釣魚嶼							釣魚臺			
彭家山	彭加山	彭加山						彭佳山			
瓶架山		瓶架山			直加連	直加連					
花瓶嶼					花矸嶼	花矸嶼		花瓶嶼		花矸嶼	
小琉球		小琉球									
雞籠嶼			雞籠嶼	雞籠找		雞籠屹			羅漢石	雞籠杙	雞籠杙
	雞籠山	雞籠山	雞籠山					雞籠山			
				（社寮島）	雞籠嶼	（社寮島）	（社寮島）		（社寮島）	羅漢嶼	（社寮島）
				桶盤嶼	桶盤嶼	桶盤嶼	桶盤嶼		桶盤嶼	桶盤嶼	桶盤嶼
				獅球嶼	獅毬嶼	獅毬嶼	獅毬嶼		獅球嶼	獅球嶼	
									香爐嶼		
									燭臺嶼	燭臺嶼	
			旗杆石	旗干石	旗干石	旗杆石	旗竿石		旗竿石	旗杆嶼	
					雞心嶼	雞心嶼			雞心嶼		
			石門								

而形成的島嶼，只是彭佳嶼、棉花嶼、基隆嶼較大，火山錐的外型較為明顯，故以「山」稱之，而花瓶嶼較小故以「嶼」稱之罷了。所以作為航海的標示，彭佳嶼、棉花嶼、基隆嶼以外型「取勝」，這也是這幾個島嶼頻繁出現在明代海圖的原因。那麼清代基隆嶼又為何以「雞籠杙」這個奇怪的名稱標示？

清代輿圖中基隆嶼不全都是被標示為「雞籠杙」，「雞籠杙」、「雞籠杙」、「雞籠屹」、「雞籠嶼」都曾出現過，不過出現最多的還是「雞籠杙」。日本人剛占領臺灣時，在軍用地圖上將「雞籠杙」誤寫為「雞籠材」，後來在一八九六年《臺灣五萬分一圖》及一八九九年《臺灣假製二十萬分一》更正為「基隆杙」，其中《臺灣五萬分一圖》的第三幅還是以「基隆杙」為圖名。可見日本人最後認可了「杙」這個字，所以「找」、「屹」、「杙」極可能只是「杙」的筆誤。後來日本人大概覺得「基隆杙」的「杙」實在太怪了，才又改為「基隆嶼」，並沿用至今。那麼「杙」到底是什麼意思？

「杙」這個字，字典上找不到，洪英聖在《畫說康熙輿圖》一書上主張「杙」閩南語唸作**kit-a**，意思是栓東西的木樁。目前還沒有看過其他方面的解釋，所以還無法進一步判斷。

另外《琉球國圖》中的右上方標示了黿鼊嶼、高華嶼和彭湖島，分別註記

「黿鼊嶼東離琉球水程一日」、「高華嶼東離琉球水程三日」、「彭湖島東離琉球水程五日」。這方面的註記似乎是根據《唐十道圖》與《隨書．東夷列傳》的記載而標示的，並非得自實際航海的經驗。除彭湖島即澎湖群島外，黿鼊嶼、高華嶼皆無從考據。

荷蘭番社戶口表記的是地名還是人名？

一六〇三年代的《東番記》雖然已記載臺灣西海岸零星的地名，然而臺灣地名成系統地出現，是在荷蘭人編組集會區之後的事。最早致力於蒐集研究荷蘭時代「集會區戶口表」者是日籍學者中村孝志。他從一九三〇年代整理出〈蘭人時代の番社戶口表〉後，終其一生都在完善這份戶口表的破譯與解讀，可惜直到現在，戶口表中還有許多名稱仍找不出對應的原住民聚落。

這份戶口表所記載的地名，嚴格說來其實是族群或是族長的名稱，並非原住民所認知的地名。但這份戶口表對後來地名發展有相當大的啟發，從清代早期的方志與地圖可以發現和戶口表上的番社地名是可以對應的。因此這份戶口表所記錄的族群，可以視為臺灣系統地名的起點。雖然這份戶口表並不能涵蓋當時臺灣全部的原住民族群，但仍可說是一份十分珍貴的臺灣地名遺產，它對後來的地名有承先啟後與不可替代的作用。

蔗糖生產開啟了戶口表的整理

十七世紀初荷蘭聯合東印度公司占領安平，主要目的是想發展對華貿易與中日之間的轉口貿易。因為對華貿易受制於鄭芝龍，而中日之間的轉口貿易也因「濱田彌兵衛事件」造成了不利的因素，因此VOC急需改變經營策略，以挽救臺灣商站的生存危機。

後來VOC發現在臺灣種植甘蔗、生產蔗糖是一門有利可圖的生意，而種植甘蔗需要大量的土地與歸順的農民，因此VOC開始對臺灣內陸地區的平埔族村落進行征討，準備將平埔族村落納入甘蔗種植的生產行列。

一六三五年冬，VOC得到最早歸順的新港社協助，向安平外圍的平埔族村落展開征討。到了隔年的春天，諸羅山（嘉義市）、哆囉嘓（臺南東山）以南，放索（屏東林邊）以北的二十八個平埔族村落族長，在新港社（臺南市）集會，宣誓效忠VOC的統治。一六三六年下半年，瑯嶠（屏東恆春）、傀儡山（屏東東面山區）以及諸羅山以北的村落也陸續歸附，至此共有五十七個平埔族村落歸順VOC。

VOC對這些歸順平埔族村落並非設置行政官員駐地管理，而是派遣基督教喀爾文教會的宣教士進行傳教與教學，最終目的當然是要引導歸順的平埔族人從事甘蔗種植與蔗糖的生產。喀爾文教派對營利事業一向積極參與，這應該是VOC派遣喀爾文教會的宣教士駐村的重要考量，所以這些宣教士應該參與了土地開發與蔗糖的生產。或許是因為這層利益的關係，喀爾文教會宣教士對明鄭的入侵反抗十分激烈，甚至超過VOC的官員。

雖然臺灣西部海岸地區的平埔族村落早在一六三六年就已經歸順VOC，但VOC將其編組為地方議會應該是在一六四〇年代之後的事。目前最早的戶口表也是一六四七年之後編制的。

一六四三年荷蘭人攻陷西班牙人在基隆的薩爾瓦多堡之前，VOC以大員為界，將這些村落分為「北部集會區」與「南部集會區」。攻陷薩爾瓦多堡之後，又成立以臺北、宜蘭為主的「淡水集會區」以及東部的「卑南集會區」。所以VOC將臺灣全島區分為「北部集會區」、「南部集會區」、「淡水集會區」以及「卑南集會區」等四大集會區，集會區之下還又劃分個別的小區。

集會區等同於行政區劃

相對於「北部集會區」與「南部集會區」以墾殖甘蔗為主要目的，「淡水集會區」以及「卑南集會區」應該和尋找「哆囉滿黃金」有密切的關係。但最終荷蘭人費盡千辛萬苦並沒有找到「哆囉滿黃金」，甘蔗的墾殖也僅限於臺南市附近，而且主要的墾殖者並非平埔族，反而需要從外部引進中國農民。

由此看來，VOC在劃分集會區時並沒有經過嚴密的規劃，也沒有族群分布與地理條件上的考量，只是單純從征討的先後而劃分的，所以不能將集會區與後來的明鄭政權、清政府的行政區劃等同視之。因為沒有行政區劃的考量，也沒相應的軍事占領，VOC所劃分的集會區對後來政權的行政規劃沒有任何影響，只剩這份戶口表供歷史學者估算當時原住民的人口規模，與比對後世地名的參考。

【荷蘭番社戶口表】（中村孝志編製）

北部集會區

1	Sinckan（Tagloulou）／新港／西拉雅族四大社／臺南新市
2	Backaloangh（Baccrouangh）／目加溜灣／西拉雅族四大社／臺南善化
3	Tavakangh（Teopangh）／大目降／西拉雅族四大社／臺南新化
4	Tevorangh ／大武壟／西拉雅族四社熟番
5	Soulangh（Toeamimigh）／蕭壠／西拉雅族四大社／臺南佳里
6	Mattauw（ToeKapta）／麻豆／西拉雅族四大社／臺南麻豆
7	Dorcko ／哆囉嘓／洪雅族羅亞系／臺南東山
8	Tilaocen（Laos）／諸羅山／洪雅族羅亞系／嘉義市
9	Tackopoelangh（小）
10	Tackopoelangh（大）
11	Oudtwangh
12	Nieuwangh（Tapangh）／達邦
13	Tivora（Tufuya）／知母朥；北鄒族
14	Apassouangh
15	Kiringang
16	Taroquang
17	Kannakannavo ／簡仔霧
18	Leijwangh
19	Leyssingangh
20	Marts（Maurits）
21	Dhalibo ／他里霧／洪雅族羅亞系／雲林斗南
22	Docovangh（Gaumul）／土庫；猴悶／洪雅族羅亞系
23	Lasaer（Assaer）
24	Voungo Voungor
25	Tatatarourou（Tarour）
26	Pangalangh
27	Taijolwangh
28	Balauala
29	Dovaha（Talack ）
30	Arrissangh（Talack Bajen）／阿里山；斗六
31	Basjekan（Abasie）／貓兒干（麻芝干）／洪雅族羅亞系／雲林崙背
32	Favorlangh ／虎尾壟（南社）／洪雅族羅亞系／雲林臺西、東勢、四湖
33	Dobale baota ／東螺／巴布薩族／彰化北斗

34	Dobale baijen／大 Dobale／巴布薩族
35	Balabaijes（Valnpais）／眉裡／巴布薩族／彰化
36	Tarkais（Gilim）／二林／巴布薩族／彰化二林
37	Saribalo／西 Sarivalo
38	Turchara
39	Tavocol／大武郡／巴布薩族／彰化社頭
40	Taurinap（Dorenap）／西二林／鹿港附近
41	Assock／阿束／巴布薩族／彰化市大竹里
42	Bobarien（Bpbariangh）
43	Tausabato（Tosack）
44	Kakar Barroroch／貓羅／洪雅族阿里坤系／芬園
45	Kakar Tachabouw
46	Taijlivangh
47	Kakar Sakaley
48	Jinroij（Jmroy）
49	Tavonoangh
50	Tausa Talakey／南投；北 Dosack／洪雅族阿里坤系／南投市
51	Tausa Mato／北投；東 Dosack／洪雅族阿里坤系／南投草屯
52	Aboan balis／麻里蘭／巴宰海族／臺中豐原
53	Asson gorouw／巴宰海族
54	Aboan Tarranoggan／岸裡；東 Aboan／巴宰海族／臺中豐原
55	Aboan Auran／烏牛欄；西 Aboan／巴宰海族／臺中豐原
56	Aboan Poalij／樸仔離／巴宰海族／臺中豐原
57	Babausack／貓霧捒／巴布薩族／臺中南屯
58	Dorida Babat／中大肚／拍瀑拉族／臺中大肚
59	Dorida Mato／南大肚／拍瀑拉族／臺中大肚
60	Dorida Amicien／北大肚／拍瀑拉族／臺中大肚
61	Bodoer／水裡／拍瀑拉族／臺中龍井
62	Salagh／沙轆／拍瀑拉族／臺中沙鹿
63	Gomagh／牛罵／拍瀑拉族／臺中清水
64	Taringalangh
65	Tarogorogo
66	Tatuturo
67	Polangh
68	Serrien Souluan／水沙連／邵族／南投日月潭、埔里
69	Serrien Momoessa

70	Serrien takikoas
71	Serrien Takamoemossa

南部集會區

Verrovorongh（鳳山八社）	
1	Pandangdangh（Pandangdangh
2	Tapouliangh／大木連／鳳山八社／屏東萬丹上社皮
3	Verrovorongh／麻里麻崙／鳳山八社／屏東萬丹下社皮
4	Akauw／阿猴／鳳山八社／屏東市
5	Swatelauw／塔樓／鳳山八社／屏東里港
6	Sonanssabuch（Sonabuck）
7	Swatelauw（新）
8	Sopirioenan
9	Netne
10	Tedackyangh
11	Terra Minissan（Tamomomoron）
12	Cattia／茄藤／鳳山八社／屏東佳冬
13	Pangsoya／放索／鳳山八社／屏東林邊
14	Souvaneveij
15	Karidongangh

瑯嶠諸村（瑯嶠十八社）	
1	Sdakj／四林格
2	Karitongangh
3	Dalaswac（Toulaswack）／豬勝束
4	Lindingh（Lungduan）／龍鑾
5	Vangsor（Dantor）／蚊率；滿州
6	Coralos（南）／龜勝律；龜仔角
7	Valangits（Vongorit）／阿塱衛社
8	Catseleij／加芝來
9	Kous-kous／高士佛
10	Sabdyck／射武力
11	Sodirau（Sodorouw）
12	Barbaras
13	Tockopol／內文社
14	Poutsipoutsick（Tsipotsu）

15	Kalenet
16	Toutsikadangh（南）
17	Loupit（Ruput）
18	Matsaran／牡丹灣社
19	Valakatsileij
20	Pinavavangit（Nanginangi）
21	Torackweij／快仔社
22	Galongongan／草埔後社
23	Spadior（Palior）／八瑤社
24	Kakoe

Toutsicadang 峽谷內	
1	Karadoang
2	Kuanga
3	Varongit
4	Kalolauw
5	Tarikidi-ick
6	Rimil
7	Pavarauw
8	Suffung
9	Pijlis
10	Calaravia／草山社
11	Toutsicadangh（北）
12	Derredyck
13	Sparangwey
14	Daropack
15	Dakop
16	Sekitsiringh
17	Aynaber
18	Toeakauw
19	Barbaras

Dalissiou 峽谷內	
1	Dalissiouw
2	Potuongh

3	Talakobus
4	Poltij
5	Kaviangangh
6	Carolos（北）
7	Sangdij
8	S'karis

Ziroda 峽谷內	
1	Siroda
2	Tavanack
3	Drauw（北）
4	Toviniri
5	Tackaynalan
6	Pai ei eia
7	Tarawi
8	Jvangavangas（南）
9	Casalanan
10	Tejasejaja
11	Massisi
12	MarouKourouw
13	Tsigal
14	Ivangawangas（北）
15	T'sourckott

Pakiwan 峽谷以北	
1	Pakiwangh／下排灣社
2	Sotimour／山豬毛
3	Zonivack
4	Spinicola
5	Tockofol
6	Sodaraday
7	Somvanoro
8	Smackedajdays（東）
9	Smackedya（西）
10	Sopanor
11	Sonapassaril／磨溪

Tedackjangh 以東山中	
1	Cavado
2	Souvassvasseij

Kinitavan 峽谷內	
1	在Cavado稱為Kinitavangh
2	在Tevorangh稱為Tonghotavangh
3	在Tedackjan稱為Zodavangh
4	在Terrioduck稱為Alitovangh
5	Terrioduckangh
6	Solapisangh
7	Sapannouck
8	Sonavoer
9	Sodidil
10	Avassouangh
11	Taramimissan
12	Sitouravo
13	Sopat Kitdarangh

淡水集會區

淡水地方及淡水河流域（凱達格蘭）	
1	Kirabaraba
2	Kimassauw／毛少翁／臺北士林
3	Litsiouck／里族／臺北松山
4	Kipatauw／北投／臺北北投
5	Touckunan／奇獨龜崙／新北淡水
6	Kirragenan／奇里岸／臺北北投
7	Pouropon／大浪泵／臺北大同
8	Kimoitsie／奇武卒／臺北中山
9	Cattayo／搭搭攸／臺北松山
10	Kimalitsigoouwan／麻里即吼／臺北松山
11	Kypanas／蜂仔峙／新北汐止
12	Chinaer／詩仔林／新北淡水
13	Kypabe
14	Cackerlack／小雞籠社／新北三芝
15	Toetona／大屯社／新北淡水

16	Tappare／金包里／新北金山

Pinorouwan 河（新店溪）流域（凱達格蘭）	
1	Pinorouwan／武勝灣
2	Raworawas／了匣
3	Rujryck／雷里
4	Kourounangh／龜崙蘭
5	Chiron
6	Ribats／里末
7	Peitsie／擺接
8	Quiware／瓦烈

Baritischoen 人的村落	
1	Gagaisan／海山
2	Sousouly／宵裡
3	Terrisan

淡水堡壘以南	
1	Parrigon／八里岎
2	Parricoutsie（Lamcam）／南崁
3	Pocael／竹塹／（竹塹社群）
4	Dockudukol（Tumel）
5	Paipeitsie
6	Warrewarre／房裡／（蓬山八社）
7	Darridauw
8	Parrewan／吞霄／（蓬山八社）
9	Routsoudt（Roetchiouttumal）
10	Ballebal
11	Taggawaer（Tachwar）
12	Hallabas
13	Warrouwar／日南社（蓬山八社）
14	Crauw
15	Tennatanangh／雙寮社（蓬山八社）
16	Mattatas
17	Sinanay
18	Gingingh／眩眩（竹塹社群）

Coullonders（龜崙）人村落（凱達格蘭）	
1	Rachuuwan
2	Kimebouron（Quinesolangh）
3	Kinary
4	Semalan（Sinckalen）
5	Sassoulangten
6	Kinorobourauw
7	Serritsera
8	Gingyn（Gingin）
9	Tobonnen（Tibono）
10	Silgelibbe
11	Binorauan
12	Progobas
13	Raliraliras

自 Quimaruy 至 St.Jago（三貂角）方面 Bassajo 村落（凱達格蘭）	
1	Cajpary
2	Quimaruy
3	StJago

Minaporan 村落	
1	Boyean
2	Minapolan

噶瑪蘭灣（噶瑪蘭三十六社）	
1	Kipattobbiaer
2	Giomas
3	Quipatoebeau
4	Kibannoran
5	Kibairier
6	Kannabasjen
7	Tabbetab
8	Sasinagan／辛也罕
9	Kimaroetenoch
10	Patobbican
11	Baboelian

12	Taradagan
13	Tomichoch
14	Serrimien
15	Kimadipatan（Quimadiptan）
16	Kimabolauw Tacoebavan
17	Sanne
18	Taloebayan／哆羅美遠
19	Proude
20	Tatoggedan
21	Tobtobbe
22	Sinarogan／辛仔羅罕
23	Kimaetonck
24	Baronoban
25	Pressepassan
26	Tamaranan／打馬煙
27	Kimalblauw Tangeranan
28	Tadade／踏踏
29	Kigenobutarangh
30	Patonodoejan
31	Ajenoedoes
32	Tenaboeran
33	Ninabien
34	Kakiomaes
35	Pressinowan（Kibarouw Sinouon）
36	Modammaer de Kerriouan
37	Modammaer de Tarrachian
38	Tochowan
39	Maeboelouw
40	Tarrochan de Soedien
41	Parerier／擺里

敵對噶瑪蘭村落	
1	Wayouway／歪仔歪
2	Kipenabouradt
3	Bragoelien
4	Tarrogan de Passouw

5	Sogol Sogol／掃笏
6	Kipottepan

卑南集會區

卑南覓（Pimaba）村落（卑南覓七十二社）	
1	Pima
2	Marenos（Sapiat）
3	Pinewattangh
4	Pinneser
5	Nickabon
6	Bogert
7	Sabecan
8	Typol
9	Lywelywe
10	Tawaly（Coavali）
11	Takoan（Tokotokoan）
12	Loub
13	Kinnebelouw
14	Koeteryn
15	Barsibal及Doro
16	Terroema
17	Barckeboek
18	Padeyn
19	Ruporrepon
20	Parringangh
21	Soupera
22	Passan

Tawalij（太麻里）峽谷內	
1	Talibon
2	Sippejen
3	Turreturrick
4	Billelor
5	Carrperappejen
6	Arudan
7	Tarewatty

Tarewatty 峽谷內	
1	Touwana
2	Tinparan
3	Labbikaar
4	Rudas

Tarewatty 峽谷以南，海岸	
1	Tarreway
2	Tallingear
3	Batsival
4	Tawwawana

卑南以北同盟村	
1	Koeskoes
2	Longelongh（Konghlongh）
3	Vypuys（Ruypuis）
4	Lappelap（Laplapa）
5	Bonock
6	Palangh（Kana-Parang）
7	Arangh（Varangou）
8	Sapat
9	Serycol（Sorigol）
10	Dorkop
11	Berbyl（Berckil）
12	Kinlolan（Kintoran）
13	Raramey
14	Roerop
15	Ringenes
16	Nammearij

Tarroma 後方，卑南以南未歸順村落	
1	Laboan
2	Kabrukan
3	Deedel
4	Koetapongan
5	Barthu

6	Paredejan
7	Terwelal

卑南以北未歸順村落	
1	Terwelouw（Teribilouw）
2	Batsirael
3	Kowerwan
4	Vatan
5	Tawaron
6	Pysanongh
7	Sulyen
8	Sicosuan
9	Boryen
10	Tarywan
11	Sacry
12	Tallaroma
13	Basey
14	Takilis

卑南北 Bacanan 峽谷內未歸順五村	
1	Punock
2	Kinnedouwan
3	Tolledecan
4	Sapisan
5	Sawnco

【清代的原住民族分類】

噶瑪蘭三十六社（乾隆臺灣輿圖）
礁巴辛也、觸龜拺、佳笠宛（加禮宛）、奇武留（奇武荖）、污泥滑、陳爐女簡（珍珠里簡）、猴猴、貓勝武演（馬荖武淵）、削骨削骨（掃笏）、武罕武罕、礁勝密（打那美）、丕仔丕仔（歪仔歪）、安仔貓尾（珍仔滿力）、巴老鬱、街仔難懶（丁仔難）、辛也知難、泥美隔（抵美福）、脾厘（擺里）、奇直拔（奇武暖）、辛也罕（新仔羅罕）、抵密抵密（抵美抵美）、麻里礁轆、奇踏踏（踏踏）、礁仔籠岸、奇美立、八知美買驛（抵百葉）、八知美簡（抵美簡）、宇馬氏（奇宇貓氏）、撈援丹、奇班女懶（淇武蘭）

凱達格蘭

道卡斯
竹塹社群：竹塹、眩眩
後壟社群：後壟、中港、新港、貓裡、嘉志閣
蓬山八社：大甲東、大甲西、雙寮、房裡、苑裡、貓盂、日南、日北、吞霄

巴宰海
四大社群：岸裡、朴仔離、阿里史、烏牛欄（含大馬轔、麻薯、翁仔、歧仔、麻里蘭）

拍瀑拉
四社（大肚、水裡、沙轆、牛罵）

貓霧捒
東螺、西螺、二林、眉裡、半線、柴仔坑、阿束、馬芝遴、貓霧捒、大武郡、大突

洪雅（Lloa、Arikun兩支十三社）
Lloa／哆囉嘓、他里霧、柴裡斗六、打貓、諸羅山、鹿陶洋
Arikun／南投、北投、貓羅、萬斗六、貓兒干（崙背、麥寮）、南社（臺西、東勢、四湖、笨港社（北港、水林、口湖、新港、六腳、東石）

水沙連內山南北港三十六社（乾隆臺灣輿圖）
南港、挩闌外、挩闌、嘓眉、哆嘓、北沈仔安、抹郎仔、力日觀、大社、改物、子虛子旭、巒巒、木武郡、社仔、毛卒、丹里、管里、北港、水裡、勝力、內若、外眉、永順、田頭、致霧、斗閘、斗閘下、哆咯嘓、屏仔萬、覆骨大社、覆骨小社、灣裡、貓離巴、買老糟、貓離百、貓離龜、哆老灣、木哈大

內優社生番六社（乾隆臺灣輿圖）
邦尉、墩仔、網社、皂羅婆、藤茄、米籠

西拉雅
四大社：新港、目加溜灣、蕭壟、麻豆；大目降
四社熟番：大武壟（頭社、二社）、宵里、芒仔芒、茄拔

馬卡道
鳳山八社（力力、茄藤（奢連）、放索（阿加）、上淡水（大木連）、下 淡水（麻里馬崙）、阿猴、塔樓、大澤磯（武洛、尖山仔）
山豬毛歸化生番五社

傀儡山歸化生番二十七社（乾隆臺灣輿圖）
八絲力、礁老其難、加少山、加蚌、加無郎、施汝臘、北葉安、公武里、山裡留、錫干、加走山、拜律、毛絲系、柯律、施率臘、礁網葛氏、七腳亭、加籠雅、陳阿修、礁勝加物、益難、加石、務其逸、陳阿難、加者惹也、勃郎錫干、望仔立
瑯璠生番十八社（乾隆臺灣輿圖）
瑯璠、貓仔、紹貓離（射麻裡）、豬勝束、合蘭（猴子蘭）、上哆咯快、蚊卒（蚊率）、猴洞、龜勝律、貓籠逸、貓里毒、滑思滑（高士佛）、加錐來（加直來）、新蟯牡丹、下哆咯快、德社、懷留、施那隔（四林格）

卑南覓社分東西共七十二社（乾隆臺灣輿圖）

崇爻山十二社（乾隆臺灣輿圖）

澎湖的地名為何「一成不變」？

澎湖地名的命名除了以地形地貌為主之外，看來好像沒有什麼特色。有人會說灣、澳甚至垵是澎湖地名的特色。這個說法有一定的道理，但也不全然。灣、澳甚至垵在臺灣本島都可以找到，只是比例較低罷了。其中「垵」在臺灣除了東北角曾出現外，其他地方基本上沒有。那麼是不是可說「垵」是澎湖地名的特色？我是澎湖人，不那麼認為。因為「垵」在閩南地區並不罕見，例如同安早年就叫銅垵，是「垵」最具代表性的地名。那麼澎湖地名的特色究竟為何？

這個問題困擾了我很長一段時間。後來我對澎湖的地名做了反向思考，結果令我大為震驚，因為澎湖地名缺乏許多臺灣十分常見的地名類型。例如竹圍是臺灣十分常見的地名，我找到了兩百多個，而澎湖卻一個也沒有。事實上花東地區也沒有竹圍的地名，不過那有其他的原因，在此不展開討論。印象中，離開澎湖之前，我還不曾看過竹子，因為澎湖根本長不出竹子。沒有竹子當然不可能有竹圍。

澎湖缺乏臺灣常見的地名類型

澎湖也沒有類似三張犁或七張之類因農地開墾而產生的地名。臺灣在荷蘭時代就開始大規模引進中國農民，這和甘蔗種植有很大的關聯性。清代將臺灣納入版圖後，大規模的移民、偷渡與農業開發有絕對的關係。澎湖納入中國的版圖比臺灣早了好幾百年，主要是軍事戰略上的需求，和農業開發沒有一丁點關係，當然康熙將臺灣納入版圖也是軍事戰略上的考慮，並非是為了殖民與經濟上的利益。但臺灣漢人社會的建立和農業有絕對的關係，這是不可否認的。

我的外曾祖父幼年時跟隨親戚從廈門流浪到臺灣，年長後在馬公鎖港建了一座硓砧石屋。我記得在廚房與豬圈之間有一個小土間，是用來堆放掃地所集得的塵土，等春耕時再將這些塵土和入田裡，因為澎湖農地的土層實在太薄了。可見澎湖是極不適合農耕，自然沒人來澎湖從事農業開墾，所以不會有與農業開墾相關的地名。

也許有人會說漢人移民澎湖是為了漁撈之故。這個說法對也不對，但從考古發現說明澎湖早期漁業移民是季節性的，春來秋去，並非定居的形式。從荷蘭人的紀錄也可以發現荷蘭時代澎湖定居的漁民十分罕見。現在澎湖居民應該是源於

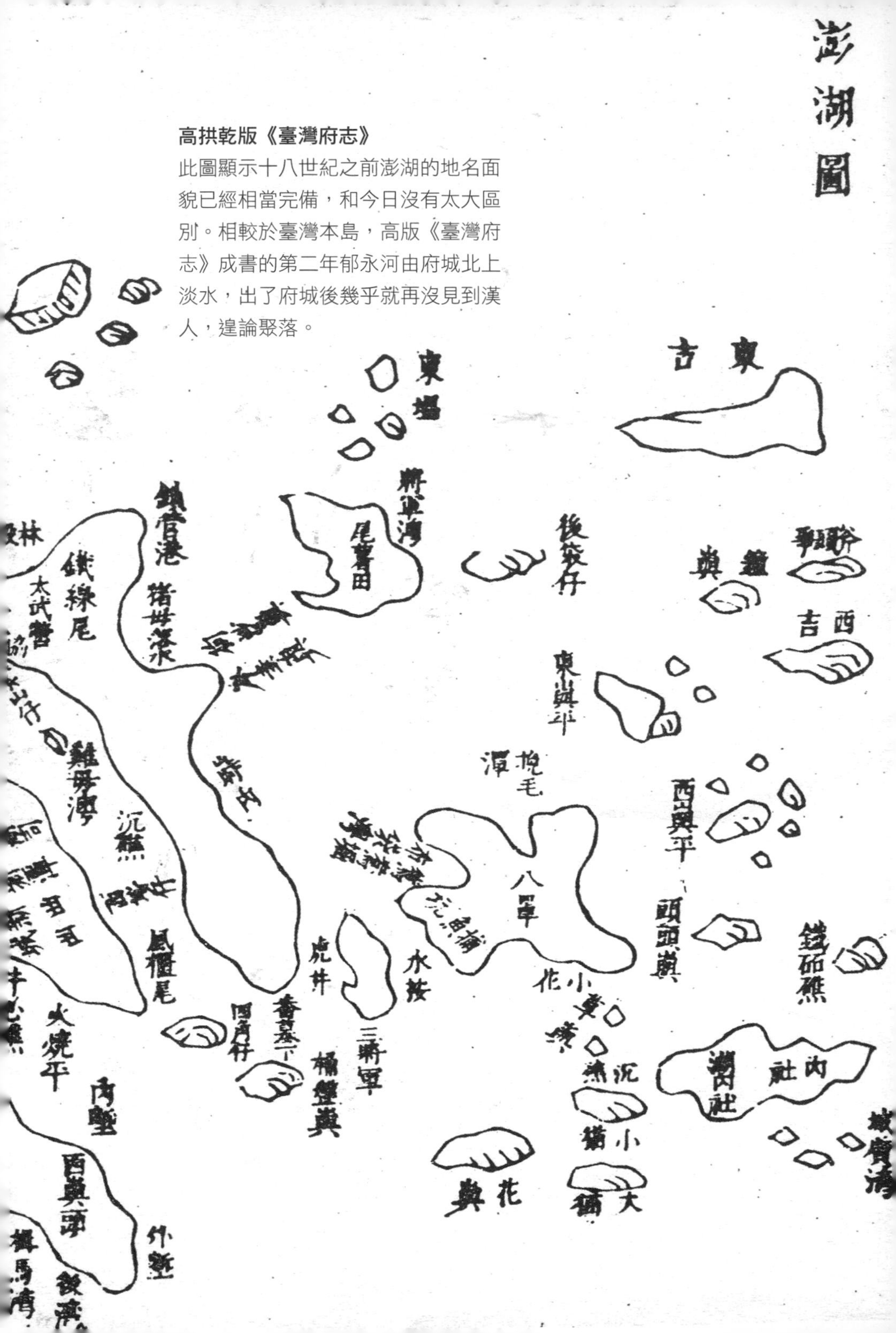

高拱乾版《臺灣府志》

此圖顯示十八世紀之前澎湖的地名面貌已經相當完備，和今日沒有太大區別。相較於臺灣本島，高版《臺灣府志》成書的第二年郁永河由府城北上淡水，出了府城後幾乎就再沒見到漢人，遑論聚落。

白沙湾
烏嶼
員背嶼
鐵砧
金嶼
青螺仔
萬丈潭
鎮海
沙港
天妃宮
太武
北礁
姑婆嶼
大吼門
空殼嶼
中墩
小吼門
員門

明鄭之後，定居居民大多是班兵之後。

原住民音譯地名或番社是臺灣地名的一大特點，而澎湖卻完全沒有，文獻中沒提到澎湖曾出現原住民。《諸蕃誌》曾提到有島夷「毗舍耶」曾劫掠過澎湖與泉州海岸，學者傾向毗舍耶是臺灣的土著，並非居住在澎湖。早年曾在馬公鎖港北極殿發掘出四千年前的先民遺骸，經基因檢測是屬於中國南方的人種。除此還沒有發現其他原住民的遺址。

根據光緒四年（一八九四）林豪版的《澎湖廳志》，雍正五年（一七二七）澎湖共有十三澳八十二社。清代澎湖基層的行政區劃以澳為名，與臺灣本島的坊、里、保同一級別。社指的是「澳」之下的村落，所以老一輩的澎湖人習慣在聚落名稱之後加個「社」字，例如媽宮稱「媽宮社」，但這和臺灣地名中常見的番社、大社、社仔中的「社」完全沒有共通性。番社、大社、社仔是指原住民的聚落，基本上臺灣老地名中只要帶個「社」字就是指原住民的聚落，漢人的聚落不可能帶個「社」字。而澎湖地名加個「社」字，則完全沒有原住民聚落的意思，也就是村落的意思。這稱呼應該源於閩南地區，可能和「社稷」的社同源。

一成不變是澎湖地名最大的特色

總之澎湖完全沒有原住民的音譯地名或番社、大社、社仔之類的地名。除了沒有原住民地名之外，澎湖也沒有客家地名。

澎湖缺乏幾種臺灣常見的地名類型，說明了澎湖人文地理與自然條件的局限性，但這些都不那麼令我覺得奇怪。因為認清了澎湖人文地理與自然條件的局限性，那麼地名類型的單調自然是可以理解的。澎湖地名最令我疑惑的是，幾乎從清代初期一直到清末甚至直到現在，澎湖傳統聚落不論是名稱還是數量，都沒有太多的變化。

根據林豪版的《澎湖廳志》清末澎湖有十三澳八十二社，與清初康熙二十四年（一六八五）蔣毓英《臺灣府志》中記載的三十澳還是有一倍以上的增長。不過比對清初康熙三十五年高拱乾主編《臺灣府志》中的《澎湖輿圖》可以發現，蔣本的三十澳是有所遺漏的，例如蔣本在敘述大山嶼時提到其中風櫃尾、豬母落水、烏坎等地人口甚多，而這幾個聚落都不在「三十澳」之內，其他遺漏之處可想而知。所以實際上清初到清末澎湖聚落地名並沒有一倍以上的增長。而且即使真的增長了一倍，和臺灣本島同一時期的地名數量幾乎是以幾何級別式的增長，

陽
陰嶼
東吉
西吉
香爐嶼
船篷嶼
馬鞍嶼
鐘仔嶼
猪母
嵵裡
風櫃尾
八罩嶼
半屏嶼
虎井嶼
新城
雞籠嶼
四角嶼
鉄砧嶼
桶盤嶼
鳥嶼
內
外
小
西
牛心湾
花嶼
貓嶼
大嶼
頭巾嶼

劉良璧版《臺灣府志》

此圖顯示和高版臺灣府志的澎湖幾乎一成不變。而同時期的臺灣本島相較於前期，地名已成幾何級數的成長。

是不可同日而語的。

或許有人會說，澎湖地名的發展應該也有一段增長期，不過清初就接近停滯了。問題是澎湖地名的增長期到底有多長？我認為可能只有明鄭時代短短的十餘年，頂多再加上荷蘭時代中期之後，總共應該不會超過三十年。

我之所以如此判斷是基於兩點，首先澎湖地名增長期的停滯應該是在康熙三十五年（一六九六）高拱乾主編《臺灣府志》之前。這部府志的編撰應該是根據康熙二十四年蔣毓英的版本，蔣的版本似乎沒有公開發行，蔣本的編撰應該完全是根據明鄭政權交接的資料。蔣本記載的澎湖地名有三十六嶼與三十澳的名稱，這應該是明鄭時代就存在了。

所以我們應該可以確認在康熙中期（一七〇〇年前後）澎湖基本的聚落空間與地名結構已基本確定下來，聚落的增加只是因人口增加而分化，並非實質上的擴展。因此相應增加的地名也只是原地名的分化，如奎壁港分為南寮與北寮。那麼地名發展的起點始於何時？我認為應該是在明鄭時代前後。

澎湖人口增長始於大明王朝傾覆之際

我的依據是荷蘭東印度公司第四任大員長官普特曼斯一六二九年在澎湖的日

《澎湖廳圖》

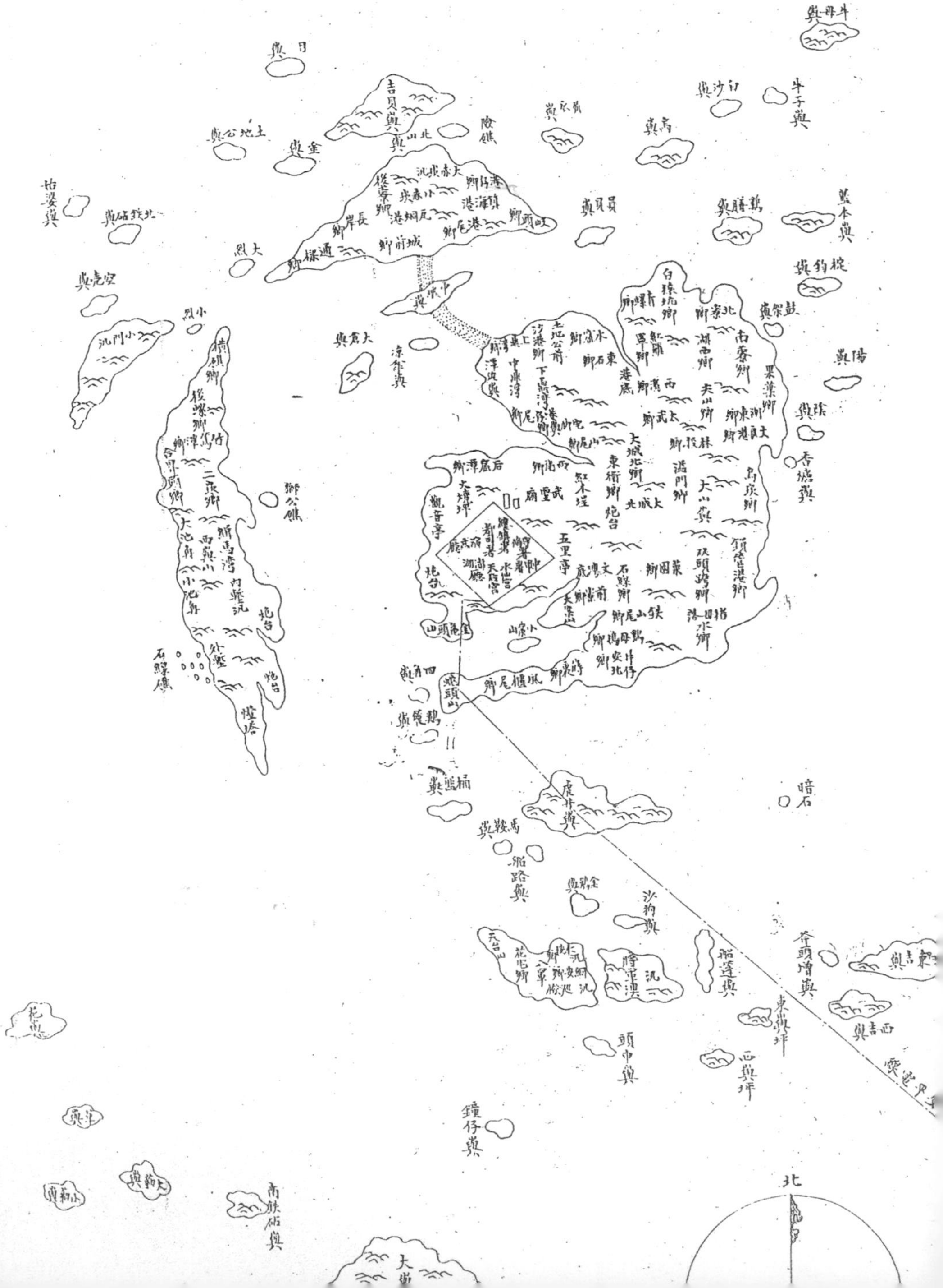
吉貝嶼
土地公嶼
險礁
姑婆嶼
北鐵砧嶼
大烈
空殼嶼
小烈
小門嶼
員貝嶼
鷄膳嶼
陽嶼
陰嶼
香爐嶼
中墩嶼
大倉嶼
涼傘嶼
通樑鄉
城前鄉
長岸鄉
後寮鄉
瓦硐港
鎮海港
港尾鄉
岐頭鄉
橫礁鄉
二崁鄉
大池角
小池角
西嶼
竹篙灣
內垵
外垵
炮台
燈塔
石鱉礁
公礁
觀音亭
天后宮
武聖廟
紅木埕
大城北
東衛鄉
五里亭
大山嶼
金龜頭
蛇頭山
四角嶼
雞籠嶼
桶盤嶼
風櫃尾鄉
虎井嶼
暗石
馬鞍嶼
船路嶼
沙狗嶼
天台山
花宅鄉
八罩
將軍澳
船篷嶼
鋤頭增嶼
東吉嶼
西吉嶼
東嶼坪
西嶼坪
頭巾嶼
鐘仔嶼
花嶼
南鐵砧嶼
大嶼
北

《臺灣輿圖並說澎湖》

此圖繪於光緒初期，內容看似密密麻麻，實則多為地形地貌的說明，地名增長其實有限。

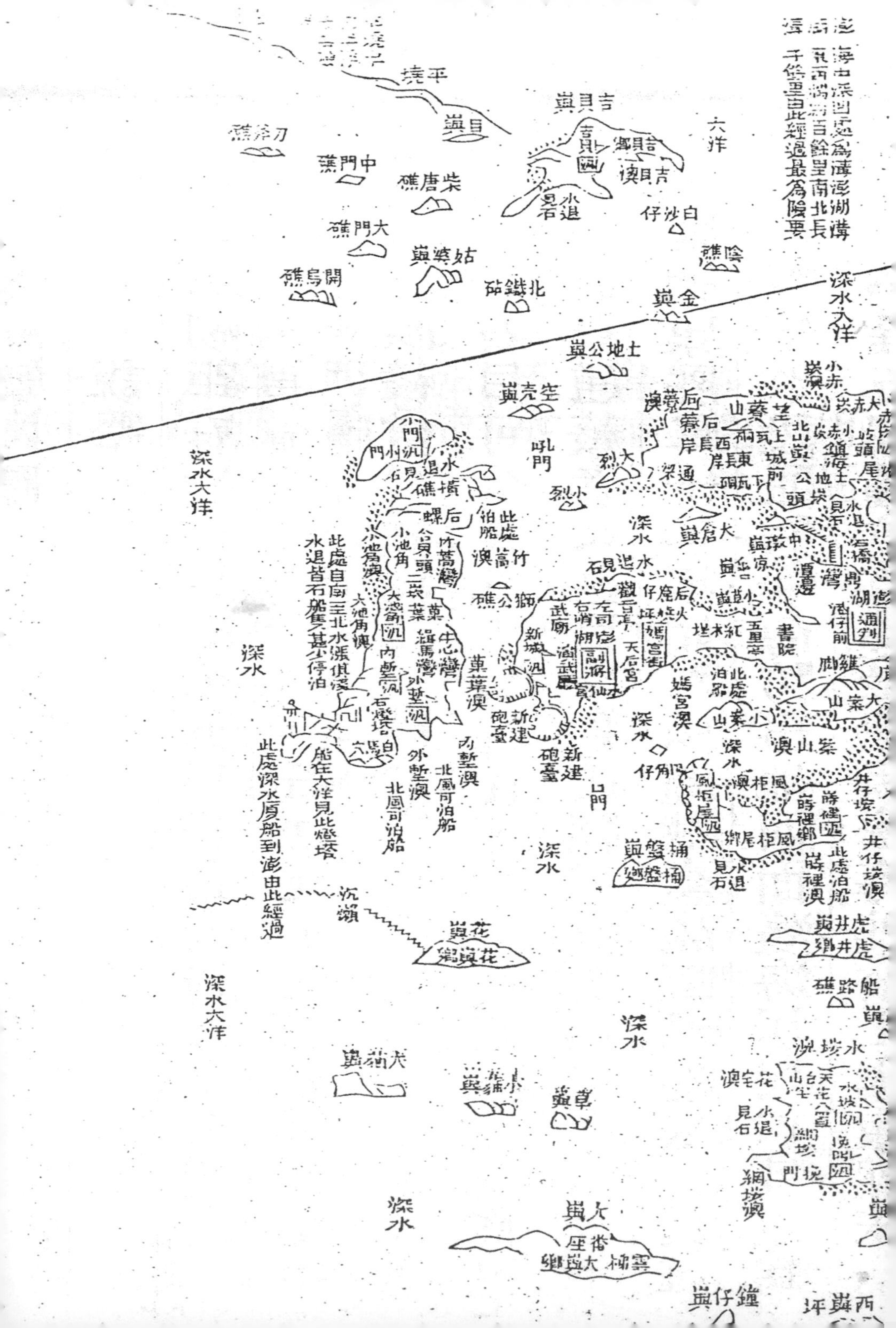
海中深溝爲澎湖溝
吉貝嶼
目嶼
刀斧礁
中門礁
柴唐礁
大門礁
姑婆嶼
北鐵砧
金嶼
險礁
白沙仔
吉貝澳
水退見石
深水大洋
土地公嶼
吼門
大烈
小烈
大倉嶼
獅公礁
竹篙灣
竹篙澳
此處泊船
此處自南至北水漲俱淺水退皆石船隻甚少停泊
船在大洋見此燈塔
此處深水原船到澎由此經過
內塹澳
外塹澳
北風可泊船
新建砲臺
媽宮澳
天后宮
書院
紅木埕
風櫃尾
蒔裡澳
井仔垵澳
桶盤嶼
虎井嶼
船路礁
花嶼
大貓嶼
小貓嶼
草嶼
大嶼
鐘仔嶼
西嶼坪
水垵澳
花宅澳
網垵澳
深水

記，他說當時馬公天后宮只是孤零零的一座廟，附近並沒有聚落甚至人家。後來他步行半個小時左右，到達一座廢棄的中國城堡（可能在北辰市場原址），相當於跨越整個馬公傳統街區，也沒發現住家或行人。也就是說，一六三〇年前後澎湖最大的城鎮馬公並不存在，就只有一座天后宮。之後他又到風櫃尾探視了廢棄的荷蘭城堡，也沒提到沿途有住家或聚落。我認為當時澎湖可能有漁民，但應該是季節性的往來於大陸澎湖之間，春來秋去。原因很簡單，因為土層焦薄，多風少雨，在澎湖很難從事農耕。糧食無法供應，加上冬季季風強勁，漁撈停滯，所以冬季之前漁民只得返回大陸，無法滯留。

另一條紀錄是一六六一年鄭成功率軍攻臺途經澎湖駐蹕天后宮。因缺糧下鄉搜索，所得竟不足大軍一餐之需。我估計當時攻臺艦隊全員應該不會超過萬人，可能僅有幾千人。搜索整個澎湖，所得雖然不足大軍一餐之需，但可推測當時澎湖定居的人口已經有相當的數量。如果沒有相應的定居人口，何勞大軍下鄉「打糧」？

可以想見這時期澎湖的定居人口，是在一六三〇年普特曼斯巡視澎湖之後增加的。那麼為何這三十年間澎湖開始出現定居居民？答案也很明顯，大明將滅之際，戰爭瀕發，再加上清廷「片板不得下海」的封禁政策，使得沿岸居民開始逃向海外，澎湖成了避難的選擇。定居人口的出現，同時也是聚落地名增長的起點。那麼為何不到半個世紀，一六八〇年後澎湖的聚落便達到飽和狀態。

島嶼資源不足、人口外移，地名停滯發展

原因其實也很簡單，島嶼的資源是有限的，如果無法引入外部資源，人口的增長很快就會超過島嶼所能負荷的程度。澎湖無法種植水稻，雜糧的生產也極為有限，即使漁業相對較豐沛的年代，澎湖在臺灣各縣市中一直都是最貧窮的縣份之一。因此清中期之後澎湖就出現人口外流的現象。

從明鄭時代起，軍事人員在澎湖常駐的人口中就占據了相當的比例。清初康熙準備攻臺時，明鄭小朝廷的應對之道和阿扁總統的「境外決戰」如出一轍，阿扁可能是從明鄭那兒得到的靈感。鄭氏將領劉國軒不但親身監軍，還將一半以上部隊集中在澎湖。後施琅給康熙的捷報中提到明鄭軍隊戰歿與被俘的將近兩萬，逃出澎湖的僅百餘人。

明鄭大軍駐防澎湖的時間可能很短，因為駐防時間長了，應該會出現類似臺南、高雄的軍屯地名，但澎湖的軍屯很少，頂多就五、六個，如東衛、西衛、鎮海、大城之類，而且這些地名是不是明鄭軍屯地名都十分可疑。

總之，澎湖在清初人口趨近飽和後，聚落地名結構也就呈現停滯狀態。農業不行，貿易不行，漁業又只有半年的光景，增加的人口只得外流。這點從清中葉後臺灣本島出現了幾個叫「小澎湖」或「澎湖厝」的小地名也可以看出端倪。

山頭虎

荷蘭時代臺灣的地名是服務於轉口貿易？

臺灣北部地區進入國家統治時代是從西班牙人占領基隆開始，所以北部地區第一批由國家政權命名的地名也是從基隆一帶開始的。一六二九年西班牙人登陸北部地區，先後命名的西式地名有San Salavador（聖薩爾瓦多堡或聖救主城，今基隆和平島紅毛城）、Santisima Trinidad（至聖三位一體港，即基隆港）、Encenada de S.tiago（聖迪牙哥，今卯澳三貂角）、Encenada de S.cathalina（聖卡達利納，今蘭陽溪口）、San Lorenzo（聖羅倫佐，今蘇澳），San Domingo（聖多明各，淡水紅毛城）等。從以上的命名，我們可以看出西班牙人對新征服領地大多以聖徒為名，具有明顯的宗教性。這應該和西班牙將天主教作為國教有關。

這些帶有濃厚西方宗教色彩的地名沿用至今的極為稀少，大多僅能在文獻中找到。臺灣傳統地名除了三貂之外，幾乎沒有任何影響。有些學者認為關渡也可能是西班牙地名的遺孓。

一六四三年荷蘭聯合東印度公司擊敗西班牙人占領基隆、淡水後，基本上西班牙人的地名都被替換掉，最具標誌性的San Salavador（聖薩爾瓦多堡）被改為Fort Noordholland（北荷蘭城）。相對於西班牙人偏好以聖徒為新領地或城堡命名，荷蘭人更偏向以荷蘭本土的省份命名，例如Fort Zeelandia（熱蘭遮城），這可能和荷蘭聯合東印度公司由荷蘭七省組成有關。

《卑南圖》提供了東部地區豐富的地理訊息

西班牙占領基隆的時間不長，其統治的區域僅限於基隆、淡水以及東北角。荷蘭人在一六四〇年代將西班牙人逐出基隆後，荷蘭聯合東印度公司成為臺灣島上唯一擁有軍事力量的政權機構，足跡便向全島蔓延。因為極度渴望獲得傳說中的「哆囉滿」黃金，荷蘭人幾度組織探險隊深入花東地區，最終繪成花東地區的海岸線。至此荷蘭人終於繪製出較完整的臺灣全島地圖，這幅地圖是一八四〇年代英國海軍測繪更新的臺灣島地圖之前，兩百年間西方世界採用的唯一版本。這幅地圖原名為《中國沿海地區海圖：廣東、福建與福爾摩沙島》，也就是荷蘭學者冉福立所說的《卑南圖》。

冉福立之所以將此圖稱之為《卑南圖》，是因為此圖標示的臺灣東部地區的地理資訊在荷蘭人繪製的臺灣地圖中最為豐富，而卑南又是當時臺灣東部地區的泛稱，因此他才將此圖稱為《卑南圖》。的確，此圖在相當於現在臺東縣的地方標示了密密麻麻的原住民聚落，可惜這些地名至今仍然沒有被完整的破譯，令人十分遺憾。

除了東部地區的原住民部落標示得較為詳盡之外，此圖也是荷蘭繪製的臺灣地圖中，地名標示最為詳細的一幅。我們可以藉此圖了解荷蘭時代的臺灣地名面貌。《卑南圖》上標註的地名有幾個特點：

花東原住民部落多於西部平原？

荷蘭人繪製的臺灣地圖，陸地上的地名主要是原住民聚落，其中花東地區的數量與密度比西部地區來的多，此圖之所以被冉福立稱之為《卑南圖》原因即在此。荷蘭人為何如此標示，冉福立認為一六四〇年後荷蘭聯合東印度公司之所以大力經營東部地區，最主要的目的是尋找傳說中的「哆囉滿（Terraboan）黃金」。

「哆囉滿黃金」的傳說起源相當早，西班牙人占領雞籠時曾大舉向噶瑪蘭出兵，目的就是為了奪取傳說中的「哆囉滿黃金」。但直到被逐出雞籠，西班牙人也沒有找到「哆囉滿黃金」。西班牙人從雞籠南下尋找黃金，還不算費事。荷蘭

《福爾摩沙島上的西班牙港口》

此圖繪於1626年西班牙人占領基隆的初期，圖中標示的地名具有濃濃的西班牙風格。

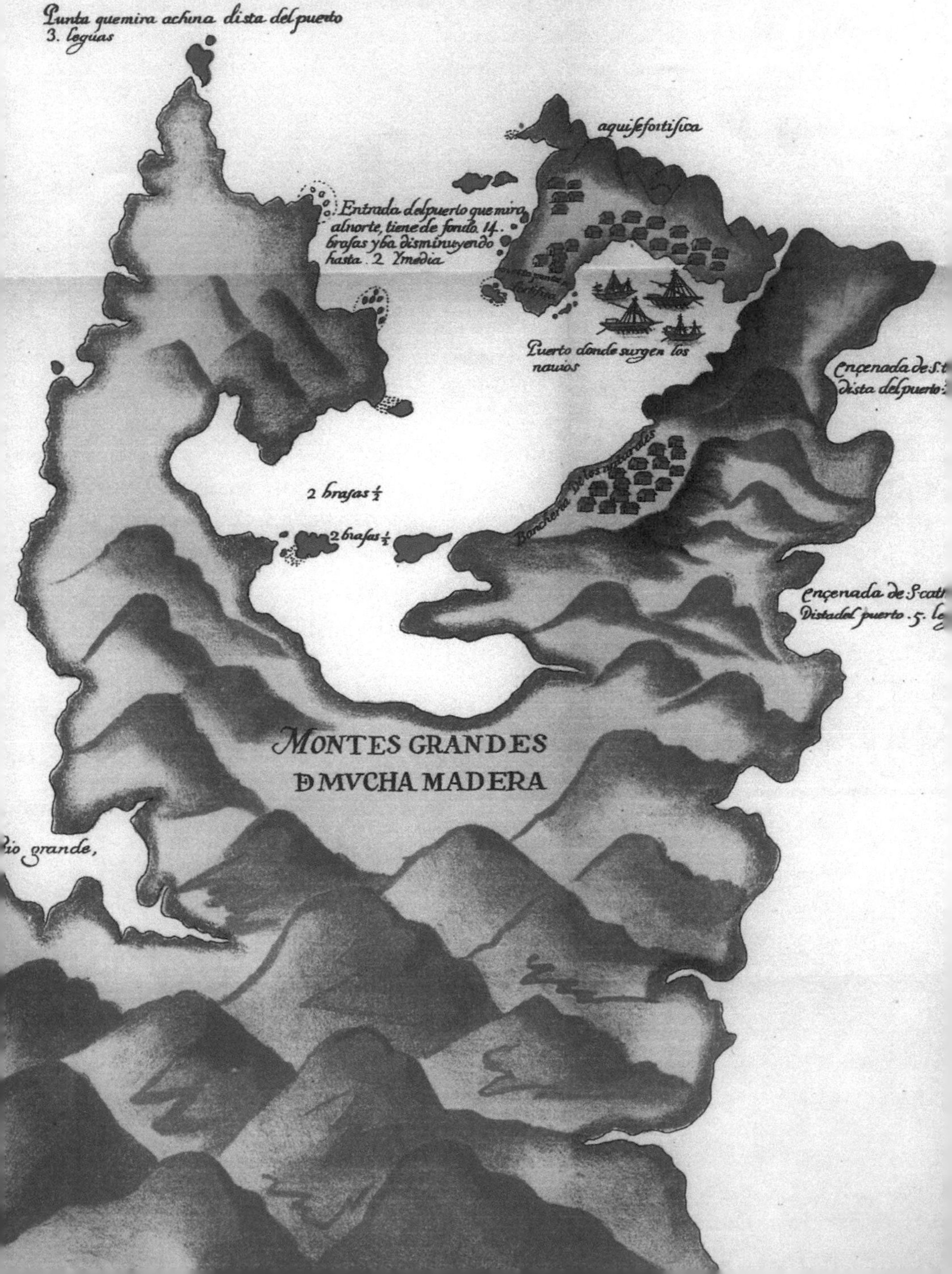
Punta quemira achina dista del puerto
3. leguas
aqui se fortifica
Entrada del puerto que mira
al norte, tiene de fondo. 14.
brasas y ba disminuyendo
hasta . 2 Ymedia
Puerto donde surgen los
navios
Ençenada de S.t
dista del puerto
Bancheria De los naturales
2 brasas ½
2 brasas ½
Ençenada de S.cat
Distadel puerto . 5. le
MONTES GRANDES
D MUCHA MADERA
Rio grande,

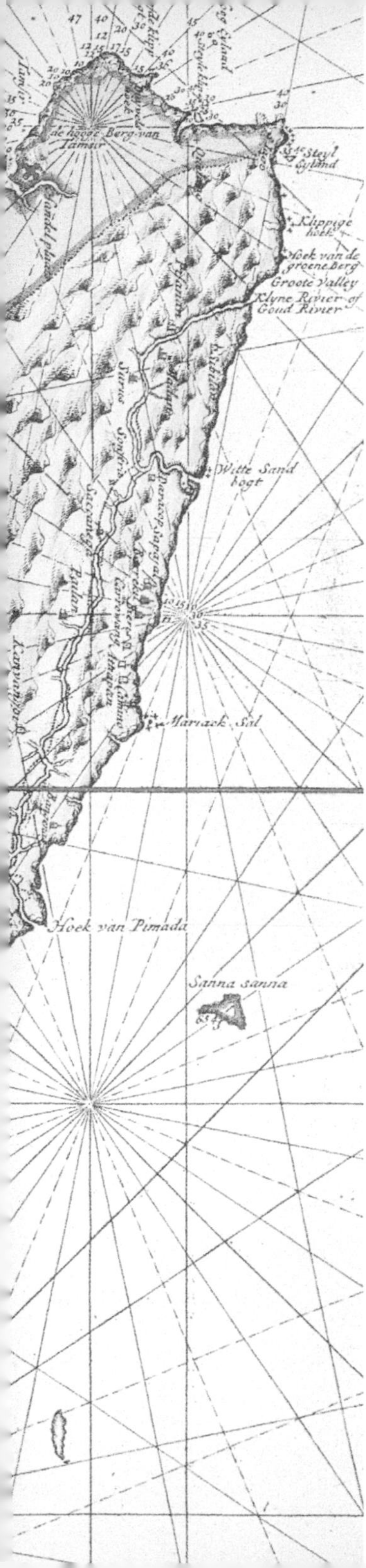

《卑南圖》上的地名

基隆

Quelang／雞籠／基隆

Hoog Eyland／高島

Steyle klip／陡峭的礁岩

Gekloofde klipp sand bogt／漂亮的礁岩、沙灘【劈叉礁，泥沼地】

Duyvels hoek／魔鬼岬／野柳

淡水

de hooge Berg van Tamsir／淡水的高山／大屯山

Tamsir／淡水／淡水

Sandel plaat／沙地

De hooge zuyd berg／南邊的高山／觀音山

Pencasse Bamboese Bossen Penca的竹林

Leg（q?）uauns hoek／琉球岬

Rivier met Bamboese Bosch hier kan met hoog wates een Jonk in／有竹林的河，高水位時中國帆船能進來／新竹新豐紅毛港

Lock B.Lock／灣／竹南中港

De Z. W. hoek van de Lock bay Lock／灣的西南岬

彰化

Giclint／二林／二林

雲林

Vassican／貓兒干／崙背

Vavonnolang／虎尾壠／虎尾

Dalivoe／斗六門／斗六

Dovaley／東螺／北斗

Rif Wansa【wansa礁】

Bessioaw【賢：無詞】

Fort Wanchain魍港城堡／布袋好美里

《中國沿海地區海圖廣東、福建與福爾摩沙島》

此圖標示的臺灣東部地理資訊相當豐富，因此被荷蘭學者冉福立稱之為《卑南圖》。

臺南

Dorkay

Dorcynia

Los

Soulang ／蕭壠

Mullaw

Liowang

Tevorang ／大武隴

Duckduck

Machinan

Soulang ／蕭壠

Zincan

Fort Seckan ／赤崁城堡／赤崁樓

Sand bank ／沙岸

Noorder Riff ／北礁

Zuyder Reede ／南蘆葦地

Noorder Reede ／北蘆葦地

Vuyle Eyl ／多島

Soute R ／鹽水溪／德慶溪

高雄

Verse R.（二仁溪 ）【新鮮的河流？新河？】

Iockan ／堯港／興達港

Brouwer haven ／布婁港

Wantaon ／萬丹／左營軍港

R. Taccoriang ／打狗河／愛河

Appenberg ／猴山／旗后山

屏東

Tamsuy ／淡水／高屏溪

Tackeyan

Tapoidianach

Vorvorang

Vorvorang Gaddadan

Kooyongan

Pangsaun ／放索／林邊

Steek grond ／尖刺地

Lamey of Goude Leeus Eylanden ／金獅島／小琉球嶼

宜花東

Steyl Eyland／陡峭的島／龜山島

Klippige hock／多礁石的海岬

Hock van de groeneberg／綠色山脊的海岬

Groote Valley／大谷

Klyne Rivier of Goud Rivier／小河，又稱黃金河／花蓮溪

Pisanan

Sibilan／花蓮市一帶

Hadan

Surus

Witte Sand bogt／白沙灣／秀姑巒溪口

Daracop

Sonstr

Saccanega

Sapajal

Rrcku

Bieros

Carrowang

Pailan

Passins Berg

Attiapan

Camiita

Kanvangoi

Mariack Sal Maria／的馬鞍／三仙臺

Sanna Sanna／綠島

De Botel／蘭嶼

Hoek van Pimada 卑南岬

Bangean

Lolong

Lolong

Pindbi 卑南覓

Mornos

Waddewadding

Kardalano

Tarvaril

De Tafel berg／桌山

Naddissu

Tolbinrie Corralov

Sauman

Lowang Pavali

Tipol

Torrvama

Sabbaco

Lobon

Dadel

Peboie

Poeneck

De Kroonen berg／皇冠山／玉山

Tolipanaolan

Lavabecar

Sangiadeei

Cannso

Kann balu

Kobbrokan

Eroppisa

Tolloracan

Kinadoang

Passiheba

Pallangar

Tibadde kedau

Hoffadan

Parancy

Calangu

Korbdsouko

Tobocavas

Den
Lupoe／知本
Matsar
Poetsinoch
Tartarhav
Karredac
Tavodas
Tacobul
Turetsatsa
Cattung
Barbora
Baicy or Korolan
Zuyd hoek／南岬／鵝鑾鼻
Vuyle ruts／危險的礁岩【多沟】
Schilpads bay／龜灣／恆春南灣
Zuyd eunde van Leques／琉球的南端／貓鼻頭

1753 Keulen DE EYLAND EN VAN PEHOU

Hier is al weeke grond／此處為軟地
het eyle Eyland／吉貝嶼、目斗嶼
hier is al steenige grond／此處為礁岩
het helle gat／吼門
het witte Eyland／白島／鳥嶼
Vuyle steenige grond／多石地
Swarte Klippen／查埔嶼、查母嶼
Peho／馬公島
'''t Visschers eyland／漁翁島／西嶼
kleine Tafel／小桌／桶盤嶼
groote Tafel／大桌／虎井嶼
'''t Roover Eyland／海盜島／望安島、將軍澳
men zegt dat athier eenige blinde klippe leggen／據稱此處有若干暗礁
het zuyd ooster Eyland／東南島／東吉嶼
het verdriet Eyland／傷心島／西吉嶼
Steenklippen Eyland／礁石島／鐵砧、西嶼坪嶼、東嶼坪嶼、香爐
het zuyder Eyland／南島／七美嶼
het hooge Eyland／高島／貓嶼
het wester Eyland／西島／花嶼

人為什麼要從西部海岸大費周章的翻山越嶺到東部找黃金？

荷蘭人一六三七年得知「哆囉滿黃金」的傳聞後，大員方面曾兩度派出大隊人馬翻山越嶺來到臺東卑南覓尋找黃金，但「哆囉滿黃金」始終成謎。一六四五年之後，荷蘭人將尋找「哆囉滿黃金」的目標轉移到噶瑪蘭，但依然毫無所得。

當時東部海岸連個適合的港口都沒有，荷蘭人只能由陸路進入東部地區。三、四百年前在西部平原地區旅行都不是件容易的事，更何況由陸路翻山越嶺進入東部？困難程度難以想像的。而且如此大規模的尋找「哆囉滿黃金」，經費應該也是相當驚人。

黃金沒有人不愛的，問題是值得耗費這麼大的人力與物力嗎？甚至有人認為荷蘭人之所以堅決要將西班牙人逐出雞籠，主要目的也是為了尋找「哆囉滿黃金」。荷蘭人為什麼如此不計代價地尋找黃金？這可能要從貿易上的需求尋找答案。

一六四〇年後，中國帆船運到大員的貨物逐漸增加，對日本的轉口貿易也逐步好轉，大員貿易站開始轉虧為盈。此時荷蘭人苦惱的已經不再是缺乏銷往日本的中國商品，而是如何籌措足夠支付中國商人的巨額貨款。由於荷蘭人缺乏中國商人需要的商品，所以只能以「真金白銀」支付中國這個「吞金巨獸」。中國商人之所以要求以白銀支付貨款，主要的原因是因為中國政府規定必須以白銀支付賦稅。

不但荷蘭人有缺乏白銀的問題，之前的葡萄牙人也面臨過這個問題，之後的英國人更是被這個問題嚴重困擾。起初葡萄牙人發現日本擁有豐富的白銀，又急需中國商品，所以致力於中日間的轉口貿易。西班牙人則在墨西哥發現了大銀礦，所以只要將白銀從美洲運到馬尼拉，中國商人便自動源源不絕地將生絲送上門來。

後來英國人用鴉片「解決」了這個貿易逆差問題。據說這個方案是葡萄牙人最早想到的，因為葡萄牙的東印度總部在印度果阿，取得鴉片並不困難。英國占領印度之後便將鴉片貿易「發揚光大」，因而引發了中英鴉片戰爭。

荷蘭人沒有墨西哥的大銀礦，也沒有印度的鴉片，只好千辛萬苦地跑到臺灣東部尋找傳說中虛無飄渺的「哆囉滿黃金」。與其將居倫的臺灣圖叫《卑南圖》，還不如叫《臺灣黃金尋寶圖》來得貼切。所以此圖花東地區的數量與密度比西部地區來得多，都是因為中日轉口貿易需要「真金白銀」惹出來的。

海岸線的標示主要是為航行指引

荷蘭人對海岸線的岬角、海灣、險灘、島嶼的命名明顯是作為海岸航行指引之用。荷蘭人在海岸線與島嶼標示上最密集的地方是澎湖列島，因為澎湖對海上航行十分重要。除了保障航行安全之外，澎湖內海是當時荷蘭船隻避風之處。由於臺灣西部海岸多為沙岸，西南海岸雖有潟湖但多淤淺，不利大型帆船泊靠。季風時節，無法泊靠大員時，荷蘭帆船大多航向澎湖內海避風。荷蘭人對海岸線的岬角、海灣、險灘、島嶼的命名以外貌特徵辨識為主，有些險要之地甚至會以「魔鬼」、「海盜」名之，以為警示之用。這和西班牙人動不動就搬出一堆聖徒是很不同的。

除了玉山等少數山岳之外，荷蘭人對內陸的山峰幾乎未做標示。荷蘭將玉山名之為De Kroonen berg，意譯為皇冠山。玉山為全臺乃至東亞最高峰，從臺灣海峽及東部海岸的外海都可以目視得見。一八四〇年代英國海軍測得玉山實際高度時，就是從花東外海測得。十七世紀荷蘭人來往熱蘭遮城與日本平戶時，應該很輕易就能看到玉山，所以玉山的標示並非特意為之。De Tafel berg——桌山（南大武山）也是如此。至於其他少數的山岳如de hooge Berg van Tamsir——淡水的高山（大屯山）、De hooge zuyd berg——南邊的高山（觀音山）、Appenberg——猴山（旗后山）應該都是作為海上航行的航標之用，其實玉山與南大武山在廣義上也是作為航標。荷蘭人不但對臺灣山岳的標示缺乏熱情，只要離開海岸線，其他內陸的地理訊息如河川、湖泊、丘陵在荷蘭人的地圖上都付之闕如。最簡單的解釋就是這些地理資訊對以轉口貿易為主業的荷蘭人完全沒有實際價值。荷蘭人來臺只為了做轉口貿易，花時間與精力去搞內陸測量沒有任何效益可言。

綜上所述，荷蘭時代的地名面貌只能歸結為轉口貿易所導致的結果。

虎頭山

西班牙海洋帝國時代在臺灣留下的印記

三貂角位於新北市的東南與宜蘭交界之處，不能算是知名的景點，但它名氣卻很大。大概是因為「三貂」之名源於S.tiago，幾乎是西班牙人唯一在臺灣留存下來的地名，也是西班牙海洋帝國在鼎盛時代銘刻在臺灣土地上的印記。

根據西班牙文獻記載，西班牙時代西班牙教士曾在三貂角一帶建立過三貂教會，如今已無從尋覓，但是此地三貂社平埔族群的氛圍還是非常濃厚。一八七五年之前，此地一直以三貂社、三貂嶺出現在清代的地方志書中。之後三貂社從芝蘭堡獨立出來，成立三貂堡，成為清政府最基層的行政級別。除了一九二〇年至光復前的二十餘年間，「三貂」在官方行政區域劃分中短暫的被除名外，光復後「三貂」繼續以三貂村（里）、三貂嶺與三貂角之名延續至今。算一算，從一六二六年S.tiago命名以來，「三貂」之名在臺灣，特別是在官方的記載中，已經存續將近四百年。這在臺灣的地名史上，可說是極為罕見的例子。在臺灣西式地名的類型中更是絕無僅有。

三貂另一個奇特之處是，三貂社幾乎也是臺灣平埔社群中唯一以西式名稱為名的。一般來說，漢人對臺灣的原住民社群的命名，除了「番社」、「社仔」之類的泛稱，絕大多數是採取原住民語音譯命名，像三貂社採西式名稱音譯的類型中更是絕無僅有。那麼三貂社原住民自我的稱呼為何？

三貂「絕無僅有」的形成過程

一六二六年馬尼拉的西班牙殖民政府為了制衡占領大員（臺南安平）的荷蘭人，並狙擊大員與日本貿易航路上的荷蘭商船，因此決定在臺灣的北部地區建立一個殖民據點。為了避開荷蘭人攔截，西班牙人沿著臺灣東部的海岸線向北航行，先後在蘇澳、蘭陽溪口、福隆探測可能性，最後決定在基隆港建立據點。

西班牙人在和平島舉行占領祝聖儀式後，隨即將基隆港命名為Santisima Trinidad（至聖三位一體港），並決定在和平島上興建San Salavador堡壘（聖薩爾瓦多堡或聖救主城）。另外西班牙人曾經探測過的港灣也都加以命名，如Encenada de S.tiago（聖迪牙哥，今福隆、卯澳海灣）、Encenada de S.cathalina（聖卡達利納，今蘭陽溪口）、San Lorenzo（聖羅倫佐，今蘇澳），San Domingo（聖多明各，淡水紅毛城）等。

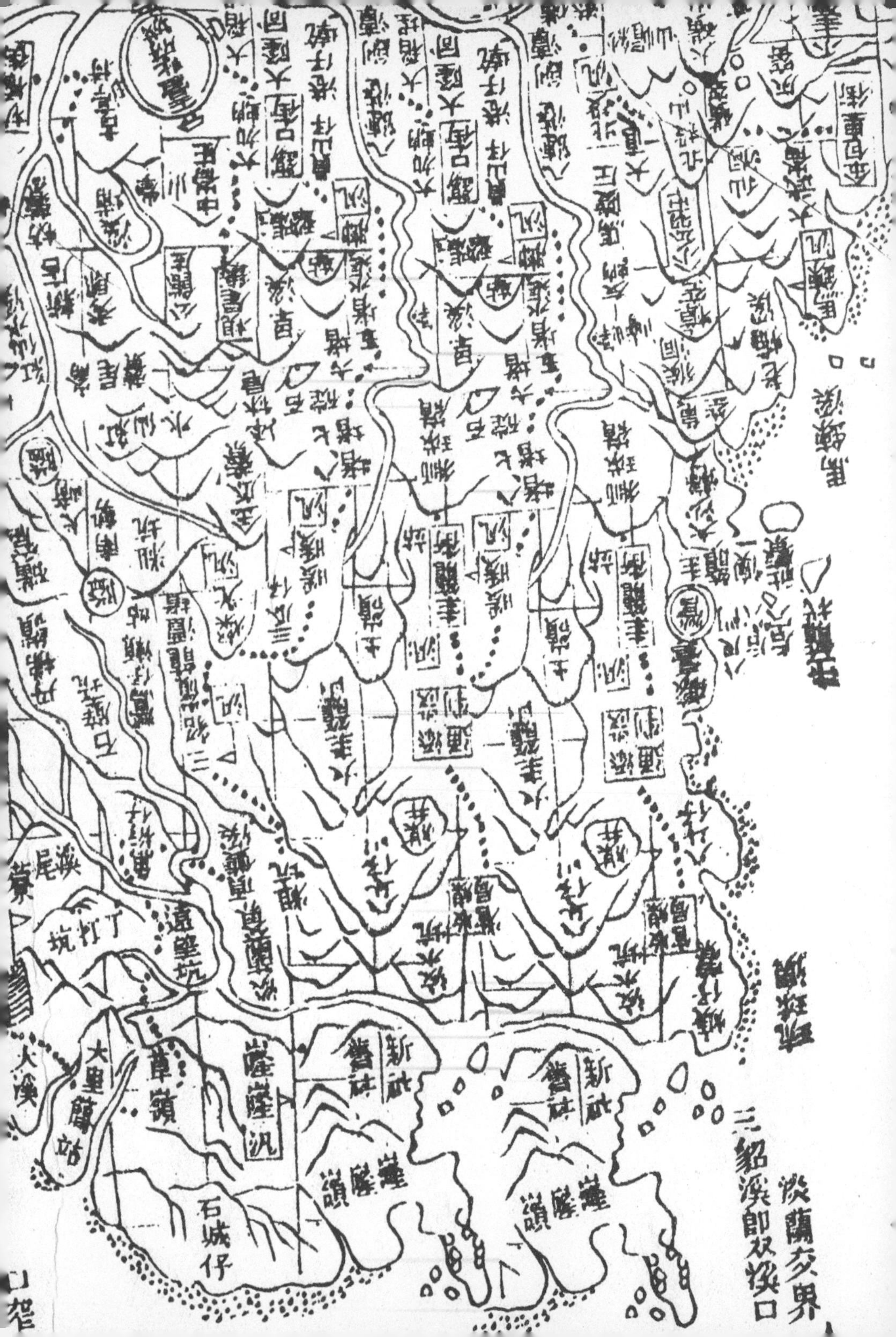

淡蘭交界
三貂溪即双溪口
石城仔
大里簡
草嶺
丁仔坑

蘭陽夕照八景之二

嶐嶺夕煙。

《臺灣前後山輿圖》貢寮部分

1920年地名改制之前，新北市貢寮區與雙溪區同屬三貂堡，三貂社分布在雙溪龍門橋的兩岸。田寮洋下的土名龜媽坑、萊萊、嶐嶐、苳蘭應該都是三貂社群舊址。

從西班牙文獻中，我們還能找到當時北部地區歸順西班牙人的原住民村落有：Quimaurij（雞籠社）、Taparri（金包里社）、St.Jago（三貂社）、Senar（圭柔山社）、Pantao（淡水河對岸，可能是八里坌社）、Quipatao（北投社）、Lichoco（里族社）。其他的原民村落名稱都是原住民語音譯，唯獨St.Jago（三貂社）是西式名稱，在這些歸順的原住民村落算是一個獨特的個案。由此可見，三貂社在臺灣平埔社群中「絕無僅有」的以西式名稱為社名，是起源於西班牙時代。但當地的原住民不可能自稱是St.Jago社，St.Jago必然是西班牙人取的。西班牙之所以將貢寮、雙溪一帶的原住民稱之為St.Jago，和他們將該地區命名為Encenada de S.tiago有必然的關係，這應該是無庸置疑的。那麼三貂社的原住民自稱究竟為何？

Caguinauaran是不是三貂社的自我稱呼

從西班牙文獻可以看出，北部地區和西班牙人較為友善的原住民只有Quimaurij社、Taparri社和St.Jago社。西班牙文獻也提到，西班牙傳教士將三貂角以北的區域分為Caguinauaran、Turoboan（哆囉滿）、Quimaurij-Taparri（雞籠社　金包里社）、Tamchui（淡水）等幾個教區，而且每個教區都建有教堂，St.Jago教堂建於一六三三年。Caguinauaran的發音型態顯然是個原住名式的稱呼，那麼Caguinauaran會不會就是三貂社的自稱？現在有些刊物指出Caguinauaran就是三貂社，但是並未提供文獻的出處，這點我們留待下面再探討。

一六四二年荷蘭人取代西班牙人占領了北部地區，和西班牙友善的Quimaurij社、Taparri社和St.Jago社立即歸順荷蘭人。荷蘭人依照在南部地區統轄原住民的辦法，將北部地區的原住民村落分為幾個集會區。三貂社被歸為「自Quimaury至St.Jago方面Bassajo村落」。所謂Bassajo（馬賽）村落群的範圍涵蓋了東北角海岸地區，除了St.Jago（三貂社），還包括Quimaurie（雞籠社）與Cajpary（金包里社）兩大社群。

荷蘭人占領北部地區後，將所有和西班牙人相關的名稱都改掉了，包括San Salavador堡壘與San Domingo堡壘，唯獨留下St.Jago社這個西班牙意味濃烈的名稱。

不過此時荷蘭人似乎將經營的重點從基隆轉移到淡水河流域，畢竟淡水河流域是一個比基隆更為寬廣的天地，這也是北部地區以淡水為核心時代的開端。三貂社逐漸脫離了荷蘭人的視野，以致一六五四年荷蘭東印度公司繪製的《大臺北地圖》，三貂社並沒有被記錄在內。

入清之後，St.Jago以山朝或三貂的音譯名稱延續下來。山朝和三貂都是St.Jago的閩南語音譯，由此可見閩南人對此社群的認識最早可能是得自於西班牙人或荷蘭人，因此沿用西班牙人或荷蘭人對此地的命名，這在臺灣的地名史上是一個非常獨特的個案。

到了一八七五年臺北奏准建府，淡水、新竹分縣而治，東北角海岸地區由芝蘭堡獨立出來，增設金包里堡、基隆堡、三貂堡等三堡。至此我們不得感嘆歷史上的機緣巧合，金包里堡、基隆堡、三貂堡和兩百多年前荷蘭人將Bassajo（馬賽）村落群劃分為Cajpary（金包里社）、Quimaurie（雞籠社）與St.Jago（三貂社）是何其相似。

日本時代初期繼承了清代的堡名，三貂堡涵蓋了槓仔寮、頂雙溪等二十三個庄。三貂角附近的田寮洋與社里兩庄下轄新社與舊社兩個土名（及後來的小字），顯然這兩庄就是三貂社的新社與舊社，即三貂社的核心地帶。田寮洋與社里兩庄所轄的土名除新社與舊社之外，其他如龜媽坑、萊萊、嶐嶐、荖蘭都有很濃厚的原住民語色彩，更加可以確定此處是三貂社的核心地帶。

一九二〇年殖民政府實施大規模的行政區域調整與地名的更改，三貂堡隨著「堡」的廢除，連帶的三貂也被除名，原來的三貂堡改為貢寮庄與雙溪庄。一九二〇年至光復的二十五年間，是三貂自一六二六年成為官式地名以來唯一中斷的二十五年。不過三貂角與三貂嶺之名還是繼續沿用，並沒有跟著被廢除。

光復後日本時代的行政層級中「庄」改為「鄉」，原來的雙溪庄改為雙溪鄉，而雙溪庄的武丹坑、石壁坑兩個「大字」改為「三貂村」，三貂之名得到恢復。比較奇怪的是三貂村並非原三貂社的核心地帶。根據李壬癸主撰之《臺灣平埔族的歷史與互動》一書的觀點，三貂社的大社也被定於貢寮福隆、龍門二里的新社與舊社，所以如果真要「名符其實」的話，將貢寮的福隆、龍門改為三貂村還比較合乎情理。為何將三貂村定於三貂堡的邊緣地帶？唯一合理的推論應該是，當時主管地名的行政人員認為三貂嶺下的武丹坑與石壁坑改名為三貂村比較「在情在理」吧！

萊萊、嶐嶐是不是卡龜腦崙的簡化音譯？

從目前所掌握的清代土地買賣字契，三貂堡一帶的土地一律註明由「三貂社社番土目」公證。由此可見，當時三貂社的社群頭目也是認可「三貂」這個社群名稱的，並沒有其他的稱呼。

日本時代伊能嘉矩在〈清領以前的臺北地方〉一文上提到：「三貂社在三貂方面的谿谷，分為四區域；分別為舊社庄、遠望坑庄、福隆庄、南仔吝庄。漢人稱此為三貂四庄，而目前在新社。」伊能嘉矩除了「三貂」也沒有提出其他的說法。那麼三貂社的自我稱呼是否就就此失傳了？

臺北縣立文化中心出版的《尋訪凱達格蘭族》一書中，採訪人員提到三貂社的遺民自稱為「龜霧社」，但沒有進一步說明「龜霧社」的由來。「龜霧社」雖然是可以探討的方向，但雙溪、貢寮還找不到類似的土名來支持這個說法，所以「龜霧社」之說只能存疑。

另一個線索是李壬癸主撰之《臺灣平埔族的歷史與互動》一書中，根據西班牙文獻繪製的《臺灣北部原住民分布圖》。此圖在三貂角一帶標示的原住民社群為 **Caguinauaran**，其下又以括弧註明 **Santiago**，意思是 **Caguinauaran** 即 **Santiago** 社。**Caguinauaran** 音譯接近「卡龜腦崙」。如果我們留意三貂角附近的土名，如萊萊、嶐嶐、茗蘭等，和「卡龜腦崙」中的「腦崙」在語音上似乎有共通之處。閩南人在使用原住民地名常常做某種程度的簡化，所以「卡龜腦崙」經過閩南人的簡化，變成萊萊、嶐嶐、茗蘭等並非不可能。

可確定的是，萊萊、嶐嶐、茗蘭絕不可能是閩南式地名。無獨有偶，萊萊、隆隆、茎蘭這幾個帶有濃厚平埔語意味的土名出現在三貂社的傳統核心地帶，除了顯示它與三貂社的關係，還能說明什麼？

明鄭時代的里坊名為什麼有一股濃濃的腐儒氣味？

明鄭時代是臺灣最早實施行政劃分的年代。因行政區域的劃分，臺灣的地名得以成體系的出現。荷西時代雖然也有類似行政區域的規劃，但是當時的行政規劃偏向社群組織的整合，以地理區域為劃分行政區劃還在萌芽階段。西班牙人在北部地區有類似「省」的設置，荷蘭人則有「集會區」的劃分，但兩者的劃分似乎更接近「教區」，而非行政區劃，所以沒有出現以行政區劃為體系的地名系統。日籍學者中村孝志整理的「荷蘭時代的臺灣番社戶口表」中「村落名」，基本上都是族群名或是社群領袖的名字，並非嚴格定義的地名。

臺灣在尚未進入國家政權統治階段已經有地名。這個時候的地名以《東番記》所記載為例，大致上可分為兩個類型，一是社群名如「大員」、「沙吧里」和「打狗嶼」，另一類型是以自然條件與地形地貌命名，如「大幫（崩）坑」、「雙溪口」和「蚊港」等。這兩類地名基本上是活動在這片土地上的人們約定俗成的。進入國家階段之後，這些約定俗成的「土名」，有的被國家機構接納成為

《臺灣軍備圖》

此圖是針對明鄭時代臺灣軍事部署情報繪製而成的地圖。圖中記載的地名以臺南、高雄為主。

臺南縣廳藏版

行政區域的名稱，有的在歷史的變遷中消失無影，有的則繼續在民間以口耳相傳的方式流傳下去。

明鄭時代設治劃分行政區域，說明鄭氏家族在臺灣已經不僅僅是軍事占領，而是編戶齊民開啟了國家治理的時代。行政區域名稱是最狹義的「地名」，其特點是被國家機構認可甚至強制性賦予法律規範。明鄭時代的行政區域規劃完全依照中國傳統的州府縣、坊里體制。總稱東寧（都）設治承天府依鹽水溪南北兩岸分天興、萬年二州（縣）。承天府依十字大街分東安、西定、寧南、鎮北四坊，天興、萬年二州下設文賢、仁和、永寧、新昌、仁德、依仁、崇德、長治、維新、嘉祥、仁壽、武定、廣儲、保大、新豐、歸仁、長興、永康、永豐、新化、永定、善化、感化、開化等二十四里。

這套行政區劃體系基本上是以河川為分界，在概念上來說是以「地」，即廣義的自然地理條件作為劃分的標準，完全排除原住民族社群領域的因素。之所以如此應該來自「普天之下莫非王土」傳統思想。這個做法不但和荷西時代完全不同，和後來的清代也不同。

荷蘭與西班牙在統治臺灣時，雖然也認為全臺土地歸聯合東印度公司所有，但公司對土地管理的需求並不大，重點是轉口貿易的利益。公司在面對原住民時

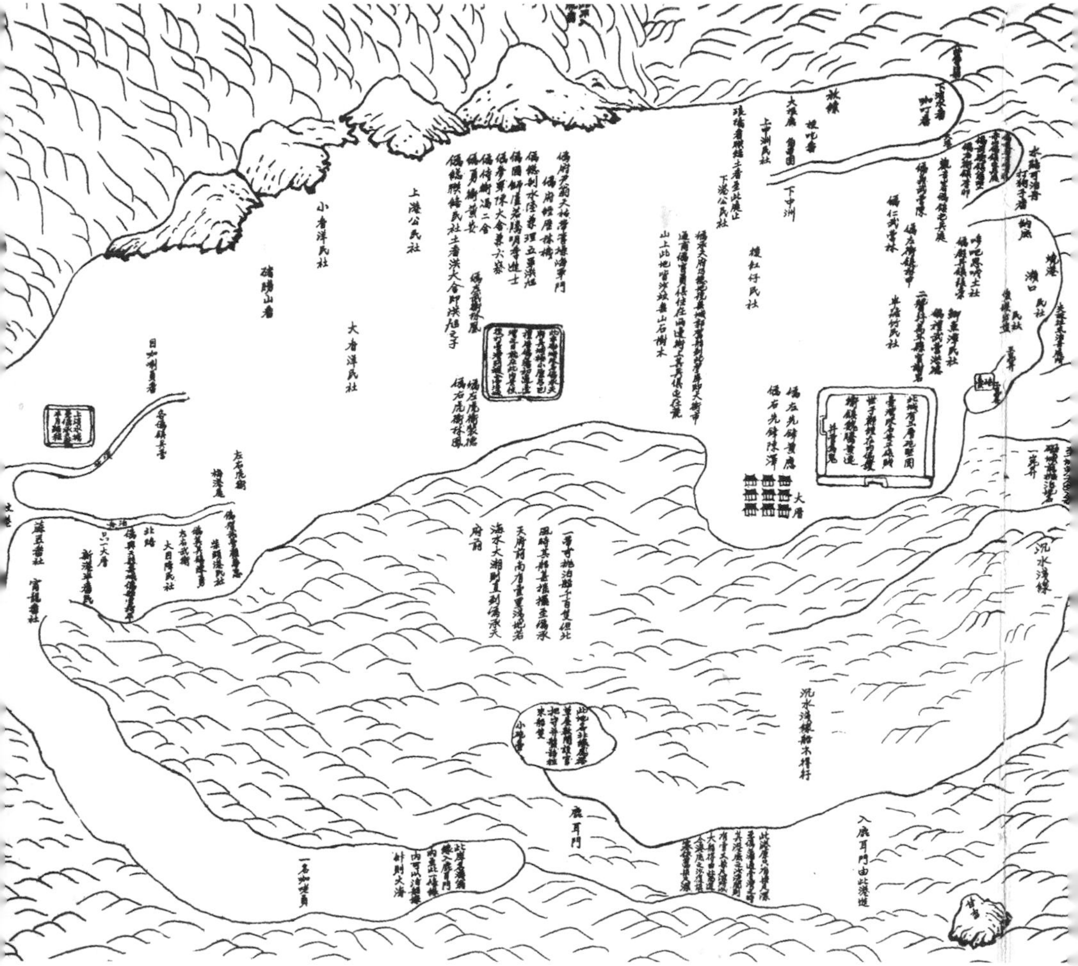

《臺灣輿圖並說嘉義》

因軍屯而出現的地名，是明鄭時代臺灣地名的一大遺產。

主要是由傳教士以宗教教化的方式進行管理。所以教會與集會所的設置自然而然以社群聚落作為劃分標準。因此荷蘭人的集會區之下就是一個個原住民的社群聚落。西班牙人的做法也類似。當然傳教士除掌政教之權外，還涉及到經濟上的利益，荷蘭人的做法尤其明顯，傳教士除傳教之外還壟斷了甘蔗與蔗糖的生產，因此對漢人農民特別敵視。

明鄭時代的行政劃分、甚至地名基本上都被後來的清政府全盤接受，但是清政府對原住民族的土地所有權是全盤接受的，並沒有實施「王土」的概念。所以後來諸羅縣以北的「保」（堡）大致是依照原住民社群的領域進行劃分，地名也以原住民的社群名稱為主。這明鄭與清政府在土地所有權政策上的差異，導致地名的取向也有所分別。因為明鄭時代在土地政策上抱持「普天之下莫非王土」的傳統思想，所以在行政區域的名稱上幾乎全盤「儒教八股化」也就不足無奇了。

除了這些「八股」地名，明鄭時代的軍屯地名也在臺灣的地名史上留下濃墨重彩的一頁。

虎頭山

明鄭軍屯地名隱含的政治經濟考量

國姓爺鄭成功攻臺，熱蘭遮城久攻不下，大軍缺糧的窘境畢現，只得分兵下鄉屯田解決軍糧問題。因為實施屯田政策，不但改變了鄭家軍的軍隊性質，同時在臺灣地名史上出現一批成系統且與軍事相關的地名。

鄭家軍原本是一支混合忠臣烈士、海盜、走私商人、豪族部曲性質的武力。一旦下鄉實施屯田之後，士兵成了農業大軍，上層軍官成了地主，不但軍隊的性質變了，連政權的性質也變了。更重要的是，臺灣從此由荷蘭東印度公司主導的殖民貿易經濟轉向為發展農墾與漢人社會。

現今全臺與明鄭軍屯相關的地名大約有五十一個，絕大多數集中在高屏溪以北，八掌溪以南。極少數在八掌溪以北的軍屯據點，可能不是在鄭成功時代建立起來，而是後來駐軍發展出來的，因此不在本文的探討範圍。以下就軍屯地點的分布與所屬部隊番號，探討軍屯地名所隱含的意義。

宜蘭是臺灣另一個類軍事化屯墾的範例，蘭陽平原上與城、結、圍、鬮相關的地名，層層相屬，與何其周密的開墾計畫密切相關。但是明鄭的軍屯地名無法與之相提並論。

我們至今還無法確認明鄭的屯田是否有周密的計畫，甚至我們也無法確認明鄭軍屯相關的五十一個地名是否涵蓋了所有軍屯地點。因為文獻上記載鄭家軍下鄉屯田，常常因為地力耗盡，每隔一段時間就更換地點，所以屯田地點是經常變動的，例如有新營與舊營之分。另外有相當的軍屯地名並非部隊的番號，只是部隊所在地的方位營前、營後，頂營、下營，或只顯示部分部隊名稱如後鎮、中營、左營，類似的地名都無法充分顯示所屬的部隊。因此無法看出屯田與軍事部署的關係。但是通過分析已知的軍屯地名分布與所屬部隊的番號，還是可以看出明鄭時代實施屯田的深層用意。

軍屯地名的真空地帶，可能是王田所在

現今全臺與明鄭軍屯相關的地名絕大多數集中在高屏溪以北，八掌溪以南。但在現今臺南市區、新市、安定、永康、新化、關廟、歸仁、仁德等形成一個真空地帶。這是一個特別現象，應該可以說明一些問題。

這些地區在清代屬於府城臺灣縣地轄區，明鄭時代則是東都明京的近畿之

地，再推到荷蘭時代，很可能是「王田」的範圍。荷蘭東印度公司規定，臺灣所有土地均為公司所有，名之為「王田」。荷蘭時代的中後期蔗糖是東印度公司的貿易主力。不但喀爾文教會牧師組織四大社原住民參與甘蔗種植，公司方面也大量從中國招募農民來臺種植甘蔗。因此既有的王田上已有相當數量的中國農民與四大社的原住民進行農墾，如果將軍隊分配到王田上屯墾，有與民爭地之虞，所以軍屯避開王田較為集中的近畿之地，是必然的考量。

其次軍屯之地也避開了四大社的社有地。四大社為新港社、目加溜灣社、麻豆社與蕭壠社。其中麻豆社完全沒有軍屯地名，其他三個社的軍屯地名只有兩三個，但都不在社域的核心區域。

之所以在四大社的社域邊緣地帶設立軍屯據點，應該有保護交通線與海岸防禦的考量。文獻上說軍屯制的創立是為了滿足軍糧匱乏的急迫之需，但我認為只是為緊急供應軍糧，應該不會一下子將部隊鋪開來實施大規模的屯田，畢竟當時熱蘭遮城還未攻下，荷蘭東印度公司一直在謀劃派遣援軍攻打大員，解救被圍困的熱蘭遮城中的公司員工。下鄉搶種糧食的部隊應該不可能離東都太遠，因為隨時都有可能赴大員應戰。甚至在攻下熱蘭遮城之後的幾年內，荷蘭東印度公司一直未撤離北部的淡水與雞籠，企圖與清政府聯手合擊大員，所以此時應該不可能

《臺南縣管內全圖》

在1920年地名改制之前，臺南市曾文溪以南仍沿用明鄭時代制定的里名，期間長達三百五十年之久。這些里名是臺灣第一套成建制的地名，如善化、安定、新化、永康、仁德、歸仁等至今仍沿用。

臺灣府嘉義縣分圖三

每方一格準作地平十里

衙署从回　塘汛从匚　番屯从⬡

營哨从◎　隘藔从○　路徑从☰

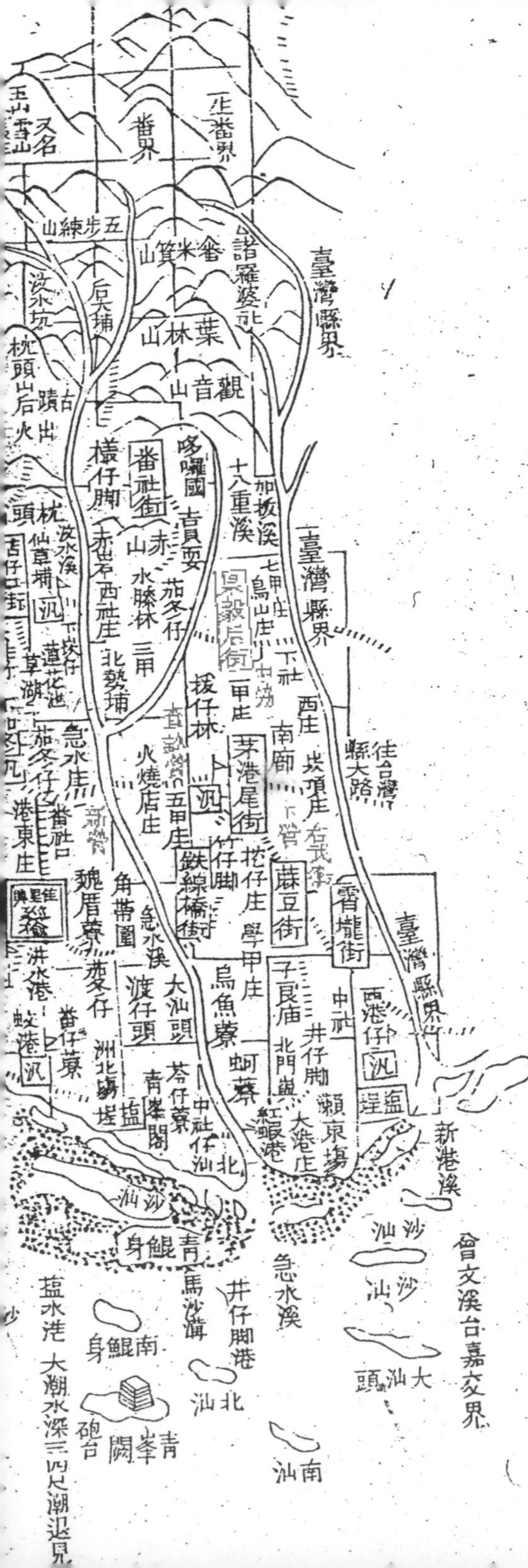

羅盤方向

實施大規模的軍屯。

我認為現在遺留下來的軍屯地名應該都是在局勢相對穩定之後，基於保護陸路交通線與海岸防禦的需求才建立的。這點我們可從軍屯設立的據點來觀察，尤其是東都以南的部分。

設立於二仁溪以南的軍屯據點，主要集中在阿蓮與路竹之間的沼澤區兩側。西側的如參軍、營前、營後、北領旗、前鋒、本協再延伸到畢宿、右昌、後勁一直到左營、前鋒尾。這一線主要是沿著縱貫線的舊路線。

東側為營盤頂、營盤、前鋒仔、援剿中、援剿右、角宿、仁武，這一線主要沿著大小崗山的兩側山口。大小崗山是府城南線的主要防禦重點。後來爆發的朱一貴、林爽文事件，崗山與赤山之間都曾為主要戰場。

至於中權鎮的屯田據點有兩說，一個是位於鳳山，另一個是位於林園。我認為以防禦的觀點兩者皆有可能。如果在鳳山是基於防禦阿猴林與鳳山之間的下淡水溪渡口，林園則是以防禦下淡水溪出海口為主要考量。兩者皆很重要，也都有可能。不過我懷疑中權鎮位於林園之說有可能受到「中芸」的誤導，我認為中芸應該是個客家地名，因為美濃也有一個「中芸」。早年屏東平原上的客家移民絕大多數是從下淡水溪登陸的。

鄭經時代的軍屯有撫卹老兵的功能

避開傳統「王田」與四大社的社域，和鄭氏頒布的八條開墾令息息相關。八條開墾令最核心的精神在於開荒增產糧食之際，切莫與民爭地。顯然軍屯地名的分布是完全符合八條開墾令的精神。但是從軍屯的分布據點觀察，水陸交通要道與山隘的防禦考量應該也是有的。

另外根據部隊的番號，我們發現大多數的軍屯據點都是鄭成功時代組建的部隊所屬，僅有少數據點是鄭經之後組建的部隊。例如柳營果毅後的果毅後鎮、左鎮的折衝左鎮、官田二鎮的戎旗二鎮、岡山三鎮的戎旗三鎮。可見鄭經之後仍在實施軍屯。不過此時軍屯的目的應該已經不是單純為了滿足軍糧供應的應急措施與保護交通路線的考量。

這幾個軍屯地點基本上已經離交通要道有相當的距離，在當時是屬於較偏遠的地帶。我猜想此時建立的軍屯據點，和一九六〇年代國民政府建立的武陵農場、大同農場，以及退除役官兵委員會在東部地區設立的一系列農場十分類似，應該是為了老弱殘兵安排退路，作為撫卹之地。

【明鄭時代軍屯地名】

前鎮／高雄前鎮區，中提督前鎮所墾
中權／高雄鳳山區，中權鎮所墾
左營／高雄左營區，宣毅左營
前鋒尾／高雄左營區自助里，前鋒鎮所墾
後勁／高雄楠梓區錦屏里，後勁鎮所墾
右昌（右衝）／高雄楠梓區建昌里，右衝鋒鎮所墾
仁武／高雄仁武區仁武里，仁武鎮所墾
筆秀（畢宿）／高雄橋頭區筆秀里，畢宿鎮所墾
前鋒／高雄岡山區前峰里，前鋒鎮所墾
前鋒仔／高雄岡山區嘉峰里，前鋒鎮所墾
後協／高雄岡山區後協里，先鋒鎮後協所墾
北嶺（北領旗）／高雄岡山區北嶺里，侍衛領旗協所墾
中衝崎／高雄岡山區中崎里，中衝鎮所墾
三鎮／高雄岡山區，戎旗三鎮所墾
角宿（一）／高雄燕巢區角宿里，角宿鎮所墾
援剿右／高雄燕巢區安招里，援剿右鎮所墾
援剿中／高雄燕巢區中華、中興路一帶，援剿中鎮所墾
營盤頂／高雄田寮區西德里
參軍／高雄路竹區甲北里，參軍陳永華所墾
營前／高雄路竹區甲北里
營後／高雄路竹區甲北里
許中營／臺南安定區中榮里
領寄（領旗）／臺南安定區蘇厝里
大營／臺南新市區大營里
營尾／臺南新市區大營里
小新營／臺南市善化區小新里
右先方（右先鋒）／臺南市善化區文昌里，又先鋒鎮
西衛／臺南市善化區胡厝里
後營／臺南西港區後營里
下營／臺南佳里區嘉福里
營頂／臺南佳里區營頂里
營後／臺南麻豆區港尾里
二鎮／臺南官田區二鎮里，戎旗二鎮所墾
中脇（中協）／臺南官田區官田里，右先鋒鎮中協所墾

角秀（角宿）（二）／臺南官田區二鎮里，角宿鎮
林鳳營／臺南六甲區中社里，參軍林鳳所墾
中營／臺南下營區中營里
下營／臺南下營區下營里
右武衛／臺南下營區營前里，武衛右鎮
五軍營／臺南柳營區重溪里，五軍戎鎮所墾
查某營／臺南柳營區士林里
果毅後／臺南柳營區果毅里，果毅後鎮所墾
新營／臺南新營區
中營／臺南新營區中營里
後鎮／臺南新營區護鎮里
舊營／臺南鹽水區舊營里
左鎮／臺南左鎮區，折衝左鎮（侍衛左鎮）所墾
本協／今臺南後壁區嘉苳里
雙援／嘉義縣民雄鄉平和村
後鎮／嘉義縣義竹鄉後鎮村
林圯埔／南投竹山鎮，參軍林圯所墾

加蚋仔為何能取代雷裡而留存下來？

老友吳智慶多年致力於凱達格蘭族社群的調查與紀錄，頗有成績。前年一次見面的機會，他和我談起他正聯合幾位文史工作者向臺北捷運局爭取將施工中的捷運萬大線LG04站改名為「加蚋仔」。不久之前，另一位老友張詠捷也透過澎湖縣長選舉的機會，爭取將馬公改回「媽宮」的提案納入選舉議題，無奈她支持的候選人競選失利，更名之事也就不了了之。因此我對智慶兄「加蚋仔」的提議並沒抱太大的希望。最近在查詢萬大線的施工進度時，意外發現LG04站已改為「加蚋」站，真為智慶兄感到高興。

目前臺北捷運的站名中，只有「北投」、「唭哩岸」兩個站名和平埔族相關，其他以老地名為站名並不算多。令人反感的是，板南線的幾個大站，如「忠孝新生」、「忠孝復興」、「忠孝敦化」之類的站名。這類的站名比「反共八股」式的地名還糟糕，出現這類的站名到底該怪市政官員的怠惰？還是市民的無感？

「加蚋仔」原本是雷裡社的一個土名，出現在文獻上至少已近三百年的歷史。清代「加蚋仔」發展成為「加蚋仔庄」，涵蓋西藏路以南、青年公園以西的地域，大正十一年（一九二二）大字「加蚋子」改名為東園町、西園町，算來「加蚋仔」作為正式的地名也已將近兩百年。直到現在，老一輩的臺北市民仍以「加蚋仔」稱呼過去雙園區的地域範圍。

近年，尤其是雙園區改制劃入萬華區之後，「加蚋仔」之名日漸黯淡，甚至還有人誤以為「加蚋仔」是「艋舺」的一部分。如果捷運萬大線LG04站採用了市政官員取的「萬大」之類無腦站名，那麼「加蚋仔」這個延續了三百多年的老地名將徹底消失，而曾作為「加蚋仔」主人的雷裡社先住民也將被遺忘。還好因為智慶兄等人的努力，「加蚋仔」總算是被搶救了下來。雖然還沒能恢復過去的「聲勢」，但能在捷運站上重新「掛牌」，還是蠻令人欣慰的。

加蚋仔是個「幸運」的地名

迄今發現大臺北地區最早的一份拓墾文件，康熙四十八年陳賴章墾號請得的《大佳臘墾荒告示》，就提到「……查上淡水大佳臘地方有荒埔一所東至雷厘、秀朗，西至八里分、干脰外，南至興直山腳下，北至大浪泵溝，四至竝無妨碍民

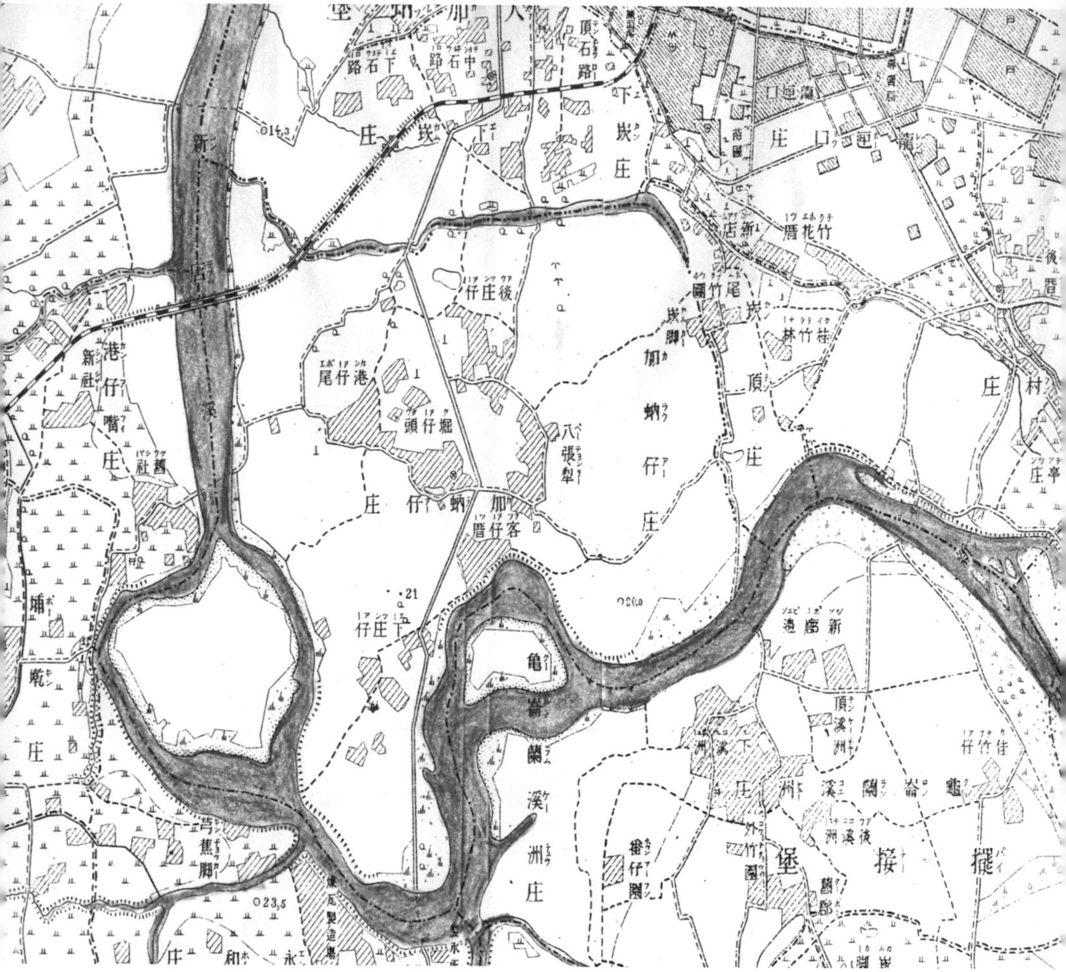

《臺灣堡圖》18、25號

加蚋仔庄早年是雷裡社的聚落。

番地界，現在招佃開墾。」文中的雷厘，也就是雷裡社的另一種音譯。可見「加蚋仔」所在的雷裡社幾乎是臺北盆地漢人最早進行農業開墾的地方。

「加蚋仔」其實是一個十分幸運的老地名，它的幸運還不僅僅是因智慶兄的極力爭取而得以恢復，也在於近三百年來，經過了一連串激烈的地名汰選，「加蚋仔」這個「血統純正」的雷裡社古地名，竟然奇蹟式地留存了下來。地名的汰選通常發生在政權交替之後。

臺灣近四百年來的歷史，經過幾次大規模的政權變更。變革之間，不同時期的統治集團因為族群與文化上的差異，許多古老的地名被新的地名所取代。「加蚋仔」原本只是雷裡社社域內的一個小土名，三百年前類似的平埔族小土名應該還不少，但是能留存至今的，除了「加蚋仔」，僅剩下「龍口」市場這個不太「純正」的平埔族古地名。

龍口市場的「龍口」和「龍口粉絲」無關，是雷裡社社域中的小土名「龍匣口」的簡稱，顧名思義「龍匣口」是「龍匣」部落的「門口」。那麼雷裡社其他的小土名為什麼無法留存下來？應該在清代時都被閩南式地名給取代了。

加蚋仔最早出現於文獻的紀錄是乾隆七年（一七四二）一份招租開墾的契約。當時兩位雷裡社爪匣部落的首領「大武臘」和「咬龜難」，代表部落的社眾，和鄭文明等六名漢人諦訂契約，出讓了社內一塊荒埔，供漢人耕作、建屋，並訂下逐年收取稻穀的比例。契約上言明這塊荒埔座落在一片名叫「加臘仔」的地方。學者說「加臘」在平埔語是沼澤地的意思。

「加臘仔」和「加蚋仔」一字之差，雖然字典中「蚋」發音與「瑞」相同，但早期閩南人習慣將平埔族地名中發音為「蠟」的，以「蚋」這個字眼標示，類似的例子還有基隆七堵區的「友蚋」。所以「加臘仔」、「加蠟仔」和「加蚋仔」幾個同音異字的地名，其實指的是同一個地方。那麼「加蚋仔」具體的位置究竟在哪裡？現在已無法得知。

現在的加蚋仔等於三百年前的雷裡？

現在學者普遍認為雷裡社的社域涵蓋了清代擺接保加蚋仔庄和大加蚋保龍匣口、崁頂庄，相當於現在西藏路、三元街以南，包含整個雙園區和古亭區龍口市場一帶的區域。但是從這份招租契約的內容可以看出，「加蚋仔」似乎只是雷裡社社域中的一塊荒埔，並非雷裡社社域的全稱。而現在所認知的「加蚋仔」，通常是指早年雙園區所涵蓋的行政區域，相當於過去八成以上雷裡社的社域。所以，現在的「加蚋仔」和二、三百年前的「加蚋仔」並不是相同的地域概念。

三百年前「加蚋仔」的範圍，應該比現在所認知的「加蚋仔」小很多。乾隆五年（一七四〇），一名叫「魯物氏」的雷裡社婦人和漢人訂立的租佃契約，土地的標的也位在雷裡社內，土名叫「雷裡社後」的地方，契約中並沒有提到「加蚋仔」。

由此可見，和現在「加蚋仔」地域概念相近的，在當時應該被稱為「雷裡社」。為什麼會有如此巨大的差異呢？比較合理的說法，應該是「加蚋仔」這片荒埔租給六位漢人經營後，不但開墾成良田，也形成了漢人的聚落，而且聚落日益發展，成為雷裡社域內最大的聚落。之後聚落的漢人住民雖然沒有將「加蚋仔」改為閩南式的地名，但是「加蚋仔」被官方認定為漢人的村莊，最終取代了「雷裡社」，成為官方所認定的地名。由「雷裡社」到「加蚋仔庄」的轉換過程，大致發生在乾隆中葉到嘉慶末年的五十年間。我們可以從乾隆時期到同治年間官方所出版志書的記載印證這個轉變過程。

乾隆中期之前出版的三部《臺灣府志》[1]，只有「雷裡社」沒有「加蚋仔

1 乾隆六年，劉良璧《重修福建臺灣府志》；乾隆十二年，范咸《重修臺灣府志》；乾隆二十八年，余文儀《續修臺灣府志》。

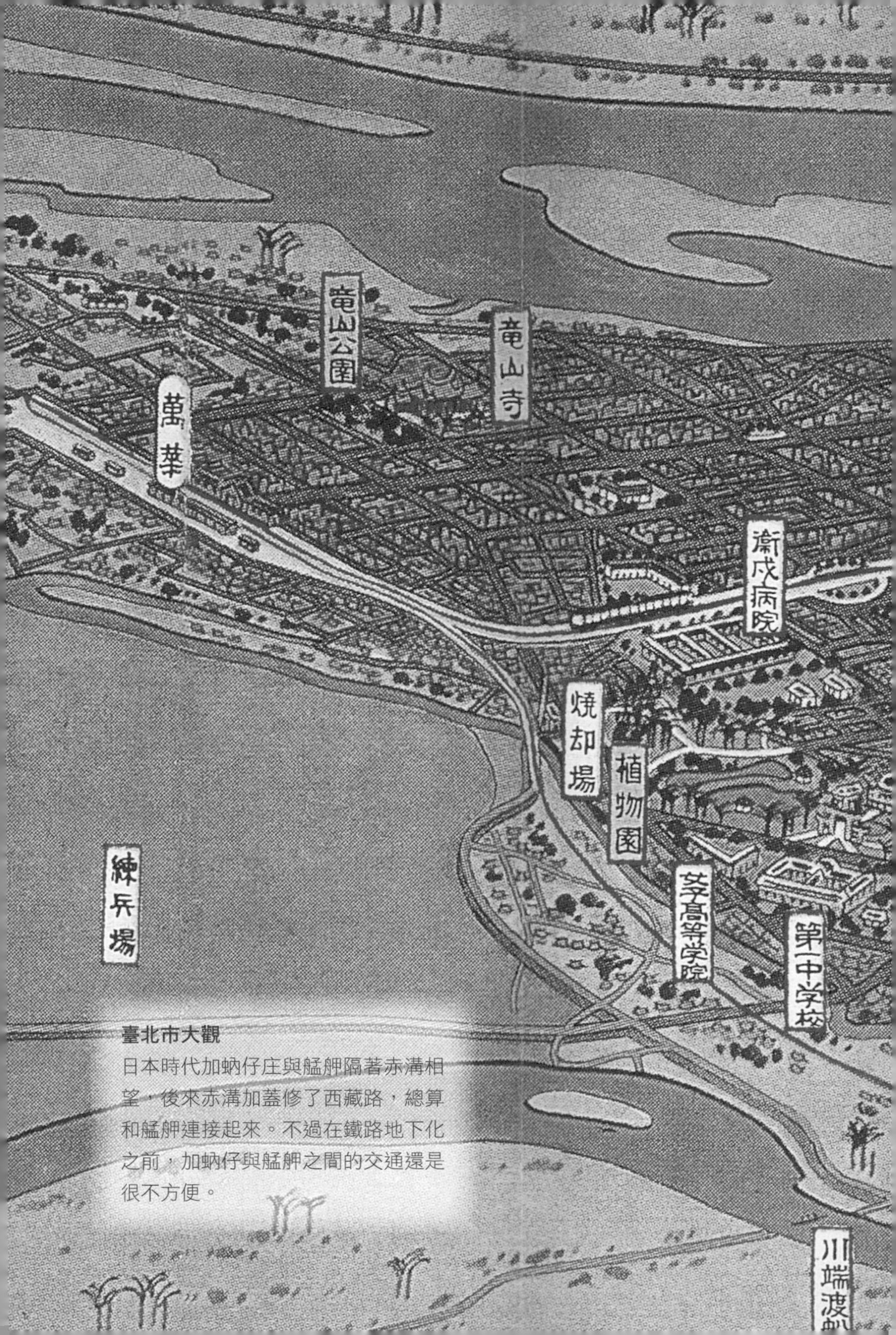

臺北市大觀

日本時代加蚋仔庄與艋舺隔著赤溝相望，後來赤溝加蓋修了西藏路，總算和艋舺連接起來。不過在鐵路地下化之前，加蚋仔與艋舺之間的交通還是很不方便。

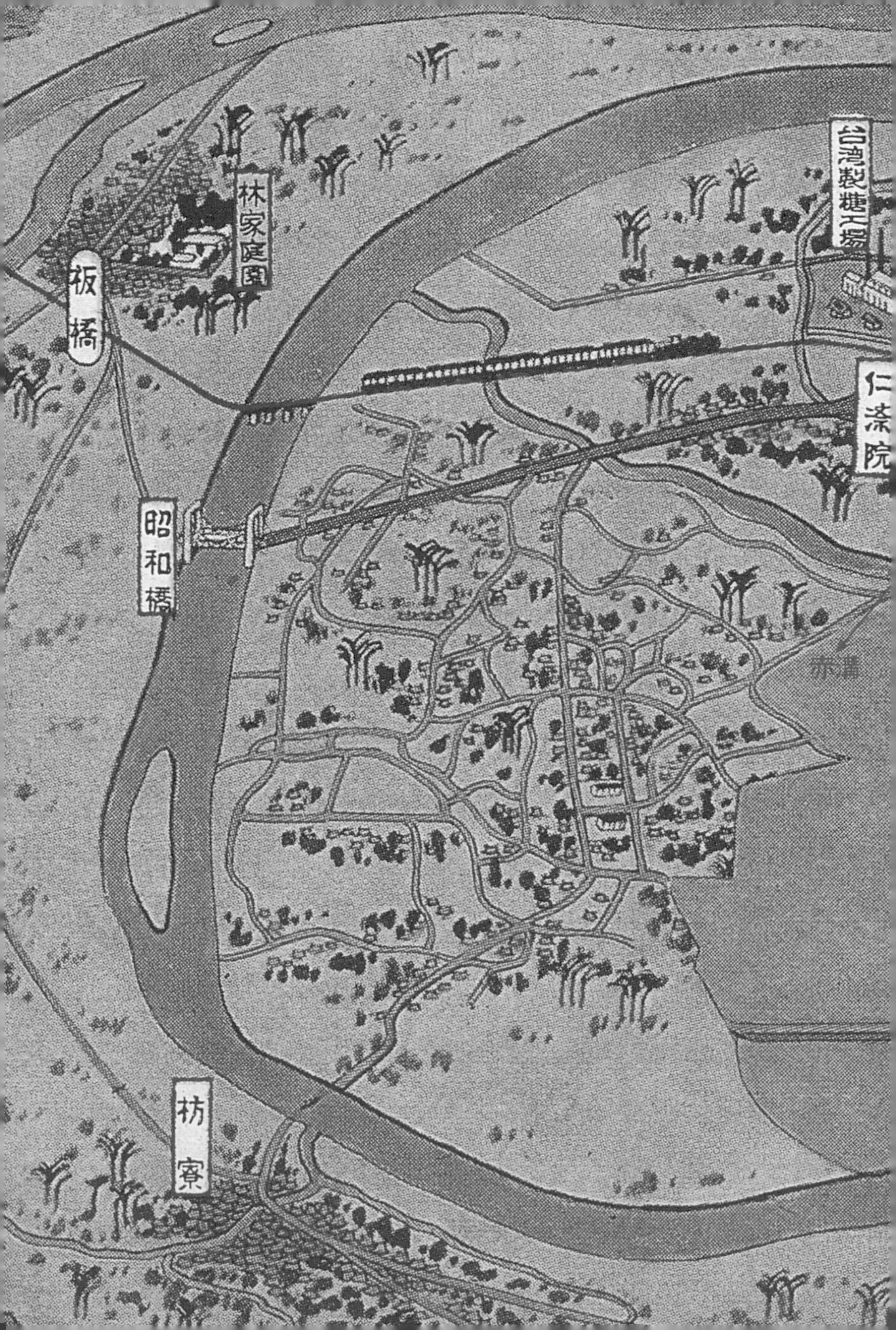

林家庭園
板橋
台湾製糖工場
仁済院
昭和橋
赤濤
枋寮

庄」的記載。同時，乾隆時代繪製的幾份地圖上也都沒有「加蚋仔庄」，只標示了「雷裡社」和「爪匣社」。從這兩方面的紀錄，應該可以確認「加蚋仔庄」的出現不可能早於乾隆末年。

到了同治年間出版的《淡水廳志》終於出現了「加蠟仔庄」，而當時的雷裡社和中、永和的秀朗社合併為「雷朗社」，此後在官方出版的志書再也沒有出現雷裡社的記載。由此可見其實「雷裡社」在此之前已被「加蚋仔庄」所取代。如果根據民間的土地交易紀錄，「加蚋仔」發展成為「加蚋仔庄」的時間應該還要更早一些。

道光元年（一八二一），一位雷裡社的「社番」原龍和楊姓漢人簽訂土地開墾契約時，註明土地標的位於「加蚋仔庄」的「咱已吧弄」。由此可見至少在嘉慶末年之前，「加蚋仔」已經晉升為「庄」，而且取代了「雷裡社」成為傳統雷裡社社域的總名。從這份土地交易合約中，還可發現當時的「加蚋仔庄」還存在著「咱已吧弄」之類的雷裡社小土名。

嘉慶年之後，直到日本時代之前，從清代官方的記載，我們無法得知加蚋仔庄有沒有發展出其他的聚落，也無法得知「加蚋仔庄」內有幾個類似「咱已吧弄」的雷裡社小土名，以及這些小土名轉化為閩南式地名的過程。

加蚋仔是現存最古老的土名？

日本取得臺灣之後，為了改造臺灣的生產模式，二十世紀初期時進行了一次大規模的土地資源調查，連帶地也將清代遺留下來的地名做了一次總整理。我們在明治三十七年（一九〇四）出版的《臺灣堡圖》和大正十年（一九二一）出版的《新舊地名對照便覽》上可以發現清代「加蚋仔庄」轄下還有幾個小聚落（即日本人所規範的土名），如堀仔頭、客仔厝、後庄仔、中崙、下庄仔、八張犁等。而「加蚋仔庄」只是這幾個小聚落的總稱，並沒有一個叫「加蚋仔」的小聚落，同時日本人的調查紀錄中也沒有發現任何雷裡社的土名。萬大線的**LG04**站如果根據《臺灣堡圖》的標示來命名，「堀仔頭」應該比「加蚋仔」更加精確。

日本時代中期之後，因為防洪堤、中央果菜市場與南機場的建設，堀仔頭、客仔厝等聚落的界線逐漸模糊，變得沒有實質上的意義。所以「加蚋仔」成為這片地域中，民間唯一還在使用的老地名。

嚴格的說，堀仔頭、客仔厝、後庄仔、中崙、下庄仔、八張犁並不能算是「加蚋仔庄」最古老的地名，頂多只能算是地名生態層的「次生林」。因為早年雷裡社社域內除了「加蚋仔」，至少文獻還出現過「咱已吧弄」之類的小土名，而這些土名在日本時代之前就已經消失了。

雷裡社的傳統地名，除了「加蚋仔」，目前只剩下「龍匣口」還能被指認出來。大正時代之前的「龍匣口庄」大致上位於三元街以北，建國中學和植物園一帶。文獻中「龍匣口」常被視為一個獨立的平埔社群，稱之為「了匣社」或「爪匣社」，荷蘭時代的「番社戶口表」也將雷裡社和了匣社分別表列。但是從乾隆七年（一七四二）的招租開墾契約上，爪匣部落的首領「大武臘」和「咬龜難」自稱為「雷裡社」，可見「爪匣」應該只是雷裡社的分社，並非是一個獨立的社群。更有意思的是，爪匣部落出租的土地竟然就是「加蚋仔」那片荒埔，所以更加無法將雷裡社和了匣社硬性區分開來。

從「雷裡社」到「加蚋仔庄」的地名轉換過程，在清代大臺北地區並非特例，應該說是一個常態的典型。

虎頭山

堡名	街庄名	土名	現今地名	東界	西界	南界	北界
擺接	里末坎下	柳樹湳犁分貳張	港仔嘴				
	土名雷里社後						
	加臘仔				港仔	社	荖洲尾
	土名舊樹林						
	南勢角庄						
擺接堡	里末埔	南勢山下庄	相當於擺接堡	秀朗溪	海山溪	擺突突	武勝灣溪
淡水西保	擺接			秀朗溪	擺接溪	擺突突	武勝灣
		下埤崁頂	港嘴里				
	雷朗社角			虎吼	雷朗崁	尖山下	龜崙蘭溪
擺接	土名大安寮			山腳	山腳	大崙嶺	埤塘
淡水西保	擺接廣福庄	四十張犁					
	新埔崁下						
	石壁湖		中和圓通寺				
	大安簝庄						
新庄保	柑仔林庄						
	漳和永三庄	漳和/永和/永豐					

（接續後頁）

【清代擺接保（堡）在土地契約中的庄名與土名】

年代	契約性質	立契人	番社	戳記（1）	戳記（2）
乾隆04年（1739）	給佃批	番買那	武勝灣社	淡水武勝灣社	淡水武勝灣社土官歐灣
乾隆05年（1740）	給佃批	番婦魯物氏	雷里社		
乾隆07年（1742）	招贌墾耕字	土官大武臘	雷里社爪匣番		
乾隆09年（1744）	賣埔園契	賴清梅			
乾隆13年（1748）	賣契	黃崇伯兄弟			
乾隆13年（1748）	給佃批	業主李餘洲	擺接開墾	擺接新莊業主李餘周	雷朗秀霧等庄管事羅載岳
乾隆17年（1752）	佃批字	業主林成祖		擺接新庄業主林成祖	擺接新庄管事林元高
乾隆18年（1753）	賣契	番蛤武攸	武勝灣社	淡水八社總土目八朝	武勝灣社土目大里興
乾隆18年（1753）					
乾隆20年（1755）	佃批	番業戶大生	雷朗鴉	南港等社通事君炳	
乾隆20年（1755）	給山契	土目茅飽琬			
乾隆22年（1757）	絕賣田契字	陳慶悅兄弟			
乾隆23年（1758）	杜賣盡找洗契字	林仁伯		淡水八社總土目八朝	武勝灣社土目哈婆攸
乾隆27年（1762）	給山批	土目茅飽琬			
乾隆32年（1767）	招耕佃批	通事瑪	擺接社	擺接社斗六甲	南港等社通事瑪
乾隆32年（1767）	認納水租約字	土目茅飽琬	擺接社	擺接社土目茅飽琬	
乾隆36年（1771）	給佃批	番業戶大生	雷朗		

（接續前頁）

堡名	街庄名	土名	現今地名	東界	西界	南界	北界
	土名新埔崁下						
	上下溪洲						
擺接	新埔埔墘	車路下埤仔邊					
	永豐庄	軟陂仔下					
	永豐庄	土名南勢角石門面					
	秀朗竿林庄						
擺接保	大安寮庄						
	加蚋仔社前						
	龜崙蘭溪州	港墘					
擺接堡	清水坑內						
	擺接新埔下崁						
	加蚋仔庄	咱已吧弄					
擺接保	龜崙蘭庄	車路頭					
擺接保	秀朗尖山腳庄						
擺接保	永豐庄尖山腳						
擺接保	永和庄芎蕉						

（接續後頁）

【清代擺接保（堡）在土地契約中的庄名與土名】

年代	契約性質	立契人	番社	戳記（1）	戳記（2）
乾隆42年（1777）	洗佃頭字	番婦老于力	武勝灣社	武勝灣社土目阿喃	南港等社總目阿喃
乾隆45年（1780）	斷根洗絕字	林海籌等		淡水保業戶林成祖	
乾隆47年（1782）	給批墾字	番其山珥	武勝灣社		
乾隆47年（1782）	杜賣契	番知理萬	秀朗社	秀朗社番業主轉敬元	
乾隆48年（1783）	給山批風水字	土目斗生	雷裡社	雷社社土目斗生	雷裡社番土目東義乃
乾隆48年（1783）	給墾批	番雅生等	龜崙蘭社	雷社社土目斗生	
乾隆49年（1784）	杜賣盡根契	劉來生		番業戶擺接社土目茅鮑琬	
乾隆52年（1787）	杜賣盡根契	番雅岳等	雷裡社	雷裡社業戶土目劉榮生	雷裡社番社那岳氏
嘉慶14年（1809）	給墾批字	番婦歐陳	雷里社		
嘉慶15年（1810）	找契	社番德興	雷里社	雷里社土目斗生	
嘉慶16年（1811）	杜賣盡根契	劉利宗			
嘉慶18年（1813）	借銀約字	番福生	武勝社		
道光01年（1821）	給墾批字	社番原龍	雷里社		
道光18年（1838）	胎典借銀字	陳明仕			
道光26年（1846）	杜賣盡根契	簡崇山等			
咸豐01年（1851）	杜賣盡根契字	簡泉水	雷裡社		
咸豐04年（1854）	分鬮書	李文獻			

（接續前頁）

堡名	街庄名	土名	現今地名	東界	西界	南界	北界
	龜崙蘭溪洲	社後					
擺接保	大安寮庄	大坵園					
擺接保	大安寮庄	大坵園					
擺接堡	貨饒庄						
擺接堡	社後公館溝尾						
	枋寮街後港仔口						
擺接堡	漳和庄廿八張						
擺接	接新埔庄						
擺接保	芎蕉腳永和庄						
擺接堡	里末庄						
擺接保	泥城後員林庄	埤塘面					
擺接保	港仔嘴庄	土名樹仔林崁頂					
	枋橋頭新興街	東門直街					
擺接保	下溪洲仔/雷里渡頭	浮洲仔					
擺接保	湳仔庄						
擺接保	社后庄						
擺接保	漳和庄	土名二十八張					

（接續後頁）

【清代擺接保（堡）在土地契約中的庄名與土名】

年代	契約性質	立契人	番社	戳記（1）	戳記（2）
咸豐07年（1857）	賣盡根絕契	番雅岳等		北路淡水捕盜同知關防	
咸豐07年（1857）	杜賣絕根契	張振福等	擺接社		
咸豐07年（1857）	賣田園收定銀字	張發兄弟			
咸豐08年（1858）	杜賣盡根契	廖華茂兄弟			
咸豐09年（1859）	杜賣盡根契字	賴詹氏	擺接社		
咸豐11年（1861）	杜賣盡根契	李阿辛			
同治02年（1863）	杜賣盡根田厝契	林德麟	叛產官租		
同治03年（1864）	杜賣盡根契	賴曹氏			
同治05年（1866）	杜賣盡根契	李阿皆兄弟			
同治05年（1866）	永退耕田地契	陳同等	叛產田租		
同治06年（1867）	杜賣盡根契	游阿敬兄弟			
同治07年（1868）	杜賣盡根契	林嬰等	武勝灣社		
同治13年（1874）	杜賣盡根契	張丹墀			
同治年	歸就補墾契字	李朝英	雷里社	加蚋仔	雷里社業戶
光緒03年（1877）	杜賣盡根契	高南海			
光緒04年（1878）	杜賣盡根契	洪癸乙			
光緒06年（1880）	杜賣盡根契	呂光輝	官租		

（接續前頁）

堡名	街庄名	土名	現今地名	東界	西界	南界	北界
擺接保	二十八張庄						
擺接堡	西盛庄						
擺接	枋橋街石圍內						
擺接堡	中和庄枋寮街						
擺接堡	枋寮						
擺接保	雷里渡頭	下溪洲浮洲仔					
擺接堡	枋寮街大橋頭						
擺接堡	港仔嘴溪洲庄	土名大埔尾					
	加蚋仔庄	番社腳/甲舊港內					
擺接堡	二十八張水尾庄						
擺接堡	后埔溝仔墘莊						
擺接堡	漳和庄	土名水尾仔					
擺接堡	永豐庄	土名秀朗崁頭					
擺接堡	芎蕉腳庄						
擺接堡	加蚋仔庄	八張犁					

【清代擺接保（堡）在土地契約中的庄名與土名】

年代	契約性質	立契人	番社	戳記（1）	戳記（2）
光緒06年（1880）	杜賣盡根契	呂光輝	叛產官租		
光緒06年（1880）	杜賣盡根契	張文講			
光緒07年（1881）	給起字	業主蔡士章			
光緒10年（1884）	杜賣盡根契字	葉士各			
光緒11年（1885）	地基字	眾公人			
光緒12年（1886）		李水生	雷里社	武勝灣屯	
光緒13年（1887）	杜賣盡根契字	林光炎			
光緒13年（1887）	杜賣盡根契字	許財元	納番口糧		
光緒15年（1889）	鬮書合約字	兄弟六人	雷里社		
光緒17年（1891）	杜賣盡根田契	簡仁養	叛產官租		
光緒17年（1891）	杜賣盡根契	林敬新等		擺接等庄業主林成祖來孫	
光緒18年（1892）	杜賣盡根契字	羅麟	叛產官租		
光緒19年（1893）	杜賣盡歸就契字	洪金定	納番口糧		
明治30年（1897）	杜賣盡根契	楊埤	納番租		
明治38年（1905）	歸就盡根契字	周乞食	雷里社		

平埔古地名是如何一步一步流失的？

一九九六年臺北市長陳水扁將總統府前的介壽路更名為凱達格蘭大道，此舉立即在臺灣各地掀起更名的風潮。高雄的馬卡道、臺南的西拉雅、花蓮的知卡宣、臺東的馬亨亨紛紛重現。部分歷史學者對介壽路更名為凱達格蘭大道並不贊同，反對的理由倒不是意識形態上的考量，而是對「凱達格蘭」這個族群名稱的質疑。反對更名的學者對「凱達格蘭」這個族群名稱是否存在大表懷疑。他們認為「巴賽」或「馬賽」似乎更符合早期大臺北地區平埔族群的定義。

但是對研究地名的學者而言，只是將總統府前的介壽路更名為凱達格蘭大道未免也太小兒科了。因為才不到一百年前，現今臺北市的大部分區域屬於「大加蚋堡」的轄區，而「凱達格蘭」就是「大加蚋」的洋式音譯。如果嫌「大加蚋市」太老土了，那將臺北市更名為「凱達格蘭市」也不為過。由此可見歷史學者與地名學者在地名的觀點是不同的。

凱達格蘭之謎

大加蚋堡的「堡」（保）是清代臺灣地方最基層的行政單位，堡之下還有「庄」。清末臺灣割日之前，大加蚋堡下轄三十四庄，是臺北府城、淡水縣的首善之區。事實上從十八世紀中葉至一九二〇年臺北市成立，大加蚋堡已沿用了一百五十年，算是臺北市最重要的地名。

大加蚋堡究竟是哪一年成立的，現在已經無從考察。目前所知最早出現「大加臘保」的文獻為收藏於日本天理大學的《乾隆中葉臺灣軍備圖》，所以「大加臘保」可能成立於十八世紀的中葉。「大加臘保」成立之前，大加臘社則早已存在，《雍正臺灣輿圖》上就標示了大加臘社。但歷史上最早出現大佳臘之名，應該是康熙四十八年（一七〇九）大臺北地區第一份開墾執照。

陳賴章墾號所申請的地區為臺灣北部的大佳臘。其開墾範圍面積相當廣。文獻上所記載為「東至雷里（今南萬華）、秀朗（今中和）二社，西至八里坌（今八里）、干脰（今關渡），南至興直山腳（今新莊），北至大龍峒溝（今圓山）」。

這些地方，除了包含臺北艋舺，大龍峒、大稻埕、錫口等現今臺北市市中

奇密社
竹腳宣社
薄泊社
以上拾貳社
俱係山後番
秀朗溪
秀朗社
南勢角庄
清水坑庄
柑林庄
廣福庄
大安寮
九芎林
九芎山
枕頭山
土地公坑
三角湧
雷裡社
武勝灣社
武勝灣庄
擺接社
擺接庄
公館
三塊厝
大坪林
七張犁
二十張犁
外五張
內五張
橫溪南
橫溪北
十三添
大安寮山腳新定界
秀朗溪頭原定界
石頭溪原定界
新庄街
海山庄
海山公館
興直庄
中港塭
頂南靖厝
下南靖厝
尖山庄
大南灣
坑仔口庄
坑仔社

《臺灣紫線番界圖》

十八世紀中葉之後西部平原地區已被開發殆盡，土地開發商於是開始向官方遊說同意開發丘陵地帶，官方因為考慮漢番之間的治安問題，遲遲未能定奪。於是有所謂紅、藍、綠、紫線的規劃。本圖說明木柵、景美、新店、汐止、基隆山區當時仍未核准開墾。

心地區之外，更包括了今日的新北市汐止、中和、永和、八里、三重、蘆洲、泰山、新莊地區一帶，面積廣達百平方公里。由此可見廣義的「大佳臘」所涵蓋的地方相當大，早在十八世紀初起，就是大臺北地區最重要的地名。

從清代的志書與輿圖綜合研判，大加臘社大約在乾隆中葉之前轉化為漢人的聚落大加臘庄，「大加臘保」大約也是在這段時間成立的。

乾隆時代繪製多幅山水畫式大型臺灣輿圖都標示了大加臘庄。奇怪的是，進入十九世紀後大加臘庄從清代志書與輿圖中徹底消失，僅剩「大加蚋堡」。大加臘庄真的廢庄了嘛？還是改名了？之後大灣庄（大安）開始出現於志書與輿圖，大安庄和大加臘庄有關嗎？大加臘的問題還不僅於此。

《一六五四給爾得辜報告書附圖》與「荷蘭番社戶口表」記錄的大臺北地區平埔社群，在清代文獻中絕大多數都可以找到對應名稱，唯獨最重要的大加臘竟然找不到可以對應的社群。這又是為什麼呢？

翁佳音《大臺北古地圖考釋》出版後，歷史學者曾針對《一六五四給爾得辜報告書附圖》地名註釋進行熱烈的討論，唯獨對獨缺「大加臘」的問題完全不置一詞。大多數的歷史學者一直對凱達格蘭（大加臘）懷有強烈的疑義，也一直質疑它的存在。荷蘭文獻獨缺凱達格蘭（大加臘）的記述，似乎滿足他們的質疑。

歷史學者常說凱達格蘭只是伊能嘉矩某次採訪所得的孤證，沒有太大參考價值。但為什麼從康熙年間開始，凱達格蘭（大加臘）就成了大臺北地區的地名之王？難道是中國人瞎編出來的嗎？

核心區為何找不到平埔小土名，邊緣地帶卻比比皆是？

由「社」變「庄」的過程，聚落內的平埔族人口比例逐漸被稀釋，漢人成了聚落居民主體。原來的社名大多直接過渡為街庄名，例如「錫口街」、「里族庄」、「大龍峒庄」、「奎府聚庄」、「北投庄」、「奇里岸庄」、「嗄嘮別庄」。有的甚至升格為保名，例如「大加蚋保」、「芝蘭保」、「金包里保」、「三貂保」、「擺接保」、「興直保」與「海山保」。由此可見清政府在地名上並沒有歧視性的政策，或者說根本沒有地名上的固定政策與態度，地名的形成與變更完全根據民間的「約定俗成」。

但這並不表示「保」、「庄」級別之下的土名也有相同的待遇。類似「加蚋仔庄」內的「咱已吧弄」，我們在大量清代原漢之間的土地交易契約中還可以找到一些，如艋舺的「沙麻廚」、淡水竿蓁林庄的「呵賓呵茧」、北投嗄嘮別庄的「彎彎番厝」、擺接庄的「擺突突」，這些平埔小土名在日本時代之前早已消失，

《臺灣地圖》（北部部分）
此圖顯示在日本時代初期北部地區仍保留相當多的原住民地名。

淡水港
滬尾
40
沙崙
水碓仔
水梘頭
滬尾水道水源
庄仔內
大八里坌
芋蓁林
興福寮
小坪頂
小八里坌
嘎嘮別
厦店仔
下罟仔
觀音山
2022
蚵仔形
著阡坑
瑞樹坑
大平嶺
729
觀音坑
五股坑
長道坑
成仔寮
大南灣
菁埔
八里坌
枋寮
754
猫尾崎
樹林口
749
五股坑口
北
坑仔
南勢埔
798
大棄坑
牛角坡
大湖
崎仔腳
814
山尾
十八份
下湖
大埔
下坡角
海山頭
營盤
塔寮坑
風尾坑
龜路坑
830
楓樹坑
龜崙嶺
新朝嶺
西盛
圳岸腳
潭底
新路坑
兇仔坑
坡內坑
1233
樹林
41
柑林陂
大湖
阿南坑
山仔腳
大安寮
埤塘
鶯歌石
桃仔腳
樟樹窟
埔頂
南靖厝
103
麥仔園
媽祖田
鹿寮
四城
1417
公館後
三角湧
橋仔頭
橫溪
成福
鳶山
海
八張
福德坑
994
竹篙厝
頭城
二
江頭
關渡
中洲埔
溪洲底
南港仔
樓仔厝
和尚洲
更寮
溪尾
興
直
新溫
三重埔
二重埔
頭前埔
山腳
中港厝
新庄
江仔翠
下深坵
新埔
加蚋仔
枋橋
擺接
埔墘
後埔
外員山
南仔
四十張
中坑
廷寮坑
清水坑

現在完全無法考證確切的地點了。

大臺北核心區域「保」、「庄」級別之下幾乎找不到平埔土名留存下來的例子，但是在三芝、石門、金山、萬里、雙溪、貢寮等地，還可找到許多平埔族的小土名。為何「核心區域」與「邊緣地帶」會有如此大的差異？顯然這和清政府的地名政策與態度無關，應該還有其他的機制。

大臺北地區的「核心區域」與「邊緣地帶」，在清代時最大的差異在於農田水利開發的程度。北海岸與東北海岸地區因為自然條件的限制，農田水利開發的程度遠低於盆地中心地帶，而農田水利的開發主導者恰恰好是漢人，農田水利開發程度高的地方，漢人居民的比例也就高，隨著時間的推移，漢人居民自然而然將平埔小土名替換成閩南式的土名。

另外還有一個十分特別的現象，「擺接保」、「興直保」、「海山保」三地除了保名還維持平埔式地名外，「庄」一級別只有「秀朗」、「龜崙蘭」兩個是沿用平埔社群的名稱，這三個保的聚落絕大多數是閩南式的地名。這三個保中原本勢力強大的武勝灣社、擺接社也早早就被「江子翠庄」、「枋橋街」所取代了。這個現象和淡水河東岸的「大加蚋保」、「芝蘭保」保留了許多平埔式庄名有很大的區別，為何會出現這樣的差別？

土地開發後平埔族人不但喪失土地，也失去地名的主導權

兩岸最大差別在於，淡水河西岸的「擺接保」、「興直保」與「海山保」的農田水利開發，基本上是由財力雄厚的「林成祖」之類的墾號（即土地開發商）所主導。淡水河西岸由於地形條件的特殊，直接引取山泉無法滿足大面積的水田灌溉需求，只有財力雄厚的開發商，才有足夠的資金在開墾初期構築水圳，接引大嵙崁溪上游的水源。因此「林成祖」之類的墾號不但可以收取水租，甚至原本平埔族所擁有的租權，最終也都落入了他們的手中。

當然這個差異，並不是說淡水河東岸的「大加蚋保」、「芝蘭保」沒有大型土地開發商的介入，事實上瑠公圳的開拓者郭氏家族後來因為財力不濟，只得轉手其他的墾號，瑠公圳才得以完成。

在大型開發商的運作之下，原有的武勝灣社、擺接社業主很難有所作為。因為資金短缺，這些原住民業主很難承受稻穀價格的波動，最終只能將大租權轉賣給漢人經營的墾號，之後原住民不但喪失了土地，甚至也喪失了地名的主導權。

從現存的土地交易契約，早期擺接社所主導的招墾主要是在新莊的西盛、柏樹林一帶，武勝灣社則是在二重埔與三重埔以及五股、蘆洲交接地帶。這一帶至

今還遺留下加里珍、羅古、簡仔畬等武勝灣社古地名。而擺接社主導的柏樹林庄則遺留下「了亮埔」的古地名。

光緒初年一次土地訴訟從側面說明了武勝灣社古地名流失的案例。當時二重埔溪邊有一塊新近浮出的河川地被人占用耕作，訴訟的一方提出了早年的土地交易契約，指出那塊新浮出的河川地並非無主之地，而是早年由武勝灣社出讓的一塊叫「阿八港」的開墾地。「阿八港」大致位於二重疏洪道口一帶，現在「阿八港」之名也已消失。

為何是擺接保而非是里末保？

「擺接保」境內消失的平埔古地名中，最特別的是「里末」。里末社在荷蘭時代的「番社戶口表」和一六五四年繪製的古地圖都有明確的紀錄，可是進入清代之後關於里末社的記載卻變得十分含混，學者常常爭論里末社具體的位置。

根據一份乾隆十三年（一七四八）土地租佃契約，「里末埔」的範圍「東至秀朗溪，西至海山溪，南至擺突突，北至武勝灣溪」。除了擺突突無法確定之外，「里末埔」應該是被大嵙崁溪和新店溪所環繞的地帶，所以「里末埔」和擺接保的範圍幾乎是重疊的，那麼為何不將這片區域命名為「里末保」，反而是

「擺接保」呢？

這份土地租佃契約所帶來的疑問還不僅於此，簽署這份契約的是「擺接堡業主李餘周」和「雷朗秀物等庄管事羅載岳」。根據乾隆初期出版的《臺灣府志》記載，當時這個區域內的村莊已出現擺接、新埔、火燒、埤頭、石灰窯、廣福、柑林、員林仔、清水坑、牛埔、南勢、二十八張犁、秀朗、芎蕉腳、武勝灣、漳和、永和等庄，可以說現今板橋、土城、中和、永和地區的聚落結構早在乾隆三〇年（一七六五）之前就已經形成，為什麼「擺接堡業主李餘周」還有如此大的「氣魄」，認為他擁有這片廣茅區域的開墾權利呢？

這份契約最令人懷疑的地方是，間接聲明此地屬於「擺接堡」。現有的文獻，在在都證明擺接庄至少在乾隆十五年（一七五〇）之前還屬於「淡水西保」，不可能出現「擺接保」。這份契約的內容雖然問題重重，但最可貴之處在於明確指出「里末社」的社域。可是四年後，乾隆十七年（一七五二）「林成祖」墾號所簽署的一份租佃執照卻有了不同的說法。

這份執照上「林成祖」的頭銜是「淡水西堡擺接新庄業主」，而它所擁有土地開墾權的範圍和乾隆十三年（一七四八）「擺接堡業主李餘周」聲明的範圍完全一樣，即「東至秀朗溪，西至擺接溪，南至擺突突，北至武勝灣」，其間的差異亦只有將海山溪改為擺接溪，其實兩者指的是同一條溪。但是這份契約上聲明這片區域叫「擺接庄」而非「里末埔」。這兩份相差四年的租佃契約為什麼會存在如此大的差異？

如果這兩份契約都不是偽造的話，那麼最合理的解釋是乾隆十三至十七年之間，「擺接堡業主李餘周」將這片土地的大租權轉讓給「淡水西堡擺接新庄業主林成祖」。為何會轉讓那麼大片土地？「業主李餘周」簽署給幾個佃戶的執照上顯示，他不但無力開鑿灌溉水圳，甚至土地都還是原封未動的原始森林，他在執照上特別聲明承租的佃戶必須自行雇工砍伐。所以轉讓土地開發權，對「業主李餘周」是遲早的事。

「林成祖」接手後，客家地名取代了平埔地名

「林成祖」接手之後捨棄了「里末埔」這個老地名，而直接將它納入擺接庄的範圍。之後「林成祖」墾號業主林秀俊將土地分給三個兒子，長子林海廟主掌後埔公館，次子林海籌擁新埔公館，三子林海文則得深坵公館。所以核心地帶出現後埔、新埔、深坵三個客家式的新地名，取代了原來的「里末埔」。顯示新的土地耕作者應該是客家移民。

那麼「擺接堡業主李餘周」為何將這片土地稱為「里末埔」而不稱為「擺接庄」？很可能是「擺接堡業主李餘周」在購得這片區域的開發權時，原有的契約上就註明是「里末埔」，而「里末埔」的名稱可能是源於原漢第一手交易時的土地交易契約。「里末埔」是原住民所認知的傳統地名，甚至這次交易就是由里末社人所經手的。

「里末」這個地名與社名應該是在「林成祖」墾號接手之後取消的。「里末」大概是大臺北地區最早被遺忘、同時也是大臺北地區消失得最徹底的平埔族古地名。同樣的情況，「大佳蠟社」經過漢人土地開發商開墾招租後，轉變成以漢人為居民主體的「大加蚋庄」。等進一步升級為「大加蚋保」後，「大加蚋庄」改名為「大灣庄」或「大安庄」（相當於大安區）。

到了日本時代由於行政區域的調整，許多殘存於堡名的平埔地名又再一次受到摧殘，大加蚋、擺接、芝蘭、八里坌、興直、海山、金包里、三貂在一九二〇年徹底消失了。

臺灣府志（劉志）	乾隆輿圖	紫線番界圖	淡水廳志	淡新鳳三縣
大加臘堡			大加臘堡	大加蚋堡
艋舺渡街	艋舺渡街	艋舺渡街		
	瓜匣社	瓜匣社		龍匣口庄
大加臘庄	大加臘庄	大加臘庄	大灣庄	大安庄
	奇武卒社	奇母卒社	新莊仔庄	番仔埔庄
奇武卒庄			奎府聚庄	奎府聚庄
大浪泵庄		大浪泵庄	大隆同庄	大龍峒庄
	大浪泵社		圭泵社	
搭搭攸庄	搭搭攸社	搭搭攸社	搭搭攸庄	
搭搭攸社			搭搭攸社	
里族庄	里族社	禮族社		里族庄
			里族社	
貓裡錫口街	貓里即口街	霧裡錫口街	錫口街	錫口庄
			錫口社	
擺接堡			擺接堡	擺接堡
雷里社	雷里社	雷里社	加臘仔庄	加蚋仔庄
擺接庄		擺接庄		
	擺接社	擺接社	擺接社	社後庄
				埔墘庄
		武勝灣庄		港仔嘴庄
武勝灣社	武勝灣社	武勝灣社	武勝灣社	
火燒庄		火燒庄	火燒庄	
	龜崙蘭（庄）	龜崙林社	龜崙蘭庄	龜崙蘭庄
秀朗庄	秀朗庄	秀朗社		秀朗庄
			仔林溪洲庄	番仔園庄
				拳山堡
			秀朗社	
海山堡			海山堡	海山堡

（接續後頁）

【平埔地名變遷】

番社戶口表	1654給爾得辜報告書附圖	裨海紀遊	康熙輿圖	諸羅縣志	雍正輿圖
Rauwerawas	(21) Rieuwerowar	若釐			了阿社
					大加臘社
					奇武子社
Kimotsie	(9)Kimotsi	奇武卒			
Pourompon	(11)Pourompon	巴琅泵	大浪泵社	大浪泵社	大浪泵
Cattaijo	(6)Cattaijo dedan	答答攸	荅荅由社		荅荅悠社
	(7)Cattaijo bona				
Litsiouck	(5)Litts	里族			里族社
Kimalitsigouwan	(4)Kimal	麻里折口			毛里即吼社
Reverijcq	(22)Reverijcq	雷里			雷里社
Paijtsie	(29)Paijtsie	擺折		擺接社	
					擺接社
Rijbats	(27)Rijbats	里末			里末社
Pinnonouan	(20)Pinnonouan	武溜灣		武勝灣社	武勝社
Kourounangh	(23)Cournangh				
Siron	(24)Sirongh	繡朗			秀朗社

（接續前頁）

臺灣府志（劉志）	乾隆輿圖	紫線番界圖	淡水廳志	淡新鳳三縣
海山庄	海山庄	海山庄		
			八里坌堡	八里坌堡
八里坌庄	大社	大社	八里坌街	
八里坌社			八里坌社	
			長道坑庄	長道坑庄
		坑仔社	坑仔社	坑仔庄
興直堡			興直堡	興直堡
新莊街	新莊街	新莊街	新莊街	新莊街
	興直庄	興直庄		
	佳里珍庄			
武勝灣庄		武勝灣庄	武勝灣庄	
八芝蘭堡			芝蘭一堡	芝蘭一堡
八芝蘭林庄	八芝蘭林庄	八芝蘭林（庄）	芝蘭街	
			社仔庄（大加臘堡）	社仔庄
毛少翁社	毛少翁社	毛少翁社	毛少翁社	番仔厝庄
				里族庄
				芝蘭二堡
瓦笠庄	瓦笠庄			
奇里岸庄			淇里岸庄	石牌淇里岸庄
				頂北投庄
北投庄	內北投庄		北投庄	北投庄
北投社			北投社	
			嗄嘮別庄	嗄嘮別庄
和尚洲庄	和尚洲庄	和尚洲庄	和尚洲庄（興直堡）	和尚洲庄
淡水堡			芝蘭三堡	芝蘭三堡
滬尾庄	滬尾庄	滬尾庄		
八里坌仔庄		八里坌仔社		小八里坌庄
外北投社	外北投社	北投社	雞北屯社	北投庄
				大庄

（接續後頁）

【平埔地名變遷】

番社戶口表	1654給爾得辜報告書附圖	裨海紀遊	康熙輿圖	諸羅縣志	雍正輿圖
Gagaisan	Gaijsan				
Parrigon		八里分	八里分社		大八里坌社
				坑仔社	
					八芝蓮社
Kimassouw	(12)Kimassouw	麻少翁	麻少翁	麻少翁社	麻少翁社
Quiware	(28)Quiuare	瓦烈			
Kirragenan	(14)Kirananna				奇里岸
Kipatauw		內北頭	內北投社	內北投庄	內北投
		南港	南港社		
Tapparij	(35)Tapparij	淡水	淡水社	上淡水社	滬尾庄
Touckenan	(32)Touckenan				小八里坌
Kypabe	(34)Rapan				外北投

（接續前頁）

臺灣府志（劉志）	乾隆輿圖	紫線番界圖	淡水廳志	淡新鳳三縣
				林仔街庄
雞柔社		圭柔山社	雞柔山店街	圭柔山庄
			大屯社	大屯庄
	小圭籠庄	小雞籠社	小雞籠社	小圭籠庄
			石碇堡	石碇堡
		八連港	叭嗹港庄	
峰仔峙庄			水返腳庄	
峰仔峙社	峰仔峙社	峰仔峙社	峰仔峙社	
		暖暖庄	暖暖庄	
			雞金貂堡	基隆堡
			大雞籠街	
大雞籠社	雞籠社	大雞籠社	大雞籠社	
				金包里堡
			金包里街	
金包里社	金包里社	金包里社	金包里社	
			馬鍊庄	
				三貂堡
	三貂社		三貂社	

【平埔地名變遷】

番社戶口表	1654給爾得辜報告書附圖	裨海紀遊	康熙輿圖	諸羅縣志	雍正輿圖
Chinar	(42)Sinack				
	(41)Kaggilach	雞洲山	圭柔山	雞柔社	雞柔社
Toetona		大洞山			大屯社
Cajpary		小雞籠			小雞籠社
Kippanas	(3)Kippa	房仔嶼	峰仔寺社		峯仔嶼社
	(1)Perranouan				
Quimourije	(53)Quimourije		雞籠社	雞籠社	
Quimourije					
		金包里	金包里	金包里社	金包裡社
St. Jago			山朝社	山朝社	

「張」在清代土地開發上代表的意涵

在臺北工作了三十年，絕大多數的時間，我居住、工作的地點都和「張」有關。任職《人間雜誌》時，住在「六張犁」臥龍街底一棟和同事合租的公寓；後來轉到新店民權路的《大地地理雜誌》，那兒的老地名是「二十張」；結婚後搬到中和連城路，有一天我問了問丈母娘，那兒的老地名叫什麼？她說叫「二八張」，再過去一點，「遠東ABC」那兒是「四十張」。在臺北打拚了二、三十年，雖然沒能「發家致富」，可在「張」上還真是一路「節節高昇」，從六張、二十張「高昇」到了二八張，離四十張也不遠了。

後來我發現新店大坪林一帶老地名帶「張」字的還真不少，除了二十張，還有十四張、十二張和七張。當地有所謂「大坪林五庄」之說，除了前面提到的二十張、十四張、十二張和七張，還有寶斗厝。新店中興路兩側的寶橋、寶中、寶元、寶安、寶強路早年大概都是寶斗厝的「勢力範圍」。

大戶人家的面子工程

連城路的二八張、四十張，和新店的二十張、寶橋路一樣，因為位在北二高沿線的工業區走廊地帶，科技產業密布，一直是「惡名昭著」的交通打結地帶。這幾年捷運萬大線沿著連城路施工，交通狀況進入地獄級的崩壞，只能用「萬劫不復」來形容了。早年這兒可是綠野平疇、良田千頃。岳母的本家是中和在地的莊稼人，耕種的田地就在二八張。

她說光復之前她家的地都是向板橋林家佃來的。日本時代，他們除了繳交佃租之外，還得到板橋林家服「勞役」。也就是碰上板橋林家有什麼婚喪喜慶之類的「大事」，林家的佃戶，包括岳母家，家家都得派人去「鬥三工」。

當然這類的「鬥三工」並非強制性的，但是誰敢不去呢？種人家的地，得看人家的臉色。不過像他們這樣「小咖」佃戶當然是不可能看到林家老爺、太太「本尊真神」的臉色，但他們得看「林本源」大小管事先生們的臉色。得罪了這些大小管事先生，來年收租時，在稻穀成色的判定上就有排頭吃了。林家的婚喪喜慶基本上也都是由這些大小管事先生們操辦的，所以既然是管事先生們的事，他們這些小佃戶自然也不敢怠慢。

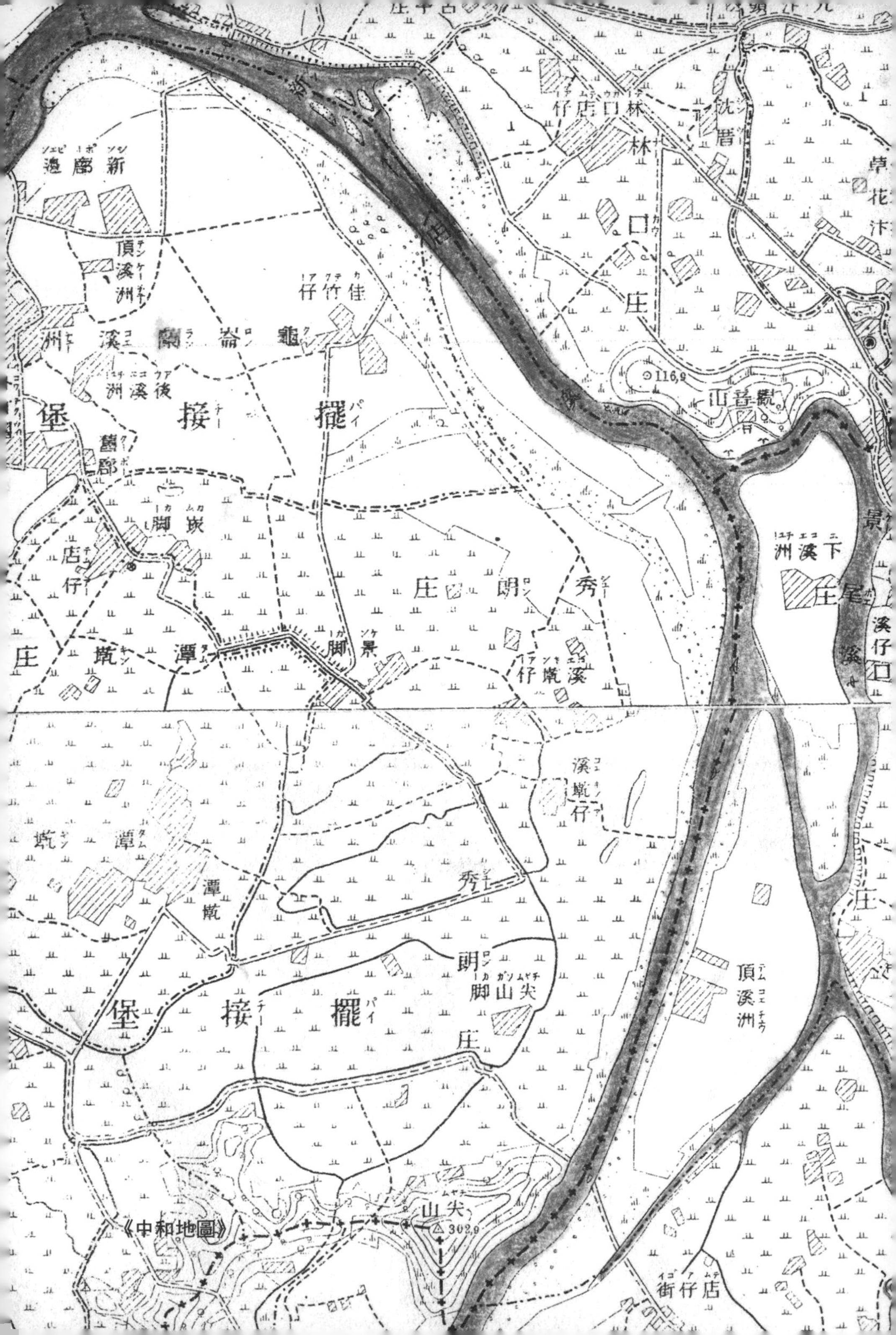

新廍邊
頂溪洲
佳竹仔
龜崙蘭溪洲
後溪洲
擺接堡
舊廍
崁腳
店仔
潭墘庄
秀朗庄
景腳
溪墘仔
林口店仔
林口庄
觀音山
116.9
下溪洲
溪墘仔
潭墘
潭墘
秀
朗
尖山腳
擺接堡
庄
頂溪洲
尖山
302.9
店仔街

《中和地圖》

舊社
加蚋仔庄
客仔厝
下庄仔
21
⊙26,0
亀崙蘭溪洲庄
番仔園
芎蕉脚
煉瓦製造場
製氷所
⊙23,5
永和庄
水尾
廟仔尾
25
二八張
漳和庄
和庄
枋寮
二八張
漳和
山脚
庄
內圓山
外南勢角
⊙162,3
中坑
牛埔
外南勢角
中坑
庄

岳母說她小時候到板橋林家服過一回「勞役」，具體做什麼？因為年紀太小都忘了。只記得到了林家，都得換上「制服」，感覺好像是他們家的「查某嫺仔」，工作不累，而且伙食比家裡好太多了。在那苦寒的童年，岳母說她還蠻期待到板橋林家去服「勞役」的。大戶人家碰上婚喪喜慶之類的大事，「面子工程」最重要，所以與其說是服「勞役」，還不如說是來充「門面」的。不過「三七五」之後，再也沒有服「勞役」這回事了。

一「張」有多大？

二八張、四十張的「張」是牛犁的計算單位，二八張的意思是這片田地需要用二十張牛犁來耕耘，所以這應該是一片相當大的農地。那麼二八張的農地究竟有多大？

道光二十二年（一八四二）一份土地典讓契約清楚說明一「張」的大小。這份契約上說陳光邦兄弟五人繼承了父祖輩於嘉慶八年（一八〇三）從陳士俊買下的一筆位於三角湧庄楓樹林的荒埔地。這片荒埔的「犁份」有十二「張」，陳光邦兄弟父祖買的是第一、第二、第三份，共計「犁份」三「張」。經過丈量，每「張」「犁份」是五甲，所以他們買下的埔地一共是十五甲。

陳光邦兄弟的父祖買下土地後「雇工續懇成田，開埤築圳，引水灌溉」，開闢完成後，嘉慶十九年（一八一四）為了獲得官方的認可，並作為交納田賦的依據，又慎重的恭請了當時大甲溪以北最高的行政長官「淡水廳撫民同知」薛志亮，並會同了「北路理番鹿仔港海防補盜同知」張學溥到現場會勘，確認這片拓殖完成的水田，一共是「壹拾貳甲四分七厘四毫」。

這份契約不厭其詳的說明整地前一張犁份的大小，以及開闢成水田後的大小，目的當然是為了確認交易土地面積的大小。為什麼要如此不厭其詳呢？很可能他們父祖輩當初買下這片荒埔時，交易契約上只聲明他們買了「犁份一十二張」內的第一、第二、第三份「犁份」，並沒有明確說明土地的大小。現在他們決定要將這筆土地質押出去，便需要將這片水田的開發經過與實際大小說明清楚。

從這份契約書我們可以清楚的確認，一張犁的「犁份」相當於五甲，但並不是說這五甲地是開闢成水田後經過精確丈量的土地面積，而只是荒埔狀態時的估算。所謂幾張「犁份」只是在荒埔買賣時，「墾號」根據經驗法則的初估，「犁份」是初估的土地單為面積，加上數量，便以「〇〇張犁」稱呼。例如三張犁、六張犁。

但是所謂三張犁、六張犁並非單純指那兒的田地有十五甲或三十甲，而是像上述契約所說的，是一塊荒埔作為整體交易時粗估的大小。這份契約除了讓我們了解一張犁的「犁份」大小，也可以進一步分析三張犁、六張犁、二八張、四十張之類的老地名在臺灣地名史所代表的意涵。

「張」的背後是土地開發資本的運作

基本上，清代漢人進入大臺北地區從事開墾時，很少是單打獨鬥、散兵游勇式的個人行為，絕大多數是由資金雄厚的開發商擔任開拓先鋒。其中更多的情形是，集資、開拓、招佃同步展開進行。

當時土地開發商稱為「墾號」，「墾號」有獨資，大多數是合資。之所以如此，是因為當時土地開墾除了要和土地擁有者原住民社群交涉外，還得獲得官方的許可。原住民的土地大多是集體所有，土地交易大多由官方任命的部落首領「土官」、通事掌握。

乾嘉時代管轄大臺北地區的官府遠在竹塹城，雍正時代甚至在彰化城。前述的陳光邦兄弟的父祖輩，完成開發準備「升科上賦」時，還得從竹塹、鹿仔港恭請兩位大老爺，親臨現場勘驗丈量，種種花費一定相當可觀。單憑個人是很難承擔的。

當時個人不但很難為了取得開墾權兩地奔波，更別說將荒埔開闢成可耕地之前所需的龐大的先期投資。所以大臺北地區的開墾基本上都是由資金雄厚的墾號取得土地開發權後之後，再轉租給小佃農。合資的墾號則依投資的比例分得持份，再自行開發，陳光邦的父祖取得的土地應該是屬於後者。

三張犁、六張犁位於臺北盆地的矮山、丘陵之間，灌溉水源有限，能灌溉的農地也就是一、二十甲地。三張犁、六張犁最原始的開墾可能是以山間可供灌溉的荒埔作為標的。業主與原住民訂約並獲得官府的許可後，便以三張與六張的「犁份」作為地名。

三張犁、六張犁這兩個地名說明原漢土地交易並由集資開發成農地的典型案例。三張犁、六張犁位於山間，水源是現成的，就在山腳下築個小土壩，堵水成埤，便可以滿足一、二十甲農地的灌溉所需。現在我們還可以從三張犁、六張犁的地域內找到「陂腹」、「舊陂」之類的小土名。這些水利設施應該是和「三張犁」、「六張犁」轉變為地名時也一起「配套」出現的。

三張犁、六張犁開發的資金可能不會太大，大概就幾個人集資，取得開發權後，就分地開發了，這和陳光邦父祖輩取得三角湧楓樹林那十二張「犁份」的情況差不多。可是「二八張」的情況可能就沒那麼簡單了。

三張、六張與二八張、四十張的區別

二八張約一百四十甲地，加上旁邊的四十張，有三、四百甲地之譜。那兒離新店溪、大漢溪都還有一段距離，要引南勢角的山泉灌溉緩不濟急。此地雖然沃野平疇，但灌溉水源是制約這片土地開墾的最大因素，取得這塊地是否能開闢成有價值的水田，最關鍵的條件就在於能否解決可靠的灌溉水源的問題。

三張犁、六張犁是位於山間的「畸零地」，規模不大的水陂，便可解決灌溉的問題。在三張犁、六張犁的範圍內我們可以找到新陂、舊陂、柴頭陂的舊地名，這應該是三張犁、六張犁開墾者解決灌溉水源的方案，但像二八張、四十張這樣規模的農地，就不是堵幾個小水陂，就可以解決的。

我們從乾隆十三年（一七四八）李餘周墾號批給佃戶楊瑞的佃批執照上可以發現二八張、四十張一帶開發的困難。這份執照上提到：

「立給擺接庄業主李餘周，有請墾課地坐在里末埔，東至秀朗溪，西至海山溪，南至擺突突，北至武勝灣溪。今有佃人楊瑞就本庄界內土名龜崙蘭庄，認墾犁份半張，分半張，出自資本，前去砍伐樹木墾耕……俟開成水田，聽業主清丈……後來開築大圳，工力浩大，業佃公議幫貼……」

二八張、四十張就在擺接庄業主李餘周「請墾課地」的範圍內，佃人楊瑞租佃半張「犁份」所在的龜崙蘭庄離此不遠，相當於現在永和區的頂溪。

二八張、四十張當時要開發成農田還得先伐樹，狀況和龜崙蘭庄可能差不多。業主李餘周在執照上還提醒佃戶楊瑞，以後開鑿水圳，花費巨大，到時大家得商量商量如何分攤費用。

同一年，業主李餘周在發給另一位佃戶呂進德位於南勢角「認墾」的犁份半張荒埔的執照上，也要求呂進德要自行出資伐樹開墾。至於當地正在修築的圳陂，是其他佃戶自行出資的，和業主無關。意思是佃戶呂進德得自行解決灌溉的問題。南勢角離山近，水源較容易取得，圳陂修築的成本也較低，所以當地的佃戶便自行解決了。

由此看出擺接庄業主李餘周取得「東至秀朗溪，西至海山溪，南至擺突突，北至武勝灣溪」這麼大片土地的開發權之後便無力負擔伐樹、修築的圳陂的資金。因此很快便被板橋林家的「林成祖」墾號所取代了。

「二八張」、「四十張」之名也是在擺接新庄業主林成祖取得土地開墾權之後才出現的。事實上林成祖墾號的繼承者「林本源」直到光復後還擁有此地大量的土地。

大臺北地區的「張」最密集

後來林成祖以其雄厚的財力完成了「永豐圳」的修築，灌溉了「東至秀朗溪，西至海山溪，南至擺突突，北至武勝灣溪」這麼大一片土地，相當於整個板橋、土城、中永和的農地，當然包括也「二八張」與「四十張」在內。「二八張」東面的中和舊街區，早年便叫「永豐庄」。

像「二八張」、「四十張」與「三張犁」、「六張犁」之類的地名，不僅僅是大臺北地區所獨有，全臺各地都不乏這類的地名。但是沒有一個地方像大臺北地區如此密集。大臺北地區「張」與「張犁」的地名之所以較為密集，應該和土地開發的歷史過程與墾號的參與有密切的關係。

虎頭山

窠＝坑？
臺北盆地內客家地名的遺存

新莊慈祐宮和關帝廟同在新莊老街上，相距不遠，兩座廟宇之間小吃店家綿延不絕。廟口即夜市，香客吃客穿行期間，是臺灣古老街區典型的景象。新莊老街過了大觀路口向東行，頓時安靜了下來，小吃店不見了，街面上大多是居家門面，連一般店家也少了許多，人潮似乎被貫通新海橋的大觀路給阻隔在另一邊，清冷的老街上還有一座老廟廣福宮。

平常日子廣福宮內除了廟公沒有什麼香客。廟內安靜的連空氣都沒有一絲絲的香火味，廟外的金爐更是冰冷，似乎從來沒點過香、燒過金紙。廣福宮供奉的是三山國王，這似乎解答了香火清冷的原因。三山國王是潮州籍客屬移民的神祇，但新莊哪來的客家人？當然不會有香客！那麼新莊既然沒有客家居民，為什麼在新莊老街上建個沒人拜的三山國王廟？

新莊慈祐宮和關帝廟建廟的時間都比廣福宮早，但也都只被定為「市定古蹟」，而廣福宮這座香火清冷的廟宇，竟然被定為「國定古蹟」？這又為什麼？

或許只是因為符合「國定古蹟」的某些限制吧。慈祐宮和關帝廟香火鼎盛，翻修增建之事常有，較難滿足「國定古蹟」的規定。

新莊平原上客屬移民的開拓

新莊老街上有三座古廟，最古老的是慈祐宮，恭奉媽祖，建於雍正九年（一七三一）。米市街的關帝廟建於乾隆二十五年（一七六〇），是汀州籍貢生胡焯猷出資捐建。廣福宮最晚，建於乾隆四十五年（一七八〇），是早年新泰地區的大地主劉氏家族主導興建的。劉氏家族在乾隆二十八年（一七六三）完成萬安圳（劉厝圳）的開鑿，使得新莊、泰山、五股、蘆洲一帶的水田灌溉得到了充分的保障，可說是新莊平原開拓的第一功。

萬安圳全長數十餘里，南起海山保潭底庄的石頭溪，穿過樹林、新莊，北達三重、五股、蘆洲交界的二重埔、加里珍（五股區興珍里）、洲仔尾（五股區成洲里），灌溉水田不下千頃。萬安圳完成後，確立了劉氏家族在新莊平原上的霸業。劉氏家族的開拓者劉和林是廣東潮州府的客屬移民，雍正年間抵達新莊地區，到了乾隆二十六年其子劉承纘開鑿萬安圳時，已在加里珍庄擁有近兩百甲的農地。

寮
613
山脚
水碓
庄
牛山仔
崁頂厝
506.4
脚
庄
溝仔墘
店仔街
699
黎之頭
蘇厝坑
義學
蘇竹坑
義學下
義學頂
778
崎
仔
脚
庄
680
大崎頭
八

《臺灣堡圖》23、25號
林口臺地的邊緣地帶是保留「窠」最密集的地區，「窠」說明此處曾是客家族群分布的地區。

臺北盆地的開發順序，和一般人的直觀經驗相反，最早是從盆地邊緣地帶開始的。因為早期開發農業先行，農田需要可靠的水源，盆地的邊緣地帶方便接引山澗小溪作為灌溉水源。可是除了新店溪、大嵙崁溪，盆地邊緣地帶的一條山澗小溪，頂多也就是灌溉個一、二十甲地，就無以為繼了。如果要擴大開墾，除了接引新店溪、大嵙崁溪上游的水源，沒有其他的可能性。

胡焯猷所領導的汀州客屬移民便是以大窠溪、橫窠溪、水碓窠溪為灌溉水源，在新莊、泰山鄰近林口臺地邊緣地帶開墾。所以這些山澗小溪都帶了一個「窠」字，這些客家移民將原鄉慣用的地名用字，深刻的印在這片新墾的土地上。「窠」的意思可能和「坑」類似，指的是溪流沖刷而成的山谷、溪谷。溪口再搭上水碓作坊，所以「水碓」也是客家地名的指標。五股的水碓、水碓窠就一個典型的例子。

臺灣中南部有些以客家移民為主的地區，也有用「科」，甚至「嵙」字的地名，和「窠」的意思應該是相同的。比較有意思的是，有些原來帶「窠」字的地名，後來再加上「坑」，例如泰山區的「橫窠坑」、「大窠坑」等。大概是後來客家移民被閩南移民取代了，後來的閩南移民不明白「窠」的意思，於是便在「窠」字之下再加上一個他們比較熟悉的「坑」字，形成「閩客混合」的地名形式。

新泰地區緊鄰林口臺地邊緣因為汀州客屬移民的開墾，至今還遺留下不少和「窠」有關的地名。例如吳厝窠、大窠坑、大窠口、犁頭窠、橫窠仔、蘇厝窠、十八份窠、長窠仔、水碓窠等等。如今這些地區原有的客家移民不是往桃竹苗方向遷徙，便是閩南化，除了帶「窠」字地名遺存，已經看不出其他客家的痕跡。

客家移民帶來的引水技術

新泰、五股邊緣山澗小溪的源頭是海拔只有二百公尺左右的林口臺地，根本涵養不了多少水源。當劉和林家族所領導的潮州客家移民在新泰、五股、蘆洲開墾的水田，已無法依靠大窠溪、橫窠溪、水碓窠溪提供的灌溉水源，而三重埔的新墾地更是「嗷嗷待水」，所以從大嵙崁溪上游的海山庄（三峽）開鑿水圳接引水源到加里珍，成為一勞永逸，且不得不然的方案。

同一時期在新店溪青潭口開鑿「石硿」的郭錫瑠和大坪林庄的「金合興」墾號，也都是客家移民。客家移民在原鄉多居山間丘陵地帶，在開鑿水圳引水灌溉方面有著豐富的經驗，自然也將這方面的經驗與技術帶到大臺北地區。

問題是同一時期在海山地區開墾的「張廣福」墾號的永安圳，也正在大嵙崁溪上游引水，因此雙方引發了衝突與訴訟。最後劉氏家族獲得官方的支持，並與「張廣福」墾號達成和解，完成了萬安圳的開鑿。萬安圳灌溉了新泰、五股、三重埔千頃以上的良田，因此在此地開墾的客家移民獲得了空前的成功，新莊平原上生產的大米，從新莊口岸源源不絕輸向缺糧的原鄉，獲得了土地投資豐厚的回報。

萬安圳開鑿的成功除了官方的支持外，劉氏家族組織的潮州客屬開拓大軍是實力所在。乾隆四十三年（一七七八）劉氏家族與武勝灣社爭奪大租權，而官方令其訂立的一份合約中，可以看出劉氏家族六十四名佃戶名單裡，劉姓宗親占了二十六名，其他的佃戶應該也是以客屬移民為主。客屬移民在成功開鑿萬安圳之後，為了鞏固族群的團結，開始籌建供奉原鄉鄉土神明「三山國王」的廟宇，也就是現在的廣福宮。

廟址定在當時大臺北最大的市街與河岸碼頭新莊。當時新莊已經有兩座廟宇，慈祐宮與米市關帝廟。慈祐宮供奉的是媽祖，媽祖是福建水師的保護神，所以慈祐宮的興建應該和駐防的水師官兵有關。米市關帝廟是汀州籍客屬領袖胡焯猷出資捐建的。胡焯猷雖然是客家人士，但並沒有太強調客家色彩，例如興建恭奉汀州鄉土神明定光佛的廟宇。除了捐資興建米市關帝廟外，還在興直山麓上建觀音寺，又將大筆土地捐贈「明志書院」作為學田。尤其是對「明志書院」的捐贈，更是興學提升文化的大善舉，後來台塑集團也效其遺緒在此創辦明志工專。

關帝廟現在常被視為生意人的保護神，歸類為財神廟，但清代並非如此。當時，關公是綠營軍崇拜的戰神，國家祀典的廟宇，有點類似今天的忠烈祠。胡焯猷捐建米市關帝廟應該是向綠營軍輸誠的表現，和生意無關。

劉氏家族領導的潮州籍客屬移民在土地開墾獲得成功之後，在慈祐宮與米市街關帝廟的同一條街上，興建了一座供奉潮州客屬鄉土神的廟宇，也就是供奉三山國王的廣福宮。這在其他閩南族群移民的眼中是很扎眼的。尤其這座三山國王廟耗費鉅資，雕梁畫棟，美輪美奐。即使到了日本時代，在日本人的調查報告仍將其推崇為「宏壯美觀實為全臺第一」。廣福宮在萬安圳的修建上，在被迫與劉氏家族妥協的閩南籍墾號看來不但扎眼，更是「扎心」。由此，種下後來一系列閩粵移民衝突與客家移民被迫移出新泰地區的遠因。

閩客衝突，客屬敗走

根據尹章義的調查，新莊平原由南而北的閩粵移民分布大致是：土城、柑林到樹林彭厝一帶為客屬潮州人較集中之處；樹林、後港、柏樹林、新莊、中港厝是閩南較占優勢的地區；頭重、二重埔和新莊、三重、五股接壤區是武勝灣社的勢力範圍；二重埔、三重埔和蘆洲、五股一帶是以劉氏家族為主導的客屬潮州移民。另外林口臺地邊緣地帶則是由胡焯猷領導的汀州客屬移民為主。至於新莊市街則是各籍移民雜處，是當時大臺北最重要的商業中心與港埠。

劉氏家族領導的潮州籍客屬移民之所以不像汀州客屬移民較為低調，可能和當時閩粵之間的族群矛盾有關。汀州移民雖也是客屬，但畢竟與閩南的漳泉移民同屬福建省，而潮州籍的客屬移民在漳泉移民看來就是「外省人」，根本不該到福建省的臺灣府搶地盤。新莊地區閩、粵移民之間的矛盾與衝突自乾隆初年起便時有所聞，廣福宮內現存一方乾隆十五年（一七五〇）刊刻的「奉兩憲示禁碑」說明當時閩粵之間的對立。

碑文上說，新莊地區潮州籍移民領袖劉偉近等人，因為不甘客屬庄民被地保強迫繳交三錢六分銀以及每戶一石稻穀的高額苛捐，不斷向淡水同知請願。於是乾隆十一年（一七四六）淡水同知在新莊街上土地廟內立碑禁止地保「勒派」。可是到了乾隆十三年（一七四八），地保以土地廟重修為名，將禁碑擊碎銷毀，之後苛捐雜稅如故。劉偉近等人因而再請淡水同知立碑示禁。後來潮州客屬移民害怕地保故技重施，便把「奉兩憲示禁碑」移入廣福宮內保護。顯然地保的苛捐雜稅是針對潮州客屬移民的。

乾隆五十一年（一七八六）林爽文起事，新莊地區閩粵之間沒有受到太大的影響。可是到了道光六年（一八二六）苗栗中港溪一帶，閩粵之間發生了嚴重械鬥事件。道光十三年（一八三三）年閩粵械鬥蔓延到桃園地區，隔年波及新莊。此後新莊地區的閩粵各庄持續了長達六年的纏鬥，直到道光二十年（一八四〇）客屬移民大量的撤出了新莊地區，遷往桃竹苗的粵人地帶，才結束這場惡鬥。潮州客屬移民移往桃竹苗之後，廣福宮的香火一落千丈，之後的歷次重修都是向桃竹苗的客屬鄉親募款。

潮州客屬移民移往桃竹苗之後，大臺北地區族群之間的衝突並沒有從此結束，而是轉變為漳、泉之爭。板橋平原上的「林本源」自然而成了漳州移民對抗泉州移民的領袖。其實漳泉之間的鬥爭除了地盤爭奪之外，也隱含了閩客之間的族群情結。

板橋平原上的客家地名

與泉州移民對抗的漳州移民絕大部分是來自平和、詔安、南靖等縣份，而這些縣份的移民，絕大多數是客屬。「林本源」第一代負責人林平侯祖籍漳州漳浦縣，雖然難說是客屬，可是在他來臺北開墾之前，與中部一帶客屬領袖張達京十分友善，一起合作過，由此可見他和客屬移民是很有淵源的。

林平侯和客屬移民的淵源還不僅於此，他在板橋平原上所招募的佃戶基本上也以漳州客屬移民為主，這從板橋區的後埔、新埔、埔墘、深坵、田心仔以及中和區的員山仔之類的客家類型地名可以看出。如果再擴而大之，中和的二八張、四十張，新店大坪林的七張、十二張、十四張和二十張都可以算是客家類型的地名。

漳泉之間的惡鬥，在咸豐年間達到高潮，並持續多年，所幸再也沒有任何族群像新莊平原上的潮州客屬移民大舉撤出。但是為何大臺北地區已經找不到使用客語的族群？為此我請教了我的岳父，他姓游，和前總統陳水扁一樣是原籍詔安二都，祖上也是客屬移民。在中和他並非特例，中和游是大姓，其他主要的姓氏趙、江也都是客屬移民較常見的姓氏，當過立委的趙永清、江永昌都是岳父的鄰居，可見中和過去是以客屬移民為主的聚落。那麼中和早已沒人會講客語了嗎？

岳父說童年時代，他的祖父平常都說閩南語，但祭祖的時候會說一種他聽不懂的話向祖先祝禱，後來他母親才告訴他，祖父講的是客家話，他們的祖先是客家人。由此看來大臺北地區客家語徹底的失傳，應該是在日本時代的初期。

【臺灣地區和祖籍相關的地名】

雲霄厝／彰化縣鹿港鎮頭南里
興化厝／彰化縣鹿港鎮頭崙里
詔安厝／彰化縣和美鎮詔安里
惠來厝／彰化縣員林鎮惠來里
大埔厝／彰化縣員林鎮惠來里
同安寮／彰化縣田中鎮三安里
梅州庄／彰化縣田中鎮梅州里
廣東厝／彰化縣二林鎮廣興里
泉州厝／彰化縣伸港鄉泉州村
海豐窟／彰化縣福興鄉福寶村
鎮平庄／彰化縣福興鄉鎮平村
同安庄／彰化縣福興鄉同安村
陝西村／彰化縣秀水鄉陝西村
惠來厝／彰化縣秀水鄉下崙村
同安厝／彰化縣花壇鄉白沙村
豆周（潮州）寮／彰化縣芬園鄉同安村
同安寮／彰化縣芬園鄉同安村
同安宅／彰化縣永靖鄉同安村
海豐寮／彰化縣二水鄉上豐村
海豐崙／彰化縣田尾鄉海豐村
饒平厝／彰化縣田尾鄉饒平村
鎮平厝／彰化縣田尾鄉北鎮村
江西店／彰化縣埤頭香合興村
廣東巷／彰化縣溪州鄉溪厝村
內潮洋（潮陽）／彰化縣溪州鄉潮洋村
外潮洋（潮陽）／彰化縣溪州鄉三條村
江西林／南投縣竹山鎮延正里
泉州寮／南投縣竹山鎮福興里
詔安寮／南投縣竹山鎮鯉魚里
福佬隴／南投縣國姓鄉長福村
海豐村／雲林縣麥寮鄉海豐村
惠安／雲林縣麥寮鄉後安村
興化寮／雲林縣麥寮鄉麥豐村
詔安城／宜蘭縣冬山鄉安平村
永春城／宜蘭縣蘇澳鎮永春里
福州街／基隆市中正區社寮里
溫州寮／基隆市中山區中興里
香港厝／基隆市中山區中和里
興化坑／基隆市七堵區友一里
詔安厝／臺北市中山區
泉州厝／新北市淡水區忠寮里
漳州寮／新北市林口區東林里
南靖厝／新北市鶯歌區南靖里
安溪／新北市三峽區安溪里
泉州厝／桃園市新屋區清華村
海豐坡／桃園市大園區埔心村
海豐厝／桃園市大園區竹圍村
泉州厝／新竹縣竹北市北崙里
安溪寮／新竹縣竹北市十興里
澎湖厝／苗栗縣竹南鎮中美里
泉州埤／苗栗縣公館鄉館東村
福佬寮／苗栗縣三義鄉勝興村
福佬寮／苗栗縣大湖鄉栗林村
銅安（同安）厝／苗栗縣大甲鎮銅安里
泉州厝／臺中市大安鄉頂安里
泉州厝／臺中市后里鄉后里里
海豐／臺中市清水區海風里
泉州寮／臺中市清水區東山里
晉江寮／臺中市沙鹿區晉江里
福州厝／臺中市龍井區麗水里
平和厝／彰化市平和里
安溪寮／彰化市安溪里
石廈／彰化縣鹿港鎮泰興里
瑤林／彰化縣鹿港鎮中興里
詔安厝／彰化縣鹿港鎮詔安里
泉州街／彰化縣鹿港鎮新宮里

南靖厝／嘉義縣梅山鄉安靖村
樟普（漳浦）寮／嘉義縣梅山鄉安靖村
堯坪（饒平）寮／嘉義縣梅山鄉圳南村
雲霄厝／嘉義市東區雲霄里
龍岩厝／嘉義市東區鹿寮里
小澎湖／嘉義市西區小湖里
雲霄街／臺南市北區花園里
福州街／臺南市東區前峰里
澎湖里／臺南市學甲區一秀里
同安寮／臺南市後壁區菁豐里
海豐厝／臺南市白河區王豐里
詔安厝／臺南市白河區詔安里
前大埔／臺南市東山區東原里
賀老（福佬）寮／臺南市東山區南勢里
興化店／臺南市龍崎區大坪里
同安寮／臺南市佳里區民安里
晉江宅／臺南市麻豆區晉江里
同安厝／高雄市梓官區安厝里
海峰（海豐）／高雄市橋頭區中崎里
海豐崙／高雄市田寮鄉南安里
興化寮／高雄市大樹區興山里
潮州寮／高雄市大寮區潮寮里
海豐／屏東市海豐里
澎湖社／屏東市扶風里
同安厝／屏東縣東港鎮八德里
潮州庄／屏東縣潮州鎮潮州里
潮州厝／屏東縣里港鄉潮厝村
澎湖厝／屏東縣萬丹鄉萬生里
海豐寮／屏東縣新埤鄉萬隆村
小嘉義／臺東縣長濱鄉樟原村
阿猴寮／鹿野鄉瑞豐村
學甲寮／臺東市豐榮里
恆春庄／臺東市豐榮里
加禮宛／花蓮縣新城鄉嘉里村
廣東庄／花蓮縣瑞穗鄉富源村
惠來厝／雲林縣二崙鄉來惠村
潮陽厝／雲林縣二崙鄉來惠村
詔安／雲林縣西螺鎮詔安村
饒平／雲林縣莿桐鄉饒平村
海豐崙／雲林縣斗六市八德里
南靖厝／雲林縣斗南鎮靖興里
興化店／雲林縣北港鎮扶朝里
海豐仔／雲林縣水林鄉蘇秦村
安溪寮／雲林縣四湖鄉施湖村
舊泉州／雲林縣臺西鄉牛厝村
同安厝寮／雲林縣東勢鄉同安村
潮洋（潮陽）厝／雲林縣褒忠鄉潮厝村
龍岩厝／雲林縣褒忠鄉龍岩村
惠來厝／雲林縣虎尾厝惠來里
安溪寮／雲林縣虎尾鎮安溪里
和平厝／雲林縣虎尾鎮和平里
東安（同安）厝／嘉義縣朴子鎮佳禾里
東安（同安）庄／嘉義縣布袋鎮光復里
東石／嘉義縣東石鄉東石村
海豐洋／嘉義縣新港鄉大潭村
海豐仔／嘉義縣新港鄉海瀛村
南靖厝／嘉義縣溪口鄉柳溝村
安溪寮／嘉義縣義竹鄉平溪村
鎮平／嘉義縣鹿草鄉西井村
海豐／嘉義縣鹿草鄉豐稠村
南靖／嘉義縣水上鄉南和村
安溪厝／嘉義縣中埔鄉義仁村
興化部／嘉義縣中埔鄉富收村
江西寮／嘉義縣番路鄉江西村
潮州湖／嘉義縣番路鄉公田村
海豐科／嘉義縣竹崎鄉義隆村
南靖厝／嘉義縣竹崎鄉龍山村
泉州厝／嘉義縣竹崎香桃源村
福建坪／嘉義縣竹崎鄉仁壽村
詔安寮／嘉義縣梅山鄉安靖村

虎尾「應該」在哪裡？

從蔣毓英版《臺灣府志》與《康熙臺灣輿圖》，我們可以發現清初濁水溪沖積扇上的三條主、支溪流分別被稱為東螺溪（或大武郡溪）、西螺溪（或東螺溪）與虎尾溪，前兩條溪流的名稱都是根據溪畔的社群命名的，依此，虎尾溪畔必然有個虎尾社，虎尾社應該就是荷蘭文獻中的Favorlang（虎尾）。但虎尾社究竟在哪裡？

對一般人而言虎尾在哪裡？根本不成問題，不就在雲林嗎？但對地名的研究上，虎尾在哪兒卻是個大哉問。作為地名，現在的虎尾出現於一九二〇年，在此之前虎尾叫五間厝，但並沒有一個叫虎尾的地名。叫虎尾寮的地方有好幾個，和現在的虎尾沒有任何關係。叫虎尾溪的，我查得到的只有一個，位於斗六市虎溪里虎尾溪的南岸。虎尾溪位於斗六的北郊，早年應該是虎尾溪最重要的渡口。「虎尾溪」、「虎尾寮」都不在虎尾，但日本人將五間厝改為虎尾其實還是有一定的道理。這個道理先按下不談，先談談虎尾之名的由來。

虎尾在哪裡？這個問題問得有些突兀，其實原本我想問的是虎尾應該在哪兒？「虎尾應該在哪兒？」這個問題比「虎尾在哪裡？」更加不可理喻。我之所以問這麼一個「不可理喻」的問題，起源於我對濁水溪兩岸的地名有太多的疑惑，這些疑惑甚至理不出一個頭緒。例如我曾查得臺灣大概有一百五十個原鄉籍貫為名的小地名，其中有三分之一強分布在濁水溪兩岸的彰化與雲林。如果將祖籍地名趨近於零的臺灣東半部扣去不算，那麼這類地名的密度還會更加驚人。但我完全不知如何解釋這個現象。對於問題太多的地方，我的辦法只有一個，就是從歷史的源頭開始釐清問題。

三重埔幫派是Favorlang的後裔？

荷蘭時代的文獻曾記載濁水溪南岸有一支強悍的原住民族群叫Favorlang，荷蘭人屢次討伐始終無法降伏。這則記載令我想到早年傳言三重埔幫派裡最兇狠的角色大多來自雲林臺西，因此有臺西出「鱸鰻」的戲言。後來我一想臺西不就是三四百年前Favorlang人活動的地面嗎？難道是Favorlang人強悍的基因還沒有消失？這個說法當然不能當真。

有些學者將Favorlang音譯為虎尾壠，有的就直接稱之為虎尾。虎尾壠比較

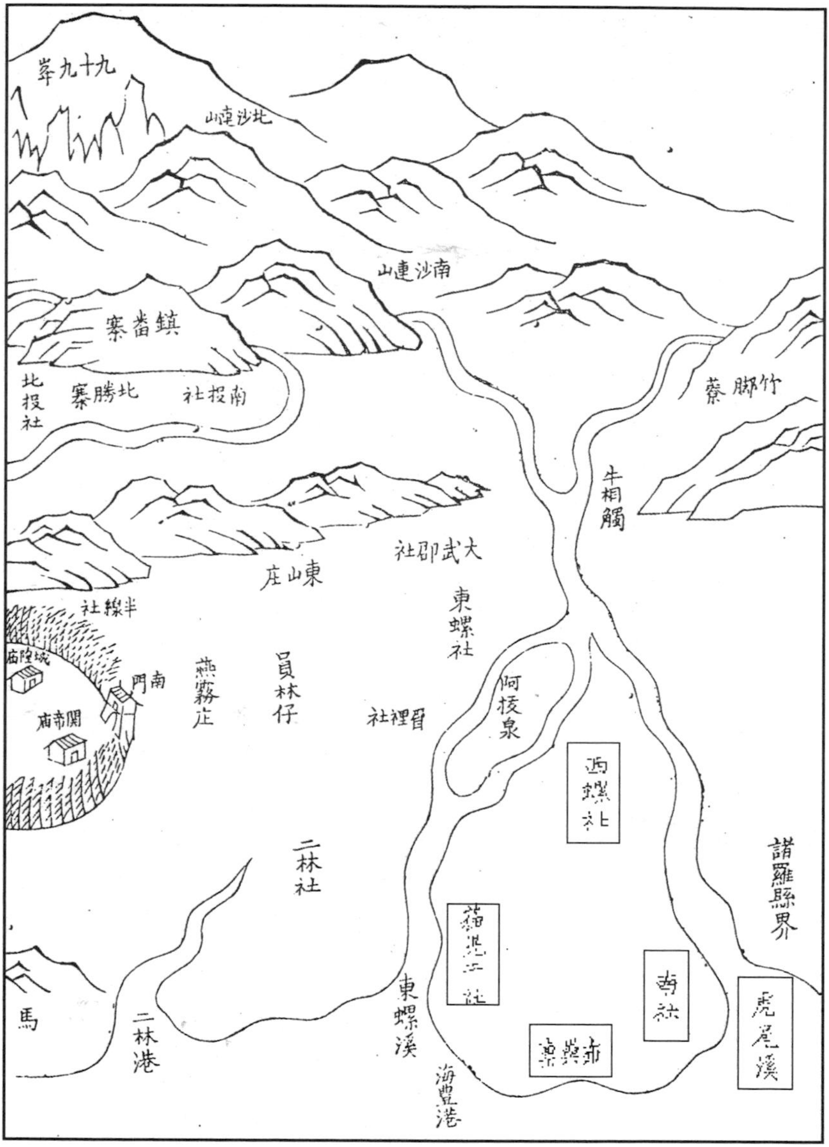

《臺灣輿圖並說彰化、嘉義》

此圖顯示光緒初期，現在的新虎尾溪在當時就叫虎尾溪，是彰化與嘉義（當時雲林一部分是嘉義，一部分屬彰化）的界河，很可能是濁水溪流域的主流。

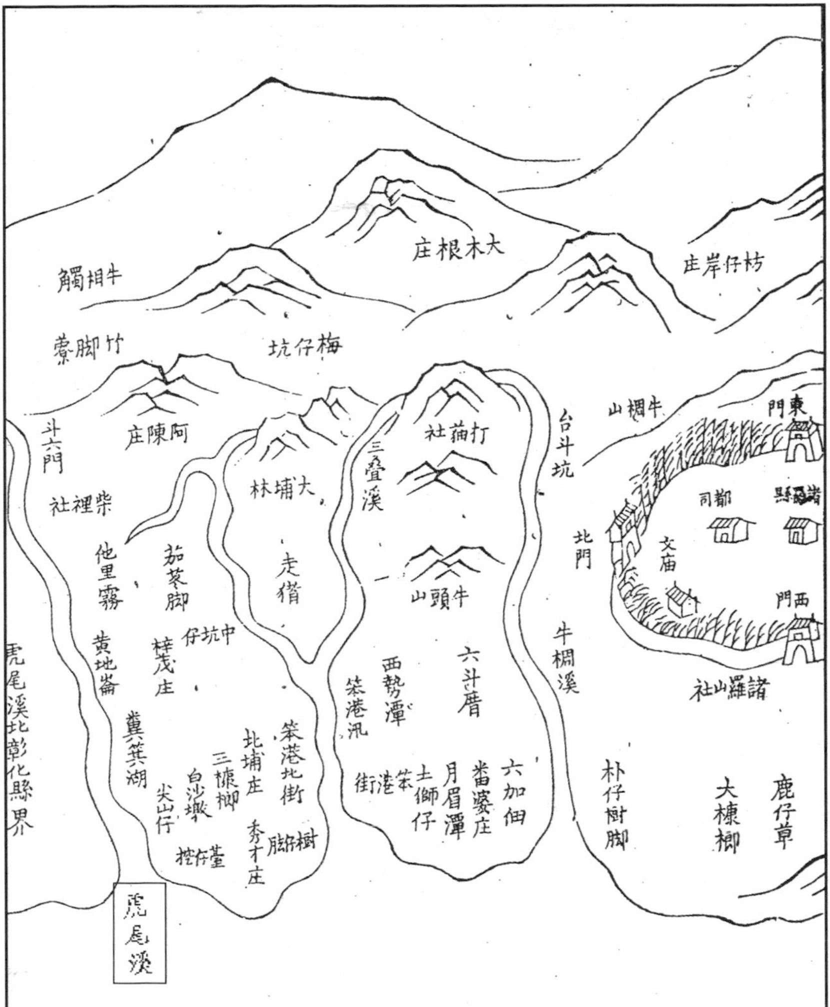
牛相觸
大木根庄
枋仔岸庄
竹脚藔
梅仔坑
阿陳庄
斗六門
柴裡社
大埔林
打貓社
三疊溪
台斗坑
牛稠山
東門
諸羅縣
都司
北門
文廟
西門
他里霧
茄苳脚
走猎
牛頭山
中坑仔
黄地崙
牛稠溪
諸羅山社
虎尾溪北彰化縣界
六斗厝
西勢潭
笨港汛
糞箕湖
北埔庄
笨港北街
白沙墩
尖山仔
秀才庄
樹仔脚
笨港街
土獅仔
月眉潭
番婆庄
六加佃
朴仔樹脚
大槺榔
鹿仔草
虎尾溪

接近原音，虎尾則較接地氣。早期漢人在音譯原住民族群時很少是全音譯的，所以將Favorlang音譯為虎尾是十分符合當時的習慣。但如何確定「虎尾」就是Favorlang的音譯？虎尾字面意思是老虎的尾巴，風水學上也可說是「虎邊」的尾部，如何確定Favorlang就是個音譯地名？

荷蘭時代繪製的地圖中有兩幅標示了Favorlang。一幅是收錄於一七二七年出版的《由波斯到東印度見聞錄》書中附錄的地圖《福爾摩沙島》。此圖在臺灣西海岸的中部標示了三個地名，由北而南分別是Grim（二林）；Riff van Favorlang（虎尾礁）；Favorlang（虎尾）。另一幅《中國沿海地區海圖：廣東、福建與福爾摩沙島》同樣在臺灣西海岸的中部標示了幾個社群，這幾個社群的聚落都建有教堂。根據學者的考據分別是Giclint（二林）；Vassican（貓兒干）；Vavonnolang（虎尾）；Dovaley（東螺）；Dalivoe（斗六門）。從這兩張地圖我們可以確定虎尾位於貓兒干的南面，而貓兒干的核心社群大約位於二崙鄉番社（大同村）至崙背鄉舊莊、豐榮（貓兒干）之間，所以Favorlang（虎尾）應該位於二崙、崙背鄉之南，最北不會超過新虎尾溪之北。以上是我們從荷蘭文獻所能得到關於Favorlang（虎尾）的地理訊息。

虎尾在虎尾溪畔嗎？

一六八五年清政府將臺灣納入版圖後，蔣毓英出版的第一部《臺灣府志》對於虎尾溪的記載是：「吼尾溪；自斗六門西，過柴裡社，南折至猴悶社北，又折過他里霧北，受蔴芝干細流，至南社而西，入於海。」吼尾溪是虎尾溪的別稱，由此可見「虎尾」與「吼尾」同樣都是音譯地名。康熙中葉繪製的《康熙臺灣輿圖》中的虎尾溪貫穿於西螺社、茅兒干社與他里霧社之間。基本上與蔣毓英版《臺灣府志》敘述的吼尾溪是吻合的，問題是《康熙臺灣輿圖》在虎尾溪之南只標示他里霧社，之北也只有茅干社（貓兒干、蔴芝干）和西螺社，沒標示出南社。

為什麼非找出南社不可？因為南社可以確認Favorlang（虎尾）的社域，也可以藉南社的位置確認蔣毓英版《臺灣府志》與《康熙臺灣輿圖》中的虎尾溪到底是新虎溪還是舊虎尾溪。

另外從蔣毓英版《臺灣府志》與《康熙臺灣輿圖》對溪流的命名，可以發現清初濁水溪沖積扇的三條主、支河道分別被稱為東螺溪（或大武郡溪）、西螺溪（或東螺溪）與虎尾溪，其中隱含了一個規律：這些溪流的名稱都是根據溪畔的社群命名的。依此規律虎尾溪畔必然有個虎尾社，虎尾社就是荷蘭文獻中的

Favorlang（虎尾）。蔣毓英版《臺灣府志》提到「吼尾溪……至南社而西，入於海。」這一記載使我直覺的認為南社即為虎尾社群之一，找到南社就等於找到虎尾社群。為什麼要藉由南社來確認虎尾社？

最大原因是荷蘭時代文獻中提到的Favorlang或Vavonnolang，到了清代之後，竟然在文獻中離奇消失了，只留下虎尾溪的名稱。完全找不到與Favorlang或Vavonnolang能相應對的社群。荷蘭文獻中Favorlang或Vavonnolang位於Vassican（貓兒干）之南，兩者隔著一條溪流。所以我們只能在貓兒干之南尋找Favorlang或Vavonnolang的位置。

清代的方志中距離貓兒干最近的社群有兩個，一是西螺社，另一個是南社。由方志中記錄的各社與府城的距離推算，西螺社位於貓兒干之東，南社位於貓兒干之西或南。所以南社是最可能與Favorlang或Vavonnolang相對應的社群。接下來根據貓兒干與南社的距離來找出南社可能的位置。

南社就是虎尾社嗎？

而貓兒干與西螺社的距離大約是貓兒干與南社距離的兩倍。從康熙時代出版的三部方志：蔣毓英版《臺灣府志》、高拱乾版《臺灣府志》與周鍾瑄版《諸羅縣志》的記載，西螺社、貓兒干社與南社三者的距離有些微的差距，但基本上不離二與一之比。所以我們只要以貓兒干社為圓心，西螺社與貓兒干社距離二分之一為半徑，向西或南搜尋應該可以找到南社的位置。

另外從我們也可以根據《乾隆臺灣輿圖》中標示的西螺社、貓兒干社與南社、海豐港四者的相對位置，結合上述以貓兒干社為圓心，西螺社與貓兒干社距離二分之一為半徑，尋找南社的位置，結果得出一個很怪異的答案。

根據三本方志結合《乾隆臺灣輿圖》，南社最可能的位置是在崙背鄉的豐榮，而豐榮又以貓兒干之名聞名於學界。不過我們作為推算的圓心非豐榮，而是貓兒干的大社所在，即二崙鄉的大同，大同舊稱番社。我自己對這個答案也抱持著不可置信的態度。

如果堅守Favorlang或Vavonnolang在貓兒干之南與虎尾溪之南的兩項前提，我強烈的懷疑Favorlang或Vavonnolang應該在東勢鄉四美村的番仔寮、阿坤厝、馬山厝與褒忠鄉的馬鳴山之間。畢竟這幾個小地名都具有強烈的原住民音譯地名氣息。不過不管是豐榮還是四美村，現在以「虎尾」為名之地與Favorlang或Vavonnolang應該都無關，因為那長久以來都屬於他里霧社的社域範圍。

至於虎尾「應該」在哪裡？我還在思考。

糖有糖廍，樟有腦寮，獨茶無名

大臺北地區的老地名最困擾我的問題是：茶曾經是大臺北地區最重要的產業，而與「茶」相關的地名卻少到可以忽略不計？或許有人會說，茶產業興起的年代，臺灣平原與淺山地帶的街庄聚落體系基本上已經形成，所以沒有再以「茶」為地名的空間。這個說法乍聽之下，似乎有點道理，但是與茶產業幾乎同時興起的樟腦產業，相關的地名卻比比皆是。除了帶「樟」字的地名外，大臺北地區，尤其是坪林、深坑、石碇，帶「寮」與「分」、「份」字的地名，其中有相當大的比例與樟腦產業相關。

從荷蘭時代起，臺灣就以商品農業為發展取向。最早是蔗糖，然後是稻米，之後是茶與樟腦。蔗糖、稻米與樟腦產業都出現相應的地名類型，甚至連麻、大菁和燒煉都出現廍園、菁寮、煉寮之類的地名，唯獨茶產業沒有相應的地名類型。不只大臺北地區如此，全臺帶「茶」字的地名，大概不會超過五個。清末最後半個世紀，大臺北地區一度是全球最重要茶葉出口地之一，對整個臺灣的政經發展更是帶來巨大的影響，為何與「茶」相關的地名，不但無法與米糖樟腦相提並論，甚至連大菁、燒焿、麻、柑橘都不如？

臺灣地名史上最大的謎團

糖業起源於荷蘭時代，到了清代糖依然是臺灣主要的出口商品。因此帶「廍」字的地名如雨後春筍般在中南部散布開來。康熙中晚期，閩粵地區米糧需求孔急，帶動大量商業資本湧入臺灣，投資土地開墾與水利設施的興建，因此帶「張」、「張犁」、「陂」字的地名應運而生。大臺北地區因為氣候條件的限制，不適合糖業的發展，所以除了臺北市萬華區少數帶「廍」字的地名，其他地區帶「廍」字的地名十分罕見，倒是在稻米輸出需求的引導下，帶「張」、「張犁」、「陂」字的地名紛紛出現，成為乾隆時代大臺北地區新生地名的一大特色。

農田水利開發的需求，帶動閩粵移民大量湧入臺灣。一八〇〇至一八六〇間臺灣人口從五十萬急速的增加到兩百萬，大量增加的人口吞噬了原本用來輸出的稻米，而平原地帶幾乎已經徹底水田化。水田面積無法大量增加、化肥水庫等現代技術還未出現的情況下，稻米經濟的發展出現了瓶頸。

其實早在十八世紀的末期，臺灣中部地區土地的爭奪就已經十分激烈。臺灣歷史上最大的動亂「林爽文事件」的起爆點就在中部，起因就是漳泉移民之間爭買土地糾紛。漳州移民怨恨官員處置不公，集結於大里杙土豪、漳州移民領袖林爽文的麾下，終於演變為一場幾乎遍及全島的叛亂。

大臺北地區幾乎沒有受到「林爽文事件」波折。大臺北地區之所以相對平靜，最主要的原因，在於土地還有開發的空間，漳泉、閩粵族群之間矛盾還未激化。嘉慶年之後，隨著水田開發殆盡，大臺北地區的族群之間的關係逐漸緊張起來。

咸豐年間全島各地引發劇烈的漳泉之爭，大臺北地區漳泉族群間立即被捲入，幾乎是遍地狼煙。大臺北地區漳泉族群械鬥爆發的原因，民間有許多傳說，但大都是表層上的因素。最深層的原因還是水田開發殆盡，在土地資源匱乏的情況下，為了養家活口只能相互爭奪現有的土地資源。

當時閩浙總督劉韻珂看出了問題的根本所在，除非再擴展土地資源，否則稻米與蔗糖兩樣產業已經沒有發展的空間，必須發展其他的產業才能解決人口飽和所帶來的族群緊張關係。因此他建議：「開闢則地利較溥可產米百萬石，他如木料、茶葉、樟腦、藥材等物……通商惠宮，培養生機，元氣可期漸恢復，是其興利者一也。」

據說早在乾隆時代便有人在石碇堡的鰇魚坑（鯽魚坑）植茶，但是當時臺灣茶樹種類不齊，而且缺乏有經驗的製茶師傅，所以臺灣生產的都是劣質的茶葉，沒有什麼銷路，甚至臺灣所需的茶葉都需靠大陸輸入。所以劉韻珂當時的提議並不切實際。

與樟樹相關的地名

至於樟腦，大臺北地區起源相當早，乾隆時代的方志就曾提到北部地區的樟樹資源相當豐富。不但有文獻上的記載，即使從地名都可以直觀的想像出早期臺北盆地內樟樹遍地成林的景觀。

例如臺北市汀州路上的三軍總醫院古名「林口」，即森林的入口。依此地名，沿著羅斯福路往景美、新店的方向，應該是綿延不絕的森林。類似的地名還有林口臺地上的「樹林口」，五股的「樹林頭」以及淡水的「樹林口」。那麼這些地方的森林會是什麼樹種？應該是樟樹。何以見得？最直接的證據也來自地名，淡水的「樹林口」旁就有一個叫「樟栳寮坪」的小地名，「樟栳」即樟腦。

因為樟樹資源豐富，早年艋舺碼頭有個叫「料館口」的小地名，所謂「料館」就經營樟木出口的商館。所以樟木一度是艋舺碼頭出口的大宗，而出口的樟木毫無疑問的應該來自附近地區。

樟樹林在臺北盆地內早已絕跡多年，除了供製材出口外，樟樹林消失的主要的原因是拓殖水田造成的。乾隆初年擺接保的業主李餘周再發給永和頂溪與中和南勢角一帶佃戶的租佃執照上，都聲明佃戶自行雇工砍伐土地上的樹林。可見中永和早年也是成片的樟樹林，何以證明是樟樹呢？因為中和最古老的街區就叫「枋寮」，枋寮是鋸木製作板材的作坊，除了樟樹，這一帶應該沒有其他值得製作板材的樹種。

樟木在清代早期是造船的重要資材，受到軍方的管制。所以叫「軍工寮」或「軍工坑」的地方，是受軍方管制砍伐樟樹的地方。臺北市木柵區的軍功路古名「軍功坑」，「軍功坑」其實是「軍工坑」的誤寫，可見當時木柵應該也是樟樹成林。

由此可見，清代中期之前，大臺北地區出現與樟樹相關的地名，除了描述樟樹林分布狀態的「林口」、「樹林口」、「樟空」、「樟樹灣」之外，和樟樹產業相關的，只有「枋寮」、「軍工坑」、「料館口」之類與製材、出口相關的地名，並沒有出現與樟腦煉製相關的地名。這種狀況直到一八六〇年之後才有所轉變。

一八六〇年後的轉機

清政府於咸豐一〇年（一八六〇）開放淡水、基隆與安平、打狗作為通商口岸，茶與樟腦成為洋行最重要的出口商品。林滿紅在其著作《茶、糖、樟腦業與晚清臺灣》一書中指出：

「透過這三種產業看十九世紀中葉中國對外開放貿易對臺灣這一個案所造成的衝擊；一則了解臺灣高度仰賴貿易之經濟個性的塑定即開港至割日期間的出口產業對臺灣日後經濟社會發展所奠定之基礎。」

光緒四年（一八七八）淡水海關報告：「十五年以前大稻埕四周的山坡上幾乎看不到一顆茶樹。現在全種滿了茶樹，直至番界，幾達臺灣中部。」茶的品質，大漢溪、新店溪沿岸最佳，基隆河沿岸次之，臺北至新竹間近海岸地區最差。茶戶以深坑、石碇最多，桃園、新竹次之，由此看來大臺北地區不僅是全臺最大茶葉產地，茶葉品質也是最好的。

同治二年（一八六三）樟腦集散中心在艋舺、大甲、竹塹、後龍。同治十一年（一八七二）後移至大嵙崁、三角湧、鹹菜甕。此時樟樹板材已萎縮，粗製的樟腦成為出口的主力。

以出口金額計，同治七年（一八六八）至光緒二十一年（一八九五）的二十七年間，糖：淡水出口十七萬三千兩，打狗三千六百萬兩；茶：淡水出口五千三百三〇萬兩，打狗無；樟腦：淡水三百二〇萬兩，打狗七十三萬兩。茶、糖、樟腦，晚清臺灣三大出口產品，占臺灣出口總值的九成五左右。茶、糖、樟腦所占比例為五四％、三六％、四％。如果以出口港計算，淡水港出口的金額占出口總值六成左右，因此經濟重心由南轉移到大臺北地區。

另外關稅釐金在開港之後成為政府主要的收入，之前臺灣政府部門的收入主要是田賦。經濟重心由南轉北，再加上稅收的因素，使得建省時省會地點的考慮，不但捨棄了府城臺南，連計畫中的臺中也不得不放棄，只得從稅源上遷就臺北。

大臺北地區在茶產業的推動下，經濟好到什麼地步？根據光緒二十一年（一八九五）淡水海關的報告，說當年臺灣曾嘗試發展種桑養蠶，但勞動力，包括婦女均被茶產業吸收，而無法發展。可見此時的大臺北地區已達到充分就業的程度。

事實上不但婦女被茶產業吸收，在產茶季節還有大量的季節性移工從閩南，尤其是安溪縣，來到臺北從事採茶與製茶工作。這又帶動一波新的移民潮。文山堡的茶產區如景美、木柵、深坑、坪林都是安溪移民落腳的地方。

原本就有地名了，何必再多此一舉？

茶與樟腦的崛起也帶動了新市鎮的興起，如大稻埕（茶產業中心）、大嵙崁（茶與樟腦）、三角湧（茶、樟腦）。同治一〇年（一八七一）出版的《淡水廳志》中，大嵙崁仍未註記在街庄之列，到了明治三十一年（一八九八）發展為全臺第二十大城。大稻埕的發展更加神奇，到了割臺之前，因為茶產業的興起，已經成為全臺最繁榮的商業聚落。

大稻埕顧名思義，原來不過曬稻穀的場地，直到咸豐初年才有商人在此開店。淡水開港後，洋行因為被艋舺商人排斥，只得轉移到大稻埕。根據同治八年（一八六九）淡水海關的報告：當時當時艋舺是北臺最大的商業中心，進出口貨物都在這兒集散，而大稻埕不過是艋舺北面的一個小聚落。

到了明治三十一年（一八九八），大稻埕人口已經達到三萬兩千人左右。僅次於臺南成為全臺第二大城，比艋舺多了將近一萬人。市街也由一家店面發展成七十餘條街的大聚落。而一度是全臺數一數二大商埠的艋舺，到了日治初期也才不過五十條街的規模，只有大稻埕的三分之二。這一切完全拜茶產業之所賜。

所以曾經在大臺北獨霸一時的茶產業，雖然沒有創造出帶「茶」字的地名，但在地名史上並非毫無建樹。茶產業在大臺北地區創造了當時全臺灣最繁榮的商業聚落大稻埕，大稻埕和大稻埕的七十幾條街就是茶產業創造出來的，雖然大稻埕沒有一條街的街名帶有「茶」字。

不過我們還是要問，既然茶葉規模如此巨大，為何沒有與茶相關的地名？最可能的答案是茶的產地可能原本都是樟樹林，等樟樹砍伐殆盡，再遍植茶林。所以除了帶「樟」字的地名外，大臺北地區，尤其是坪林、深坑、石碇，帶「寮」與「分」、「份」字的，原本和樟腦產業有關地名後來都成了茶的產地。既然都有地名了，又何必多此一舉另造與茶相關的地名？

虎頸山

這個番社竟然「神奇」的保存下來！

二〇〇〇年為了撰寫《裨海紀遊新注》，我沿著三百年前郁永河北上的路線走了一回，一路上經過無數的平埔族舊址，絕大部分已物是人非，徒留前人之口碑與記憶，唯獨中港社不但舊址明確，連門牌都大剌剌的標明著「番社」兩個字。一戶人家大概是對「番社」兩字怨恨至極，直接將門牌上的「番社」兩字打了一個大X，還有幾戶人家則直接摘掉了門牌。

竹南的「番社」位於竹南古廟慈裕宮的廟口，是竹南最古老的區域，由守法街、平等街、開元路與功明路幾條街道圍繞而成。「番社」內既沒有供車輛行駛的馬路，也沒有一條稍微筆直的巷道，只有一條名為「生存巷」的小巷彎彎曲曲的橫貫期間，算是「番社」內最主要的通道。如果發生火警應該沒有一輛消防車進得來。

和臺灣各地老街一樣，竹南的老街街巷狹窄，但多少都經過一定程度的重劃，唯獨竹南中港社的舊址「番社」竟然維持百年前的原貌，如迷宮般留存到

《臺灣紫線番界圖》

十八世紀中葉中港社與中港庄分屬兩地。

此一帶總名南港仔
中港內灣
斗換坪
牛欄塘
茄苳溝
柳仔湳
鹿厝坑
淡汶埔
中洲
九車籠
馬陵潭
狗辣林
外山西脚下對員山爲界
中港庄
田寮庄
中港汛
中港社
中港溪
南海汊
新社

二十一世紀。守法街、平等街、開元路與功明路圍繞的街區內住家，門牌也不像其他城市標註著路街巷弄，而是簡單兩個字「番社」。因為還沒重劃，所以只能叫番社嗎？

一九九六年陳水扁當選臺北市長，第一件事就是將介壽路改為凱達格蘭大道，之後蔚為風潮，許多原住民地名在全臺各地重新恢復。我想沒有一個地方會恢復「番社」這個帶歧視性的地名吧！但為何竹南的番社自日本時代地名法治後一百多年了，歷經多次地名改正，竟然還能「神奇」的保留下來。看到竹南「番社」的門牌，我像被重擊了一記悶棍，頭暈目眩，久久無法清醒。

加一個「番」字，性質就變了

和番社類似的老地名，像舊社、新社、大社、社仔、社前、社後等，在全臺各地並不罕見，大家都知道這些地名是早年平埔族的聚落舊址。現在這些平埔族舊址的住民，即使不是平埔族的後裔，也不會在意舊社、新社、大社之類的地名，但是加上一個「番」字性質就變了。漢字「番」不但有非我族類之意，也有非文明之意。沒有人會願意被歸類為非我族類與非文明之族群。所以有些原本叫番仔寮或番社的地方被改為歡雅、繁華等。這種改法除了雅化原有地名之外，應該還有緩和民族矛盾的作用。

新竹的香山原本叫番山，香山是後改的。香山之名最遲在乾隆中期就出現了，可見雅化帶番字的地名很早就開始進行了。其他地方也有將「番」改為「香」的例子，但為數不多。可見整個清代帶番字的地名不但是民族識別的標誌，也是土地轉移契約中的地籍標注，是不容隨意改變與雅化的。

日本人為何不將「番」改掉？

一九二〇年日本殖民政府在大規模調整行政區域的同時，曾對地名進行了大規模的「修正」，將許多他們不認可的地名雅化甚至日本化，但奇怪的是所有帶番字的地名竟然悉數被保留了下來，如番社、番仔寮、番婆等。似乎日本人更加重視民族識別的必要性。可到了一九二〇年代番大租早被取消了，而且隨著大租權的撤銷，平埔族群的原民身份已不具備任何政治經濟上的保護作用，民族的自我認同早已蕩然無存，日本人為什麼還如此「特意」保留那些帶番字的土名？目前我還想不出具體的原因。難道民族識別是所有的殖民主義者必然會採用的行政手段？

殖民政府特意保留了那些對原住民族帶有歧視性的地名，可能有其考量，但這類地名畢竟是出現在日本殖民臺灣之前，日本人並非始作俑者，那麼這類地名究竟是誰命名的？自然不會是原住民族自己取的，當然是漢人的「傑作」。那麼漢人作為外來者為何要將原住民的聚落冠上一個帶歧視性字眼的地名？

地理學者黃雯娟在一篇〈臺灣「番」與「社」字地名空間分布特性與意涵〉的論文上提到，十八世紀之後，隨著漢人土地的擴張，原來平埔族的社地轉化為漢人村莊，平埔族人他遷，漢人變將平埔族的新聚落冠以「番」或「社」字作為指認。研究平埔族的學者洪麗完也有類似的看法。

以大甲為例，大甲原為道卡斯族的聚落（大甲是「道卡斯」閩南語音譯），十七世紀後漢人逐步入墾後，原聚落的道卡斯族人逐漸被漢人取代，大甲最終成為以漢人為主的聚落。原有的族人遷到大甲水尾溪南岸另立新的聚落，而新的聚落被漢人名之為「番仔寮」。簡單的說就是漢人在「鳩占鵲巢」之後，不但占有了原民的固有聚落與地名，在完成了土地新主人的自我認定之後，還將遷出的平埔族群的新聚落名之為具有「非我族類」與「非文明」印記的「番社」。搞得好像原住民族群才是外來者一樣。

《臺灣堡圖》79號

二十世紀初竹南街區基本上由復興路、大同街、迎熏路、功明街構成，番社是街區的主要構成部分，生存巷當時已是番社主要道路。比較特別的是此圖未標示慈裕宮，反而標示了番社的保安宮，當時保安宮可能改為學校。

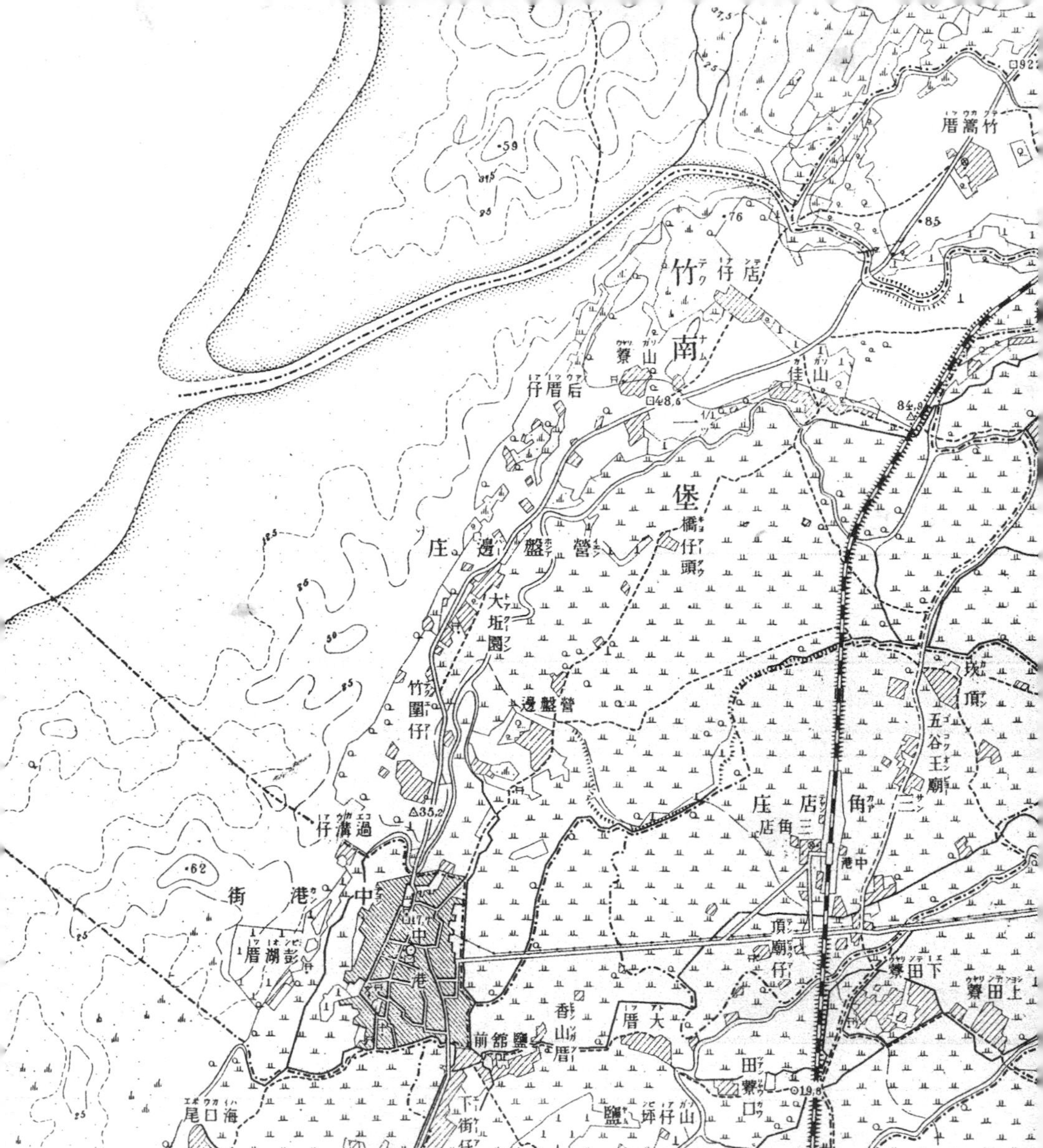

造橋

至造橋　至苗栗

二万分之一

10　20　30　1粁

漢人為什麼要這麼欺負平埔族

大甲附近的清水、沙鹿、大肚的情況大致類似。大甲、沙鹿、大肚都是閩南語音譯的原名，清水在一九二〇年之前一直叫牛罵頭，也是音譯原名。漢人為何沒有改掉原來的音譯地名，卻將原住民的新聚落名之為番社、番仔寮，其中的邏輯與心態，長久以來我一直覺得有些「無厘頭」，不可理解。因為我認為當時在臺的漢人不可能像現在臺灣社會一樣，被灌輸以「認同臺灣」為意識形態的政治需求，像熱愛這塊土地一樣熱愛這些音譯原名。我想關鍵的原因還是為了強化「土地新主人」身份的自我認定。

清政府統治臺灣之後，除繼承明鄭時代的官民土地之外，其他土地所有權一概認定為原住民族自然擁有。而且為了避免原、漢之間爆發紛爭，禁止漢人買斷原住民的土地，漢人來臺開墾農地，只能以租賃的方式進行。但實際上漢人入墾後，原住民很快就陷入生計上的泥淖，被迫放棄土地的使用權。從清代土地交易文書大量出現的「杜賣盡絕」、「杜賣盡根」之類的字眼就清楚的說明當時的實際情況。

雖然這類文書並不被清政府所承認，但為了保障自身的權益，漢人之間自然會相互承認這些土地交易文書的有效性。而保障這些土地交易文書的有效性的前提之一就是不能擅自改變地名。因此延續土地所在地籍上的音譯地名，是漢人必須竭力維護的，不能以個人之好惡而轉移。漢人之所以沒將音譯原名改掉，應該與長久以來土地讓渡文書上的地名註記有關。因為一旦改了新地名，那麼土地讓渡文書上的地點可能就有爭議了。

漢人買斷了原住民的土地所有權也等於買斷了原有的地名，所以這些音譯地名是不能隨意更動的，不能再隨著原住民的遷出而遷移。若擅自更改地名，很可能會危及土地所有權的合法性，反之若平埔族人在新聚落沿用舊地名也是不被允許的。最簡單的辦法就是以「番社」或「番仔寮」、「番婆」名之，與原聚落做區別。

我對黃雯娟那篇「番」與「社」字地名空間分布的看法是持肯定的態度，但我認為不帶「番」字的「社」字地名應該不在其探討的範圍，我認為帶社字的地名很難認定是遷出舊址而另立新社之意，除了「新社」之外。

竹南的「番社」是何時出現的？

竹南中港社最遲在雍正年間已出現漢庄，雍正《臺灣輿圖》上中港社與中港庄並列。乾隆中葉中港庄內設公館，又稱社寮或公廨，位於現今的竹南中華里，此地即為中港社的原社址。乾隆末年林爽文事件爆發，中港社眾助官軍平亂有功，因此屯田制實施時中港社眾分得三十三個屯丁員額，每人配給新竹香山埔地一甲有餘，以為贍養。到了嘉慶末年中港社眾由社寮（中華里）遷到現址。所以竹南番社之名大約出現於一八二〇年前後，而中港庄此時應該也成為一個純漢人的街庄。

一八七一年版的《淡水廳志》中港社與中港街並列，而中港社依然保有三十三名屯丁的員額。可見當時「番社」並非官式地名。到了割讓日本之前編撰的《新竹縣採訪冊》，中港街分為中港草店尾街、中港新街、中港舊街、街子頭街，社寮錢莊、公地莊、番社莊、過陂子莊、澎湖厝莊。在中港社條目下註明中港社眾原居中港土城內東北隅土名「社寮前」的地方，現居土城內土名「番社」之地。可見當時竹南的「番社」已經成為官方認可的正式地名，而中港社應該只是族群的名稱並非地名。直到割讓前中港社男性人口一三六人，依舊享有三十三名屯丁員額，和乾嘉時代差不多。

一九〇六年日本殖民政府完成土地調查後，以補償方式取消了大租權，平埔族群經濟來源徹底斷絕，人口急速流失。至一九三五年殖民政府撤銷熟番的戶口註記時，三十年間，一代人的歲月，中港社群竟僅剩三戶十二人，幾至滅絕。但「番社」之名卻百年不變的保留下來，留存至今。哀哉！

一九二〇年地名大改制奠定了臺灣現代地名體系的基盤

《被誤解的臺灣老地名1》一書出版後，受到各方的邀請，辦了十餘場座談會。除了從與會者得到不少老地名的典故外，還常碰到一些日本時代出生的長者會後前來向我致意，甚至痛心疾首的向我控訴國民黨將老地名改得莫名其妙的「暴政」。碰上這種情況，我除了傻笑，實在不知如何應對。因為在我看來真正對臺灣老地名痛下「毒手」的並非國民政府，而是這些長者「感念」萬分的日本殖民政府。

臺灣鄉鎮地名可說是臺灣老地名的基盤，總數大約三百五十個左右。大正九年日本殖民政府進行行政區域改正時，大約有一百六、七十個被「改正」，其中有些還被改了個「面目全非」。例如我的故鄉澎湖「媽宮」被改為「馬公」，而我現在的居住地「打狗」被改為「高雄」。光復後除了少數幾個鄉鎮，如屏東的「溪洲」、臺中的「內埔」因地名重複被改為「南州」、「后里」之外，大正九年日本殖民政府「改正」過的地名幾乎全數被保留下來。

一般人的印象，國民政府缺乏「本土意識」，將臺灣重要城市的主要道路都以大陸的省分與重要城市命名。這種說法其實似是而非。大正九年日本殖民政府進行政區域改正時，臺灣城市也同樣出現末廣町、崛江町之類的「全日式」地名。所以兩者的差別，僅僅在於意識形態上，在地名的改正的思維與手段是一致的。

就地名而言，臺灣還處在殖民時代

一般來說，地名的「命名權」被國家機器掌控，與強力的中央集權有關。國家為了徹底掌控地方，必然要進行有效的徵稅，而有效的徵稅必然要對戶籍與地籍進行徹底的掌握。掌握戶籍與地籍的特徵之一就是地名的規範與系統化，也就是國家機器對地名的全面干預，之後地名的命名權力必然落入政府手中。一旦掌握地名的命名權利，必然以國家機器的意識形態為規範。日本殖民政府與光復後的國民政府，雖然意識形態有別，但從地名改正的角度而言，兩者的思維與手段並沒有根本性的差別。

臺灣首任巡撫劉銘傳為了增加稅收進行現代化建設而實施清丈田地時，也曾對臺灣的地名第一次進行了系統性地干預。許多古老的庄名被撤銷，甚至重新命

1920 年改制前後的臺北市

北新庄子
中田寮
頂中股
水梘頭
北投子
大屯山
1080,9
七星山
1119,6
竹子湖
七股
內子庄
樹林口
興福寮
三空泉
小坪頂
大嶺峠
貴賓館
草山
紗帽山
頂北投
北投庄
菁礐
坪頂
山子後
士林街
唭哩岸
關渡
成子寮
公館地
雙溪
下東勢
三角埔
永福
和尚洲中洲埔
溪洲底
石牌
洲尾
石角
福德洋
林子口
社子
士林
大直
台灣神社
內湖
北勢湖
下塔悠
上塔悠
圓山
西新庄子
下埤頭
朱厝崙
舊里族
頂東勢
中庄子
上埤頭
中崙
東新庄子
松山
內湖庄
鷺洲庄
三重埔
後竹圍
二重埔
菜寮
十二甲
興雅
大安
五分埔
後山坡
中坡
松山庄
三張犁
六張犁
下內埔
江子翠
新埔
港子嘴
板橋街
板橋
深丘
永和
漳和
秀朗
中和庄
中坑
南勢角
大坪林
萬盛
興福
深坑庄
後埔
番子園
柑林埤
清水坑
沙崙
溪洲
西盛
海山頭
柏子林
中港厝
頂田心子
楓樹腳
新莊
新莊街

町名化後的臺北市

名。但劉銘傳的清丈田地與新政並沒有徹底實施，臺灣便割讓日本了。之後日本殖民政府繼承劉銘傳的土地丈量與行政區域的調整政策。

日本殖民政府於明治三十七年（一九〇四）完成土地調查並繪製完成《臺灣堡圖》。大正九年第一位文官總督田健治郎實施行政區域改正並公告各行政層級的名稱與管轄範圍。經過此次的地名改正，臺灣鄉鎮以上層級的地名樣貌及基本架構一直持續到現在。可以說臺灣現在鄉鎮以上的地名維持了自大正九年行政區域與地名改正的面貌，事實上國民政府在光復後，除更正少數「全日式」及重複的地名之外，幾乎完全繼承了日本殖民政府地名改正的遺產。就地名而言，臺灣還處在殖民時代。

大正九年行政區域的調整是為了統治的需求，之前的二十年殖民政府經過無數次的調整，甚至一年還調整過兩次。之所以如此，當然和軍事鎮壓與統治摸索期有關。大正九年行政區域的調整是在軍事鎮壓結束之後由文官政府主導的。

總結過去的經驗，日本殖民政府找到一條比較合乎現實、有效的行政區域劃分。經過此次調整，直到結束殖民統治的二十五年間，再也沒有進行原則性的調整。顯然這次的調整是成功的。光復後，臺灣由兩直轄市、二十一縣市，逐步走向「六都化」的發展，事實上也是朝大正九年五州二廳的行政區域調整靠攏。

至今伴隨大正九年行政區域調整的地名改正，臺灣學界的探討還不夠全面，很可能是因為現今遺留下來的文獻還不足以說明。以下僅就一百六十餘個被「改正」的地名，歸類分析地名改正的類型，作為進一步探討的基礎。

一九二〇地名改正的規律

三字改為兩字：三個字的地名改為兩字，這在大正九年地名改正上是一條「鋼律」。

北部地區的案例有：水返腳／汐止；三角湧／三峽；八里坌／八里；芝蘭三堡／三芝；金包里／金山；頂雙溪／雙溪；摃仔寮／貢寮；坪林尾／坪林；鶯歌石／鶯歌；和尚洲／鷺洲；五股坑／五股。

中國傳統縣市以上的地名，除了少數民族地區的音譯地名如呼和浩特、烏魯木齊之外，內地城市名稱基本上以兩個字為主。一九四九年中共建政之後，內地的地級市（相當於清代的「府」）的地名出現三個字的例子。如河北石家莊市、河南駐馬店市、安徽馬鞍山市、四川攀枝花市、貴州六盤水市等等，可能是出於尊重傳統地名的考慮，不再依循兩字地名的慣例。

其實中國的上古時代地名並非以兩字為主，大多是單字地名。東周之後兩個

1920年改制前後的新竹市

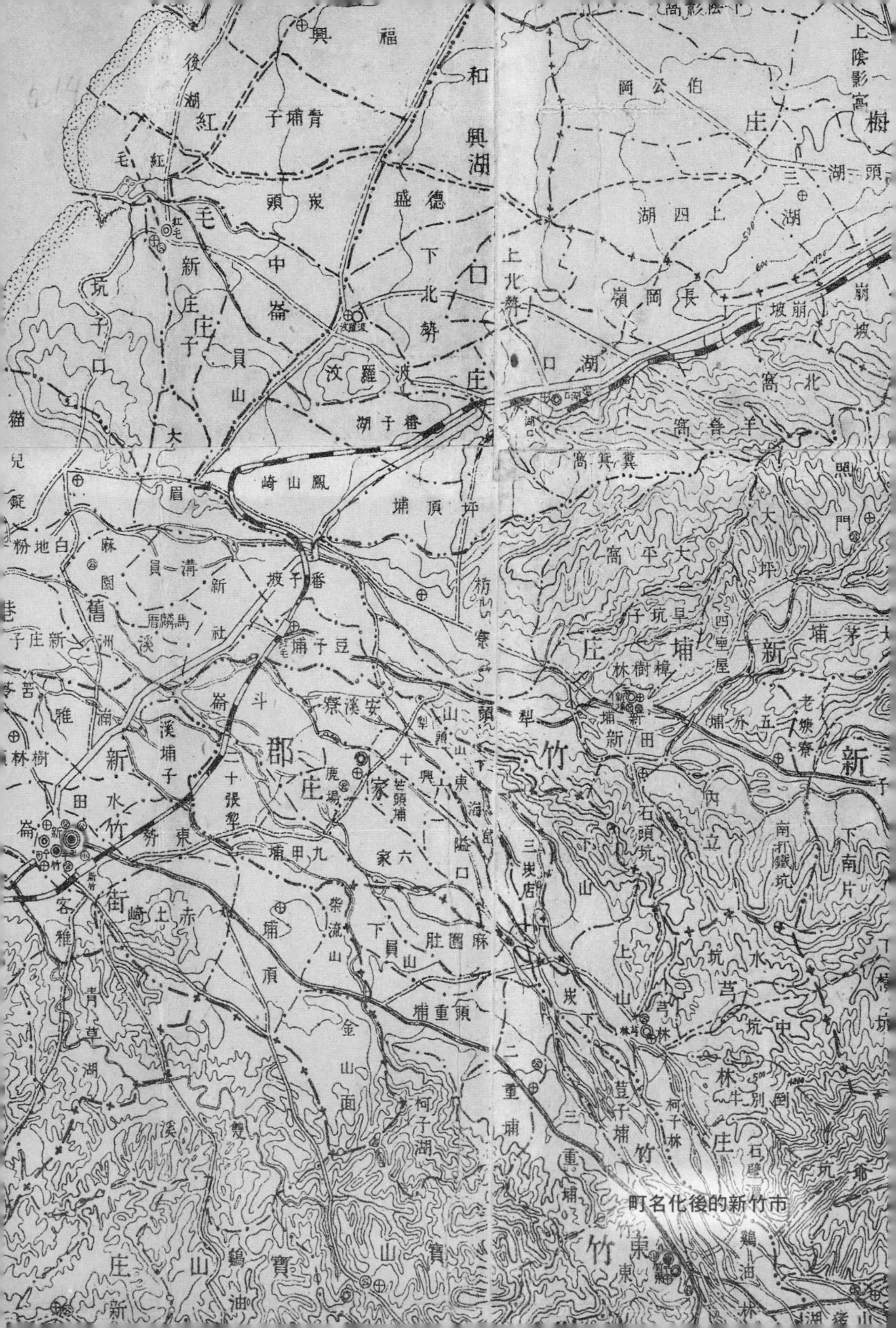

福興
青埔子
和興湖
紅毛
德盛
炭頭
伯公岡
上四湖
三湖
長岡嶺
新庄子
員山
下北勢
上北勢
波羅汶
番子湖
湖口
湖口庄
鳳山崎
坪頂埔
糞箕窩
羊喜窩
北窩
崩坡下
大平窩
白地粉
番子陂
馬麟厝
新社
豆子埔
新庄子
安溪寮
早坑子
樟樹林
新埔庄
四座屋
五分埔
老焿寮
新田
竹北庄
新竹郡
六家
十興
東海
鹿場
溪埔子
二十張犁
九甲埔
東勢
新竹
客雅
赤土崎
麻園肚
下員山
頭重埔
二重埔
三重埔
三崁店
石頭坑
內立
南打鐵坑
下南片
水坑
中坑
芎林
芎林庄
牛欄
石壁潭
柯子林
荳子埔
金山面
柯子湖
寶山
青草湖
雙溪
竹東
竹東庄
鵝油
新庄

町名化後的新竹市

字地名開始大量出現，這應該和漢語文字的統一與單音節化有關。此外兩個字的地名和大一統的中央集權也有密切的關係。

兩千多年來，中國雖然號稱大一統，但中央政府權力所及絕大多數僅及於州縣。州縣之下基本上是鄉紳土豪控制的區域。地名作為國家權力的象徵，自然而然被規範為國家統一語言與文字的範疇內。所以州縣所在的城牆城市，在大一統之後，基本上以兩個字為主。有些原本是單字地名的城市，在設置州縣之後，便加上州、縣等字組合成兩個字的地名。例如原本「蠻夷」所在的「徐」改稱為「徐州」，古代吳國國都改為「吳縣」。至於州縣以下的地名就很少有規範了，例如沙家浜、陸家嘴之類，和臺灣三個字的老地名一樣遍地開花。所以兩個字的地名在古代中國可視為國家權力所及的象徵。那麼日本殖民政府為什麼也遵循中國傳統的地名慣律？

打開日本的地圖，會發現日本縣市層級以上的地名基本上也是以兩個漢字組成的地名為主，名古屋、橫須賀、和歌山只是極少數的例外。由此可見日本和中國一樣，縣市以上地名以兩個字為絕對多數。日本的地名不論大小幾乎完全以漢字組成，很少是以「假名」形式出現的。所以日本地名由兩個漢字組成的命名規律，是否也是依循中國的傳統？有此可能。

日本地名雖然幾乎全數以漢字組成，但很少是以「漢音」發音，基本上是以「訓讀」發音。如橫濱（Yokohama）、大阪（Osaka）。當然也有少數地名，如東京（Tokyo）、京都（Kyoto），是用漢音的。由此可見，日本地名雖然由漢字組成，但發音幾乎都是以超過兩個音節的「訓讀」發音，所以兩個字為主的大地名，除了遵循中國的地名傳統之外，似乎找不著其他的因素可以解釋。大正九年日本殖民政府在地名改正時，街庄以上行政層級的地名一律強制性的改成兩個字，應該是延續日本內地地名的慣例，而此一慣例應該是源於中國。

北部地區原地名從三個字改為兩個字不少，大部分連原意都改了，例如「鶯歌石」去掉「石」改為「鶯歌」，原來是指像鶯哥的巨石，現在成了鸚鵡。「三角湧」原意是兩條溪河匯聚的三角地帶，和客家地區的「三叉河」類似。日本人將「三角湧」改成「三峽」，似乎將「三角湧」理解為「長江三峽」。不過這些改法都還不算太出格，都還說得過去。但是將「三叉河」改成「三叉」，就讓人真不知其所以然了。

統一用字

大正九年地方制度改革地名改正的同時，為了統一地名的文字，臺灣總督

1920年改制前後的臺中市

上橫山
下橫山
大肚山
南勢坑
林厝
西屯庄
水堀頭
下七張犁
知高
山子脚
番社脚
南安厝
學田
勝腩
玉田
社脚
大肚庄
龍目井
新庄子
井子頭
八張犁
四塊厝
馬岡厝
西員寶
東員寶
港尾子
水汴頭
上七張犁
後庄子
上牛埔子
陳平
四張犁
三分埔
上石碑
下石碑
潮洋
馬龍潭
新庄子
三塊厝
永定厝
劉厝
南屯
南屯庄
鎮平
水碓
下牛埔子
惠來厝
何厝
麻園頭
滿子埔
後壠子
田心
土庫
公館
半平厝
麻糍埔
下楓樹脚
九張犁
頂橋子頭
下橋子頭
樹子脚
竹篙厝
涼傘樹
頭前厝
阿密哩
五張犁
臺中市
賴厝廍
二分埔
北屯
番子路
旱溪
臺中郡
大里庄
內新
番子寮
大突寮
詹厝園
草湖
吳厝
柳樹湳
溪心垻
喀哩
烏日庄
同安厝
渡船頭
田中央
阿夷
牛椆子
大竹
大竹庄
番社口
南郭
大埔
白沙坑
花壇
彰化
橋子頭
舊社

町名化後的臺中市

府於大正九年八月發布第四十八號府令，將舊地名的若干個所謂的「俗字」改為所謂的「正字」，如「仔」改為「子」，「簝」則一律改為「寮」。實際上新舊改正字，還不僅僅限於第四十八號府令的範圍，還有不少官方訓令之外的例子，如「蕃」→「番」；「轆」→「鹿」；「埔」→「坡」；「槓」→「貢」等。

清代的地名因為沒有統一地名的文字，常出現一地兩名甚至三名的例子。如艋舺又被寫成莽甲、文甲；唭哩岸寫成奇里岸、淇哩岸。這樣的例子不可勝數。所以地名統一用字當然有其必要性。但是日本人在地名文字的統一上，卻又常常造成新的問題與錯置，其中以「陂」改為「坡」的問題最大。

臺灣老地名中帶「陂」或「埤」字的，閩、客都有，數量相當大。這兩個字在閩客地區都常常混用，沒有說閩南人偏好這個字，而客家人偏好那個字。而且這兩個字在閩客語的意思也都相同，都是指灌溉用的水塘。既然閩客都混用「陂」與「埤」，統一用字當然是有其必要性，但日本人的改法卻造成更大的困擾。

陂心改坡心，埔心也改坡心？

問題在於第四十八號府令規定「陂」改為「坡」，卻保留「埤」字不改。結果所有帶「陂」字的地名全被改為「坡」，地名的原意全變了。依此臺北市大安區的「龍安陂」被改為「龍安坡」；「陂心」變成了「坡心」，而中山區的「上埤頭」、「下埤頭」卻維持不變。顯然日本人並不了解「陂」與「埤」兩字意相同。可見在統一地名用字時主管官員閉門造車，完全沒有徵詢過臺灣本地人。將「陂」字統一改成「坡」，不但是閉門造車，還顯示日本殖民政府官僚的漢字水平相當低下。

第四十八號府令雖然沒有針對帶「埤」字的地名，做「統一用字」的改動，不過也有極少數的例子，帶「埤」字的地名被改為「坡」。如新莊、泰山的交界地帶有個叫「頂埤角」的地名，新莊部分沒改繼續沿用，而泰山部分的「頂埤角」卻被改成「頂坡角」。只隔了一道街庄界線，卻造出了兩個「似是而非」的地名，怪哉！日本人為什麼要這麼改，只是為了有所區別？真讓人想不通。

日本官員似乎對「坡」這個字有特別的偏好，甚至將部分帶「埔」字的地名也被改為「坡」。例如彰化的「埔心」就被改為「坡心」，「埔心」、「陂心」兩個八竿子打不著的地名，結果卻同被改為「坡心」。顯然日本殖民政府地名統一用字的實施結果，造成的混亂比沒統一還要大，或許日本人並不覺得這有什麼問題。光復後彰化的「坡心」改回「埔心」，但是臺北大安區的「坡心」卻紋風不

1920年改制前後的臺南市

後營
胡厝寮
善化
茄拔
北子店
蘇厝
西港
八分
中州
劉厝
塩子內
樹子腳
南海埔
定安
管寮
港子尾
竹子港
大塩寮
海寮
港口
新吉
六塊寮
西着
道爺
三舍
大營
大社
橋頭
新市
社內
公親寮
學甲寮
大洲
新店
番子寮
溪心寮
和順寮
三崁店
北勢
車行
蔦松
鯤鯓潭
永康
王田
海尾寮
安順
洋子
竹子腳
六甲頂
西勢
郡子寮
大灣
三分子
網寮
平安
臺南
後甲
埤子頭
媽祖廟
大子廟
虎尾寮
上鯤鯓
一甲
八甲
鹽埕
下湖
新埔
歸仁北
仁德
竹篙厝
桶盤淺
牛稠子
新田
歸仁南
崙子頂
關廟
下鯤鯓
喜樹
上崙子
五甲
鞍子
十三甲
深坑子
三甲子
灣裡
車路墘
港墘
大甲
剖猪厝
大潭
林子邊
二橋
西港庄
安定庄
善化庄
新化郡
新市庄
安順庄
新化街
永康庄
臺南市
豐歸仁
仁德庄
永寧庄
關廟庄

町名化後的臺南市

動，安和路、和平東路口的公車站牌到現在也還叫「坡心」。

雅化，以訓讀發音相近的漢字取代

地名雅化清代也曾做過。例如臺北士林石角庄（芝山里）有個叫牛稠湖的土名，後來根據閩南語的諧音被改為「玉稠湖」，三角埔庄（今天母）的牛稠坑也依此例改為「玉稠坑」。另外天母的「湳仔」雅化為「湳雅」。這些清代時雅化的地名，到了日本時代也都繼續延用，其中「湳雅」光復後又進一步雅化改為「蘭雅」。

大正九年地名改正時地名雅化的例子，比較有名的是「打狗」改為「高雄」，南投的「湳仔」改為「名間」。至於「艋舺」改為「萬華」算不算是「雅化」呢？這是有爭議的。

首先大正九年地名改正後，「艋舺」由街庄層級被降為大字，並沒有更改地名。後來「町名」化之後，「艋舺」之名消失，不再出現於官文書，而原來的「艋舺停車場」（火車站）則改名為「萬華停車場」。所以作為地名，「艋舺」並非被「萬華」所取代，被取代的只是火車站的名稱。「萬華」真正成為官式地名是在一九八八年之後的事。當時臺北市政府將龍山、雙園兩區合併為萬華區，顯然當時臺北市政府更加尊重日本人的改法。另外水返腳改名汐止也可視為地名雅化的改法。

以日本習用的漢字取代冷僻字

如和尚洲／鷺洲；漳和／中和；瑪鍊／萬里；茄苳／佳冬；網垵／望安。

日本時代「艋舺停車場」改名為「萬華停車場」與其說是地名雅化，還不如說是以日本人慣用的漢字取代較「冷僻」的字眼。直到地方文史學者現在還流傳一種說法，說「萬華」是日本人取自《佛說阿彌陀經》的經文「雨天曼陀羅華」中的「曼」、「華」兩字，因為「曼」與「萬」同音，便將「萬」取代「曼」。這種說法很牽強，出於文學性想像的成分居多。到目前為止，經過大正九年地名改正過的一百六、七十個地名中還沒有類似的例子。我認為「艋舺」改為「萬華」既可歸類為地名的雅化，也可以歸類為以日本人習慣的漢字取代他們認為較冷僻的漢字。

日本官員碰上像「艋舺」之類的「冷僻」漢字一定覺得很麻煩，如果改寫為與日文發音類似且常用的漢字，對日本官員與本地人都方便，不失為「善舉」。這類的改法在大正九年地名改正中算是十分高明的改法，類似的例子還有「打

1920年改制前後的高雄市

高雄
高雄港
前金
苓雅寮
過田子
大港埔
大港
三塊厝
內惟
前峰尾
埤子頭
林子圍
竹子脚
廍後
左營
右冲
援中港
下鹽田
九甲圍
楠梓
土庫
大社
三奶壇
林子邊
後庄子
竹子門
五塊厝
仁武
新庄
八卦寮
灣子內
蛇子形
考潭
大灣
赤山子
菜公
覆鼎金
本館
灣子內
鳥松
夢裡
山子脚
大腳腿
牛潮埔
赤山
鳳山
新庄子
竹子脚
五塊厝
林德官
籬子內
甲五
前鎮
草衙
佛公
小港
二苓
大人宮
店子後
中大厝
過埤子
七老爺
山子頂
翁公園
大寮
拷潭
空地子
前鎮
中洲
紅毛港
鳳鼻頭
大林蒲
中林子
林子邊
港子埔
王公廟
赤崁
頭潭
大坪頂
小坪頂
無水寮
田草埔
坔埔
九曲堂
十九灣
前埔厝
烏材林
姑婆寮
楠梓
左營庄
高雄郡
高雄街
仁武庄
鳥松庄
鳳山街
小港庄
大寮庄
大樹庄
林園庄
鳳山郡
五房洲

町名化後的高雄市

狗」改為「高雄」，南投的「湳仔」改為「名間」。

「萬華」兩字在日文中的漢音和閩南語「艋舺」的發音mang-ka幾乎完全一樣。所以「艋舺」改為「萬華」，對日本人而言既達到賞心悅目的雅化效果，也省下書寫像「艋舺」之類的冷僻漢字的麻煩，一舉兩得。事實上「艋舺」對臺灣以外使用中文的人都算是較冷僻的字眼，日本人更不例外。所以對日本官員而言「艋舺」兩字很礙眼，於是就找了發音相同的「萬華」取代了。

日本官員雖然以「萬華」代替「艋舺」，字眼、意思也全變了，可日文中「萬華」的發音和閩南語「艋舺」的發音相同，本地人不必因為地名改了而改變讀音，官民雙方都方便。反之一九八八年臺北市政府正式將龍山、雙園區合併為萬華區之後問題就來了，在地人如何用閩南語唸「萬華」這兩個字？硬要唸也是可以，但十分拗口，沒人會這麼唸，所以還繼續用「艋舺」的閩南語讀音。一九八八年的改名雖然是延續大正九年地名改正的「復辟」版，但結果是失敗的。

打狗改高雄是日本人的美意？

長久以來，我一直在思考一個問題，同樣是改名，為何「萬華」始終無法被

「艋舺」的在地人接受，而「打狗」改名為「高雄」後，卻立即被在地人接受。我請教過出生於日本時代的長輩，他們都說早在日本時代，他們就已經使用閩南語唸「高雄」，不再使用「打狗」了。

現代人可能很難理解這個問題的癥結所在。首先日本人將「打狗」改為「高雄」，動機當然是為了雅化「打狗」這個「不雅」的地名。於是根據閩南語「打狗」的發音找到了與日文發音相似的日本古國名「高雄」（Takao）作為「打狗」的新地名。日本人以「高雄」取代「打狗」和以「萬華」取代「艋舺」用的是同一種手法，即字面上雖然改了，但發音上保留了在地人原有的讀音。可為什麼「艋舺」的在地人保留了「艋舺」的閩南語發音，而「打狗」的在地人卻幾乎是立即用閩南語念「高雄」這兩個漢字，並接受了這個全新的地名，放棄了「打狗」的傳統念法？難道是「打狗」的住民比較能「善體」日本人的「美意」？還是「高雄」這個地名實在是太「高大上」，令人無法拒絕？

我的看法是，「艋舺」之名之所以被保留下來，當然和歷史傳統與在地人的自我認同有關，更重要的一點是當時並沒一個新地名，可以涵蓋整個「艋舺」的傳統領域。「町名化」之後，原來的大字「艋舺」被分割為末廣、壽、築地、濱、西門、新起、元園、若竹、老松、八甲、入船、龍山寺、有明、新富、崛

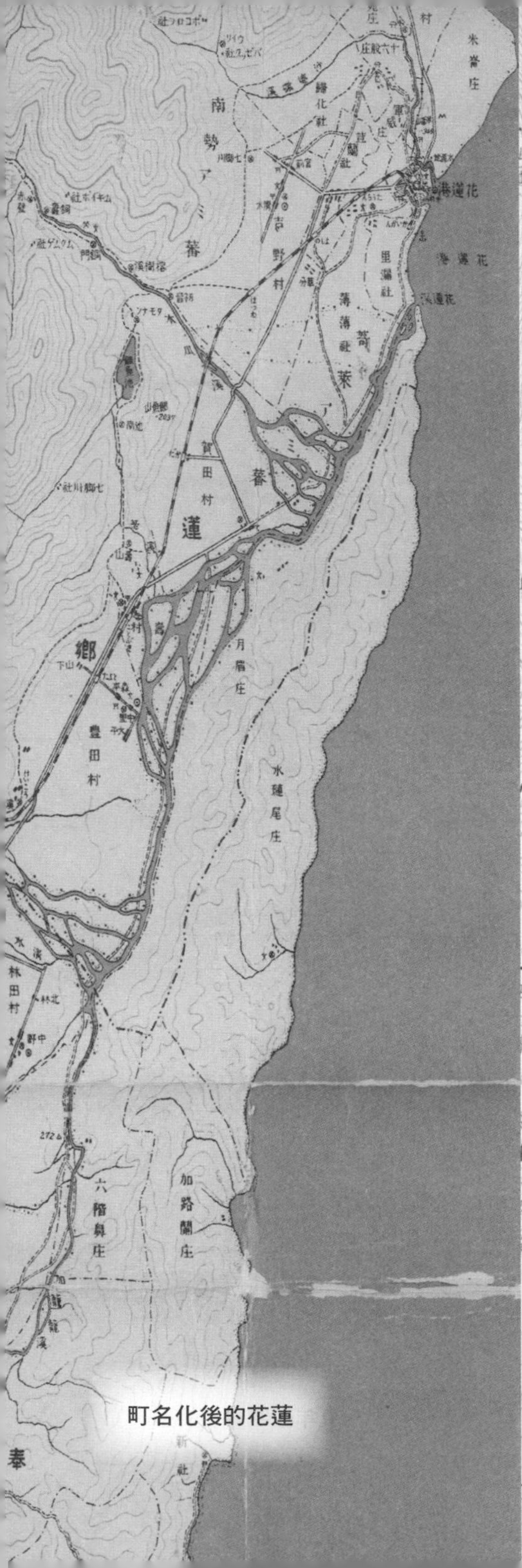

町名化後的花蓮

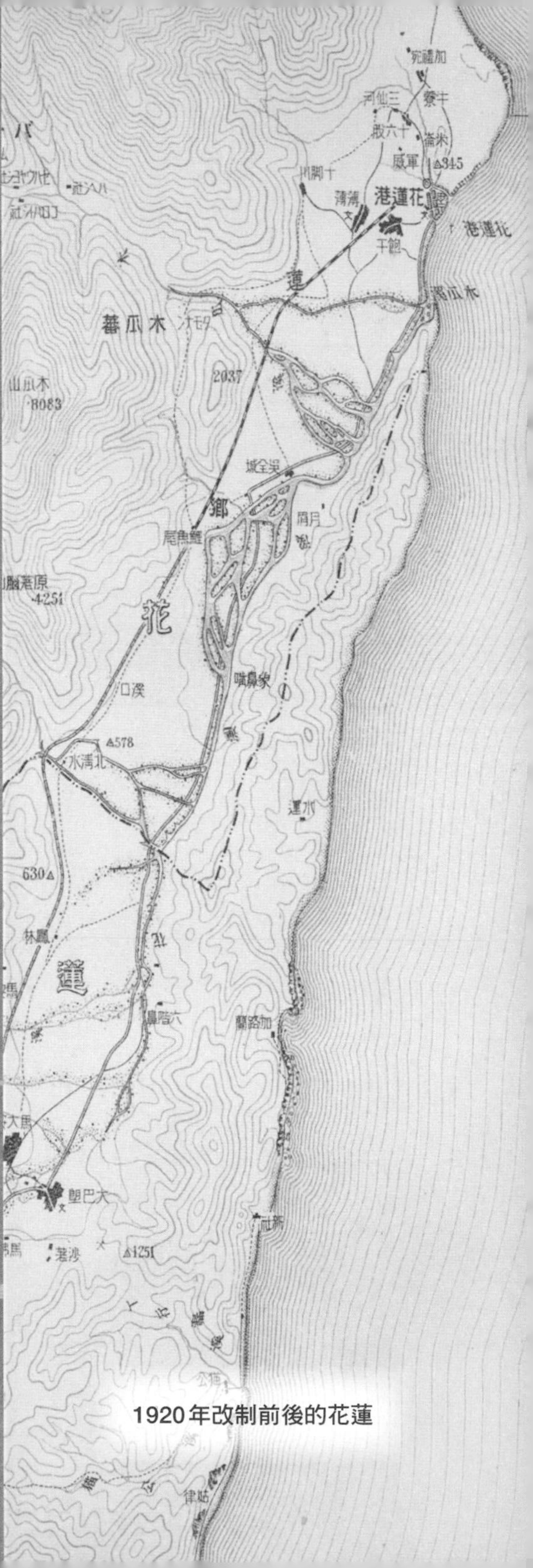

1920年改制前後的花蓮

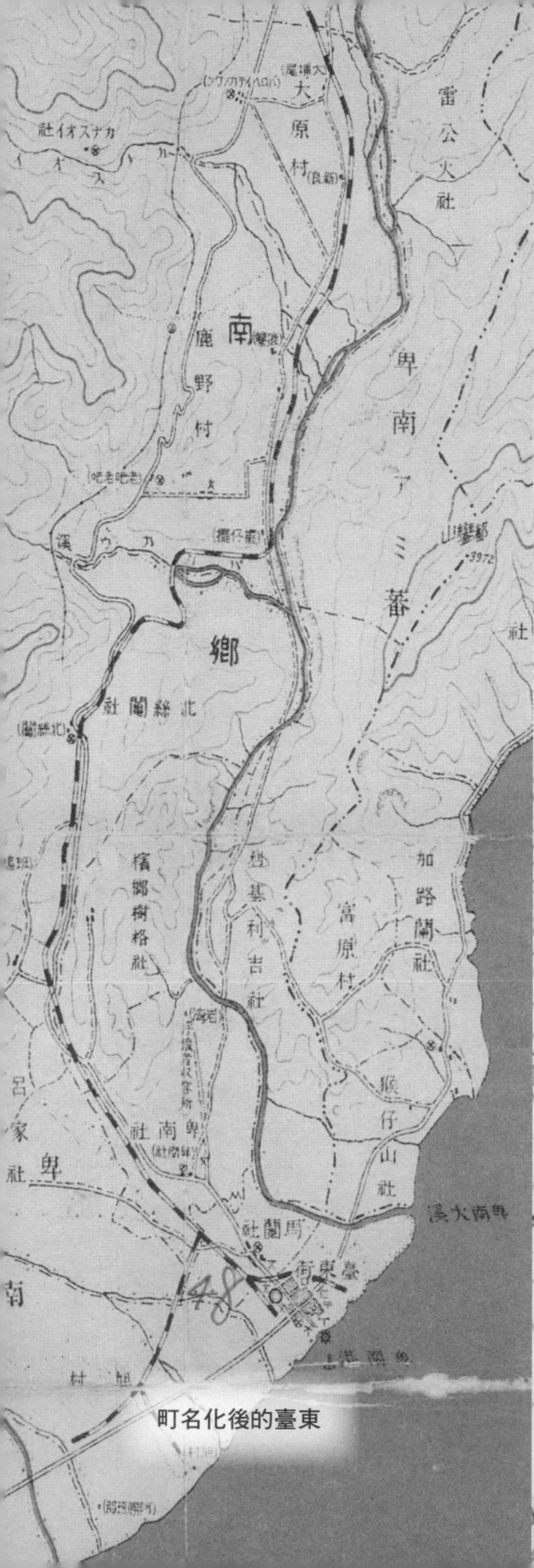

町名化後的臺東

1920年改制前後的臺東

江、綠、柳等十七個町。後來新起町以北被泛稱為「西門町」，居民以日本人為主，新起町以南以臺灣人為主，習慣上還是稱為「艋舺」。日本時代「萬華」取代「艋舺」只出現在火車站的名稱，並非是地名的更替。「萬華」成為官式地名已經是一九八八年之後的事。

值得注意的事，光復後移入臺北的外省住民一直將「艋舺」稱為「萬華」，這可能是受到萬華火車站的影響，所以長久以來形成了一地雙名的現象。為什麼外省住民不跟著在地人稱呼「艋舺」，很可能是用普通話念「艋舺」有些拗口吧。那麼同樣使用閩南語，為什麼「打狗」的在地人卻幾乎是在改名後立即接受了「高雄」這個新地名，而且沒有隨著日本人將它唸成Takao（打狗），反而用閩南語念「高雄」這兩個日式漢字地名？

高雄人為何對「打狗」缺乏認同感

這個問題我想了很久，最後我的結論是，「打狗」在日本時代之前，從來都不是正規的官式地名，而且民間所說的「打狗」並沒有明確的範圍。所以高雄的在地人對「打狗」這個範圍不明確的地名沒有太多的「認同感」，所以一旦「打狗」被「高雄」所取代，立即被在地人接受。

早期「打狗」是指高雄壽山（打狗山或打鼓山）下的馬卡道族人聚落「打狗社」。後來「打狗社」移居到被稱為「打狗林」的內門丘陵地帶。清代的官方記載，「打狗」的地名是興隆里之下的土名「打鼓山」，「打鼓山」應該是「打狗」的雅化地名，但民間仍將壽山下「打狗社」的故地稱之為「打狗」。

一八六〇年代臺灣開港後，打狗港作為安平的副港，因而進駐了英國領事館和海關辦事處。當時英國人繪製的打狗港地圖，將現今哨船頭和對岸的旗後都稱之為**Ta-Kao**，但這應該只是管理打狗港海關英國人說法，並非清代官方的劃分。

「打狗」是直到日本占領臺灣之後才成為正式地名的，時間是明治二十九年（一八九六）。當年日本人在鳳山縣下設「打狗辦務署」，十二廳時代改為「打狗支廳」。「打狗支廳」的轄區相當大，幾乎涵蓋了高雄縣市合併前的高雄市區全域。日治初期現在的高雄市區不過是鳳山縣城（今高雄鳳山區）東郊的幾個零星小聚落，日本人為何將打狗提升到如此高的行政層級？顯然是因為日本人看中了打狗港，準備將它改造為臺灣的南方大港，並在港邊的「打狗」建立一座全新的城市，也就是後來的高雄市。當時的「打狗」聚落應該比附近的苓仔寮還小很多，是一個非常不起眼的小聚落。

由此可見，因為打狗港的建設與服務打狗港的需求，日本人在「打狗」也就是現在鼓山區的「哈瑪星」填海造陸，打造一個全新的城市，一下子提升了「打狗」的行政層級，從而提高了「打狗」的知名度。日本殖民臺灣之前，「打狗」知名度與認同感當然不能和「艋舺」這個有兩、三百年繁華的港市相提並論。可能是在地人對「打狗」沒有太大的認同感，所以「高雄」這個亮麗的新地名一旦出現，很快就被在地人接納，並拋開了「打狗」的記憶。

改為純日本地名

錫口／松山；葫蘆墩／豐原：打狗／高雄；鹹菜甕／關西。

大正九年的地名改正除了經過市街改正（都市計畫）的區域出現純日式的町名外，一般的街庄很少被改為純日式的地名，即使有，也是像「打狗」改「高雄」一樣，讀音要遷就原地名。類似的例子還有臺中的「葫蘆墩」改「豐原」；新竹的「鹹菜甕」改「關西」。唯獨錫口街被改為「松山」完全沒有考慮到原地名的讀音。我查遍臺北市的有關文獻，也無法找到當初日本人是基於什麼理由將「錫口」改為「松山」。很可能是當地的日本官員「膽大妄為」之舉，因為總督府並不鼓勵這種改法。

日本人將「葫蘆墩」改名為「豐原」，有所謂出自日本古文書「豐葦原之瑞穗國」的典故。但是從「豐原」的日文發音為Toyohara，便可發現豐原的「原」（Hara）與葫蘆墩的「葫蘆」發音接近，所以才將「葫蘆墩」改名為「豐原」，改名的思維路線和「打狗」改名為「高雄」是類似的。所謂古文書的典故不過是附會、託辭。至於「鹹菜甕」改名為「關西」，連典故也不必編了，取的就是發音類似罷了。那麼「錫口」改名「松山」，發音與典故完全談不上，又是基於什麼理由？「松山」官方規定的發音是Matsyama，說明「松山」毫無疑問是純粹的日本式地名，和中國地名毫無關係。當然日本「松山」很可能是從中國「山寨」來的，日本類似的例子並不少見。

事實上，大正九年的地名改正時，臺灣總督府的態度是不鼓勵將原地名改為不相干的日式地名，尤其是市街改正後實施町名化的地區，總督府都一再提醒要注意地名的在地化。但是即使如此，還是出現將「錫口」這個幾百年的古地名改名為「松山」的「怪案」，它是「怪案」，是因為除了以日本移民為主體的移民村與町名化的市街改正區之外，傳統街庄地區出現純日式地名是極為罕見的例子。

大正九年的地名改正除了上述的改名類別，還出現原地名漢字未改發音改為訓讀（田尾、横山）、以古地名取代土名（灣裡／善化）與日本移民村等幾個類別。不過這些類別在北部地區幾乎沒有現成的例子，留待未來做分析。

【1920年地名變更】

宜蘭

民壯圍／壯圍

叭哩沙／三星

冬瓜山／冬山

臺北、新北

艋舺／萬華

水返腳／汐止

錫口／松山

八里坌／八里

芝蘭三堡／三芝

金包里／金山

頂雙溪／雙溪

摃仔寮／貢寮

坪林尾／坪林

擺接／板橋

漳和／中和

鶯歌石／鶯歌

三角湧／三峽

和尚洲／鷺洲（蘆洲）

五股坑／五股

桃園

安平鎮／平鎮

楊梅壢／楊梅

石觀音／觀音

蘆竹厝／蘆竹

大坵園／大園

桃澗堡／龜山

八塊厝／八塊

大嵙崁／大溪

龍潭陂／龍潭

新竹

紅毛港／紅毛（新豐）

大湖口／湖口

鹹菜硼／關西

六張犁／六家

樹杞林／竹東

九芎林／芎林

横山／横山

月眉／峨眉

草山／寶山

苗栗

三角店／竹南

後壠／後龍

崁頭屋／頭屋

銅鑼灣／銅鑼

三叉河／三叉（三義）

罩蘭／卓蘭

臺中

大里杙／大里

太平／大平（太平）

三十張犁／北屯

阿罩霧／霧峰

西大墩／西屯

犁頭店／南屯

葫蘆墩／豐原

神崗／神岡

埧雅／大雅

潭仔墘／潭子

東勢角／東勢

石崗仔／石岡

牛罵頭／清水

梧棲港／梧棲

沙轆／沙鹿

茄投／龍井（龍目井）

彰化

南門口／南郭

大竹圍／大竹

和美線／和美

下見口／線西

茄苳腳／花壇

大庄／大村

大埔心／坡心

關帝廳／永靖

田中央／田中

二八水／二水

田尾／田尾

番挖／沙山（芳苑）

大城厝／大城

蘆竹塘／竹塘

南投

草鞋墩／草屯

湳仔／名間

埔裡社／埔里

林圯埔／竹山

羗仔寮／鹿谷

雲林

痳古坑／古坑

他里霧／斗南

大埤頭／大埤

莿桐巷／莿桐

五間厝／虎尾

嘉義
打貓／民雄
新港／新港
雙溪口／溪口
大莆林／大林
梅仔坑／小梅
竹頭崎／竹崎
番仔路／番路
六腳佃／六腳
水燦林／水林
樸仔腳／朴子
布袋嘴／布袋
鹿仔草／鹿草
義竹圍／義竹

臺南
塗庫／仁德
關帝廟／關廟
內新豐里／龍崎
埔姜頭／永康
安順寮／安順
大目降／新化
直加弄／安定
灣裡／善化
山仔頂／山上
噍吧哖／玉井
茄拔／楠西
南庄／南化
蔴豆／麻豆
官佃／官田
內庄／大內
蕭壠／佳里
西港仔／西港
七股寮／七股
北門嶼／北門
鹽水港／鹽水
查畝營／柳營
後壁寮／後壁
店仔口／白河
水堀頭／水上

高雄
打狗／高雄
楠梓坑／楠梓
阿嗹／阿蓮
阿公店／岡山
半路竹／路竹
彌陀港／彌陀
港仔墘／小港
大樹腳／大樹
蔦松腳／鳥松
蕃薯寮／旗山
瀰濃／美濃
山杉林／杉林
楠梓仙／甲仙
羅漢內門／內門

屏東
阿緱／屏東
高樹下／高樹
六龜里／六龜
阿里港／里港
九塊厝／九塊（九如）
頓物／竹田
新埤頭／新埤
林仔邊／林邊
茄苳腳／佳冬
蚊蟀／滿州

澎湖
媽宮／馬公
網垵／望安

臺東
南鄉／卑南
南鄉／鹿野
新鄉／里壠、關山
新鄉／新開園、池上
廣鄉／成廣澳、新港
成功廣鄉／都歷、長濱
廣鄉／都鑾（都蘭）
廣鄉／加走灣
南鄉／太麻里
南鄉／大武

花蓮
奉鄉／玉里
蓮鄉／吉野（吉安）
蓮鄉／平野、花蓮港
蓮鄉／壽（壽豐）
奉鄉／鳳林
奉鄉／新社、研海
奉鄉／瑞穗
新鄉／大庄

【光復後花蓮日式地名的變遷】

奉鄉→鳳林→鳳林
平林→林榮
林田・北林→北林
林田・南岡→大榮
林田・中野→大榮
山崎→山興（六階鼻）
森坂→森榮

璞石閣→玉里→玉里
落合→樂合（下僗灣）
松浦→松浦（猛仔蘭）
春日→春日（織羅）
三笠→三民（迪加）
末廣→大禹（針朗）
長良→長良（舊庄）

哆囉滿→研海→新城
加禮→嘉里（加禮宛）

七腳川→吉野→吉安（知卡宣）
草分→永興（知卡宣）
宮前→慶豐（知卡宣）
清水→福興（知卡宣）
北園→太昌（知卡宣）
南園→南華（知卡宣）
津舟→化仁（里漏社）
南浦→仁和（薄薄社）
田浦→宜昌（荳蘭社）

里鬧→壽→壽豐
賀田→志學
豐田・大平→豐坪
豐田・山下→豐山
豐田・中里→豐裡
豐田・森本→豐裡

太巴塱→富田→東富（阿得莫）
（加里洞）
→西富（馬佛）
→南富（砂荖）
→北富（卡基大安）
馬太鞍→大和→大平
→大華（洛福洛夫）
→大全（Laso'ay）
→大安（Nalacolan）
→大馬（Cicopoya）
→大同
→大進

貓公→豐濱→豐濱（貓公）
靜浦→靜浦（納納）
磯崎→磯崎（加路蘭）

水尾→瑞穗→瑞穗（Kuko）
舞鶴→舞鶴（馬於文）
鶴岡→鶴岡（烏鴉立）
奇美→奇美（奇密）
公埔→富里→富里
大里→東里（Basai）

馬里勿→森坂→萬榮
見晴→見晴（Kbayan）
紅葉→紅葉（Ihunang）

姑律→戶敷→姑律

尾尾→友名→主和

竹窩宛→佐倉→國慶

虎頭山

町；丁目；番地，內地化的起點

Youtube上有支影片教人如何在日本城市市區找路（地址），最後的結論是日本城市中「丁目」、「番」與「號」的列次序沒有任何規律可以依循，「最好的方法還是要靠死記」，這不等於沒教？真瞎。

這個影片有點搞笑的性質，但我們之所以想瞭解日本現在的街區識別方式，並不是為了搞笑，也不是嘲弄日本如此「瞎」的街區識別體系，而是想藉此弄清楚大正九年（一九二〇）前後，臺灣殖民政府所推動最後一次行政區域改正後，臺灣城市的地名識別系統。因為大正九年後臺灣城市的地名識別系統和現代日本通行的幾乎是完全一致。

去過日本的人大概都有過這樣的經驗，如果沒有熟人帶路，僅僅是拿著地址去拜訪友人或某機構並不是一件容易的事。之所以如此，主要是日本所採用的地名識別系統是一種十分獨特的「町」與「丁目」街區識別系統，和現在臺灣乃至西方世界所通用的，以街道巷弄為區劃的識別體系有很大的區別。光復之前，臺灣曾有十幾個城市實施過「町」與「丁目」的地名識別系統，這在臺灣的地名史上是十分特別的一段，所以有必要對所謂「町」與「丁目」的地名識別系統進行了解。

丁目的數字不代表順序

以「住友不動產」商社為例，它的地址是東京都中央區築地町七丁目十七番○○號，一般會搭乘地鐵在築地驛下車然後步行到目的地。築地驛的出口一邊是二丁目，另一邊是三丁目，要到七丁目自然往三丁目這個方向。到了三丁目會發現四丁目在三丁目的南面，那麼要到七丁目，以一般的思維邏輯自然是沿著四丁目、五丁目一直找下去。

但如果依照這個慣性思維找下去，到了五丁目會碰上著名的築地魚市場，可過了築地魚市場再往南就是隅田川過不去了。那麼六丁目、七丁目在哪？在築地魚市場的北邊。最後繞了一大圈終於找到七丁目時，會發覺七丁目其實就在三丁目的旁邊，中間只隔著一個小小的築地川公園。找到了七丁目事情還沒完，十七番在哪兒？

一般而言，日本城市市區的「丁目」通常是由較大街道所環繞的街區，而

「番」則是街道邊較小的巷弄所環繞的block。簡單的說，「丁目」是「町」內由街道四面環繞的較大block，而「番」是「丁目」內由巷弄環繞的小block，「號」則是「番」內的個別住家或機構。「號」、「番」的排列次序和「丁目」一樣，一般是繞著圈圈轉，至於是順時鐘轉？還是逆時鐘轉？是由南而北？還是由東而西？都沒個準！還好十七番不大，一眼就能看到住有不動產的招牌，如果碰上大一點的「番」，繼續再找「號」，那準又是一番折騰。

這就是日本現在城市地名識別系統的現況。根據這個樣貌，我們可以據此想像大正九年前後至光復前，臺灣十二個城市街區的地名識別系統狀況。

目前臺灣學界對於那個時代臺灣地名識別系統的探討，焦點似乎都放在日式町名「改正」上。劉澤民撰述的〈臺灣市街町名改正之探討——以臺灣總督府檔案相關資料為範圍〉一文是其中的代表作。該文主要的內容主要是探討町名改正的時間、過程與町名命名的依據。

日式町名取代之前的清代街庄名，是臺灣地名史上第一次由政府主導的全面變革，自然意義重大，值得深入探討，但我認為此次地名變革更重要的議題是臺灣有史以來第一次出現了系統化的地名識別系統，而此地名識別系統又是如此之特別，所以剖析這套地名識別系統的組合因素與理解制定這套地名識別系統的思維邏

町名化後的台北市區

台北駅
北門町
市役所
中央研究所
台北医院
赤十字医院
総督府
総督官邸
観測所
軍司令部
建功神社
商品陳列館
植物園
台北刑務所
下奎府町
上奎府町
御成町
建成町
大正町
樺山町
明石町
旭町
表町
京町
栄町
西門町
新起町
若竹町
寿町
築地町
泉町
元園町
新富町
書院町
文武町
南門町
龍口町
佐久間町
錦町
堀江町

輯，顯然比僅僅町名的命名依據及其意思更為重要。

相對於鄉村地區，城市出現了「町」與「丁目」兩個漢人社會完全不熟悉的行政層級，這在臺灣地名史上是十分特別的一段，本文希望先將「町」與「丁目」在地名系統上的地位與作用梳理清楚，再進一部探討制定這套地名識別系統的思維邏輯。

地名識別系統的日本化

以位於重慶南路上東方出版社的前身「新高堂書店」為例，昭和七年（一九三二）其法定地址為臺北州臺北市榮町一丁目二十番地，而與其合作的印刷廠商是位於東京的小林印刷所，其地址為東京市麴町區隼町二十一番地，兩者在地名識別系統上的差別，只在於東京的地名識別系統在「市」與「町」之間多了一個「區」的層級。事實上，在日本統治的後期，臺北、基隆等市也增加了「區」的行政層級。新高堂書店所在的榮町與大和町、本町、京町等幾個町合起來組成了「城內區」，光復後「城內區」改名為「城中區」。所以大正九年行政區域改制之後，臺灣的地名識別體系基本上已經完成了「內地化」。那麼改制之前「新高堂書店」的地址為何？

町名化後的新竹市區

屠畜場
法院
州廳グラウンド
旭町官舍
知事官邸
新竹州廳
出張所
市役所
市場
新竹郡役所
北門
西門
東門外
南門
外
圖書館
新竹小學校
武德殿
市尹官舍
物產記念館
新竹公會堂
郵便局
新竹公學校
女子公學校
新竹驛
鐵道部宿舍
枕頭山脚

從「新高堂書店」於大正三年（一九一四）發行的一幅臺北市街圖上，可以發現其登記的地址是臺北廳臺北石坊街一丁目十一番地，印刷廠商是森太郎，地址是東京市日本橋區濱町二丁目十一番地。兩者顯然有明顯的差距。

「新高堂書店」於大正三年臺北市街圖上登記的地址並不完整，也非法定的正式地址。按照當時的行政區劃，「新高堂書店」法定的地址應該是臺北廳大加蚋堡臺北城內，然後才是石坊街一丁目十一番地。值得注意的是，在大正九年行政區劃改正之前，在清代地名「石坊街」之下殖民政府已經加上了「丁目」與「番地」兩個層級。事實上可能在日本剛以武力占領臺灣的時候，臺北的城內、大稻埕與艋舺地區就已經開始使用「丁目」與「番地」兩個層級。

例如明治三〇年（一八九七）出版的臺北市街圖，城內的府前街（重慶南路）、府後街（公園路）、北門街（博愛路）、西門街（衡陽路）以及艋舺的新起街、北皮寮以及大稻埕的建昌街、北門外街都出現「丁目」的劃分。不過此時「丁目」的用法和大正九年行政區劃改正之後概念完全不同。更奇怪的是這幅地圖上只有新起街被標示為「新起町」，是日本的繪圖者標示錯了嗎？還是「町」在日文中也有街道的意思？這個問題後面會有所解釋。在此先談地名改正前後「丁目」用法的差別。

町名化後的臺中市區

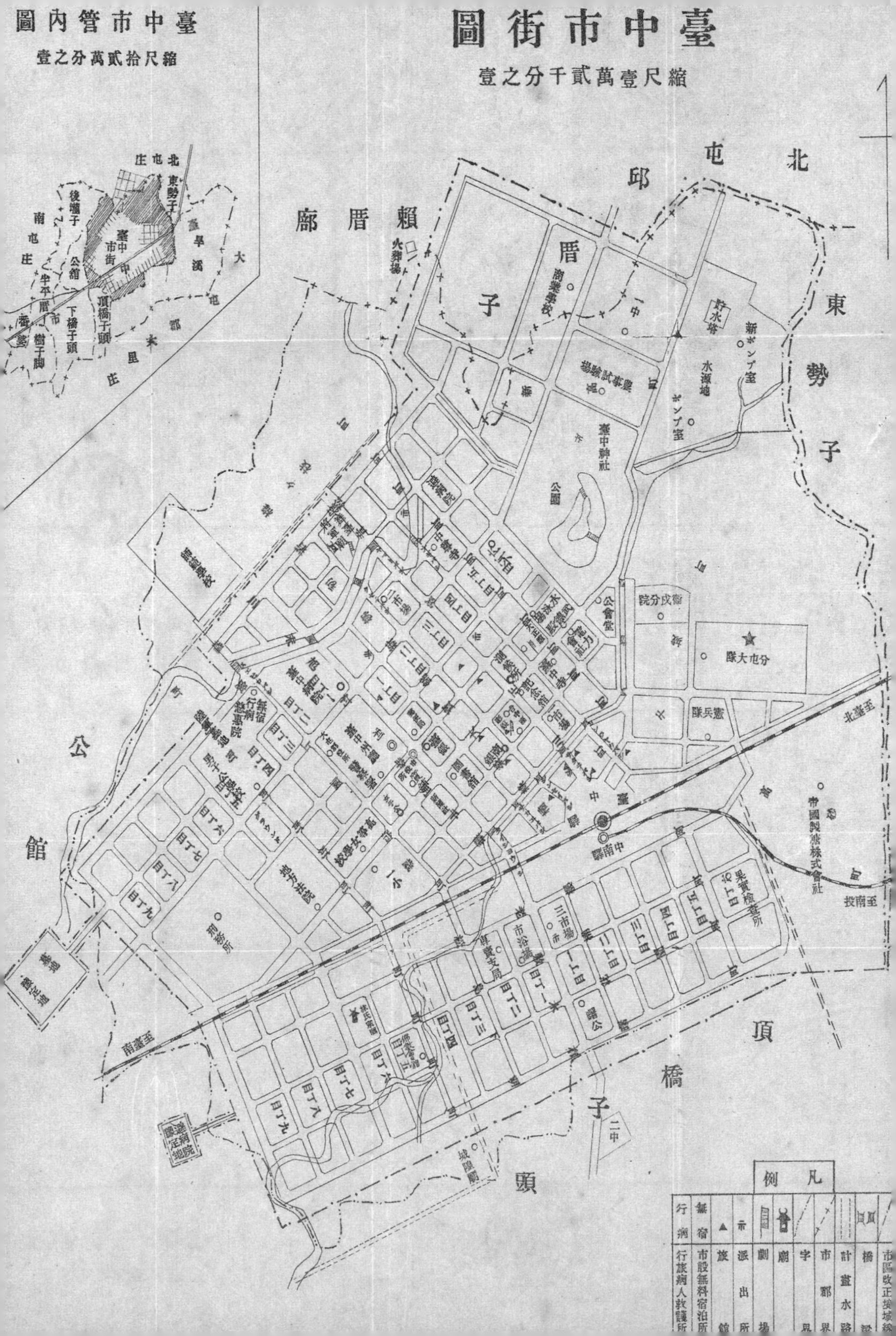
臺中市街圖
縮尺壹萬貳千分之壹
臺中市管內圖
縮尺貳拾萬分之壹
北屯
邱厝子
賴厝廍
東勢子
公館
頂橋子頭
火葬場
商業學校
一中
貯水塔
新ポンプ室
水源地
ポンプ室
農事試驗場
臺中神社
公園
衛戍分院
公會堂
分屯大隊
憲兵隊
至臺北
至南投
至臺南
帝國製糖株式會社
臺中驛
中南驛
果實檢查所
市場
市浴場
專賣支局
高等女學校
刑務所
避病院
二中
凡例
市區改正境域線
橋梁
計畫水路
市郡界
字界
廟
劇場
派出所
旅館
市設無料宿泊所
行旅病人救護所

里等於町，丁目相當於鄰

町名改正之前，「丁目」像是一條街道的分段，某某街一丁目、二丁目相當於現在某某街一段、二段，而改正後的「丁目」則是「町」之下小區塊，這是路線的「分段」與區塊的「分片」。有人說「町」相當於現在的「里」，「丁目」相當於「鄰」，這似乎也可以說得通。如果要更清楚的定義兩者的差別，應該是町名改正之前，城市的地名識別系統採用的是「街道」識別系統，地名改正之後則是「街區」識別系統，兩者是「線」與「面」的差別。為什麼同是日式的「丁目」，地名改正前與改正後定義竟然全然不同？在釐清這個問題之前我們先得將「町」與「丁目」的原始字義弄清楚。

劉澤民在〈臺灣市街町名改正之探討——以臺灣總督府檔案相關資料為範圍〉一文中，以「禮記註疏」為例，指出「町」在中國古籍中似乎有土地面積的意思。另外「町」也可以作為地名，例如「南史」中有「苦竹町」的記載。不過「町」的這些用法在中國老早就不復存在，近代中國幾乎沒有出現「町」的例子。劉澤民又指出「町」字在日本有五種用法：

1. 公共團體，明治二一年（一八八八）公布「町村制」主要負責行政與警

町名化後的臺南市區

中學校
小北門
寶公學校
公園
勸業銀行
臺南病院
新聞社
郵便局
司令部
西市場
兒玉壽像
末廣町
博物館
市役所
警察署
臺南州廳
開山神社
南門小學校
刑務所
第一高等女學校
大南門
第一公學校
師範學校
第二高等女學校

察事務之執行。

2. 比「市」低一級的行政區劃。
3. 指市街區而言。
4. 面積單位（一町相當於九九・二公畝）。
5. 長度單位（一町相當於一〇九米）。

在我看來一、二似乎是同一個意思。為此我又查了查日文辭典，發現除了劉澤民所提的五種用法之外，日文辭典還列舉了「町」的另一種更古老的用法，即「地界、田間小路之意」。這個用法和某些中文詞典對「町」字的解釋是相同的，由此可見日文在借用「町」這個字時，首先就是借用了古漢語「町」字「地界、田間小路」之意。至於日文「町」字其他的用法，應該都是後來引申出來的，包括衍伸為街道之意。由此可見明治三〇年（一八九七）出版的臺北市街圖上，新起街被標示為「新起町」並非完全是誤寫。

町的發音從何而來

另外我還發現一個有趣現象，中文的字典一般來說都將「町」的音標標示為「ㄊㄧㄥˇ」，但是現在一般都唸作「ㄉㄧㄥ」，連閩南語也這麼念，那麼是不是從日文

町名化後的高雄市區

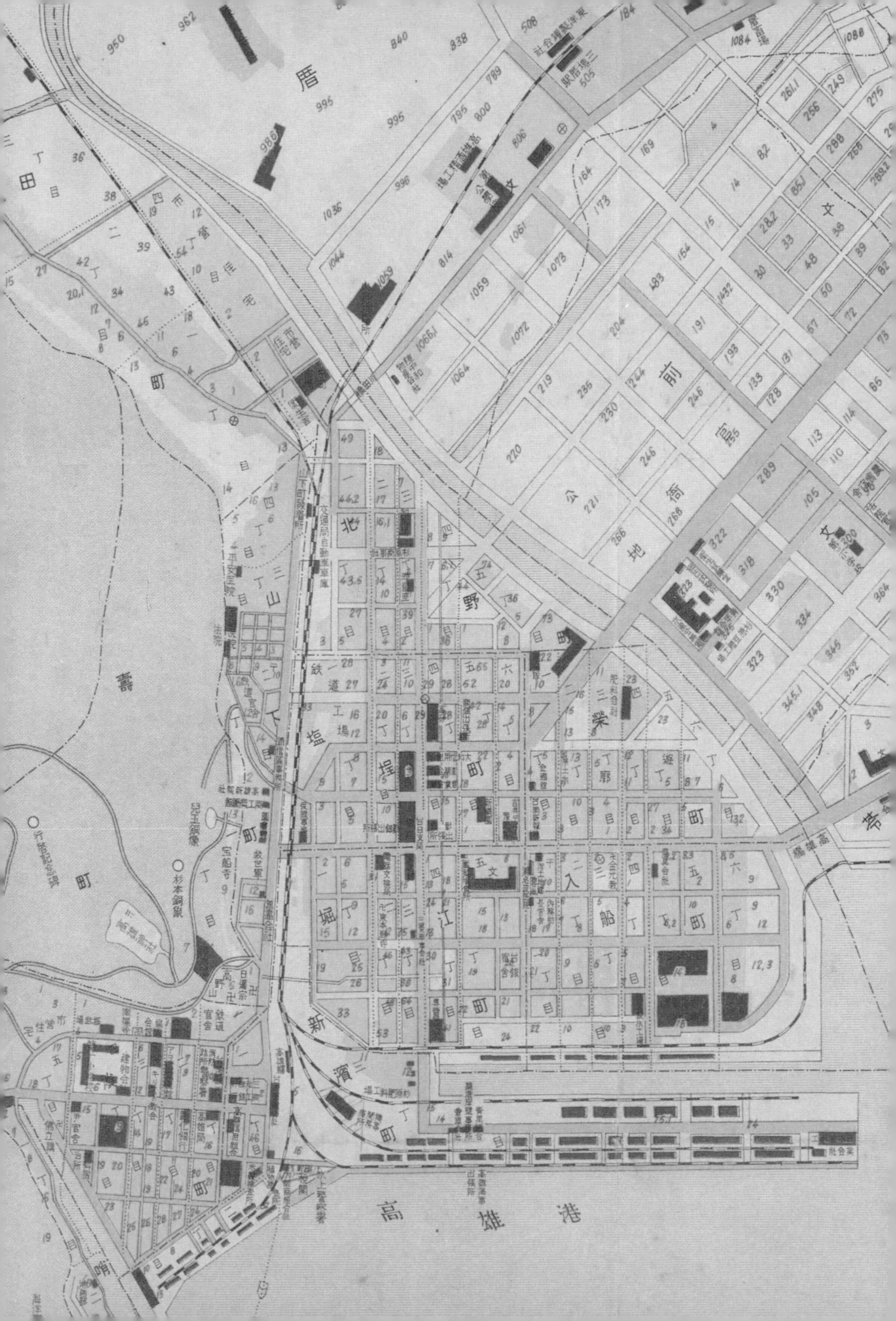

高雄港
高雄橋
行啓記念碑
杉本銅像
兒玉銅像
壽
町
交通局自動車車庫
法院
宝船寺
救世軍
鐵道官舍
塩埕町
新濱
入船
堀江
北野

發音學來的？

日文「町」的漢音念作te-i，與國語、閩南語的「ㄉㄧㄥ」差距相當大，而且日本人在說「某某町」時，「町」並不是用漢音念作te-i，而是採用訓讀唸作chiu，所以不論國語還是閩南語的「町」都不可能是從日文發音學來的。那麼既然都唸作「ㄉㄧㄥ」，到底是閩南語影響了國語？還是國語影響了閩南語？

我認為漢語「町」的現代發音，應該是閩南語影響了國語。因為出生於日本時代老一輩的臺灣人，不論是臺北的西門町，還是臺南的西門町、新町，他們都將「町」唸作「ㄉㄧㄥ」。由此可見這是源於日本時代閩南語的唸法，並非光復後受到「國語」的影響。那麼閩南語為什麼將「町」唸作「ㄉㄧㄥ」？是根據「町」字的上古音？還是有邊讀邊，跟著「丁」唸呢？目前我還沒有找到具體的答案。談完了「町」字發音的問題，我們再從日本的古地圖中找出「町」在地名學上的原意與演變。

日本早年的町等同於中國的街

慶應四年（一八六八）出版的《開港神戶之圖》，圖中貫穿神戶市區的一條東西向大街，由東而西分別被標示為大手町、濱町、礼場町、松屋町、中町、西

町名化後的基隆市區

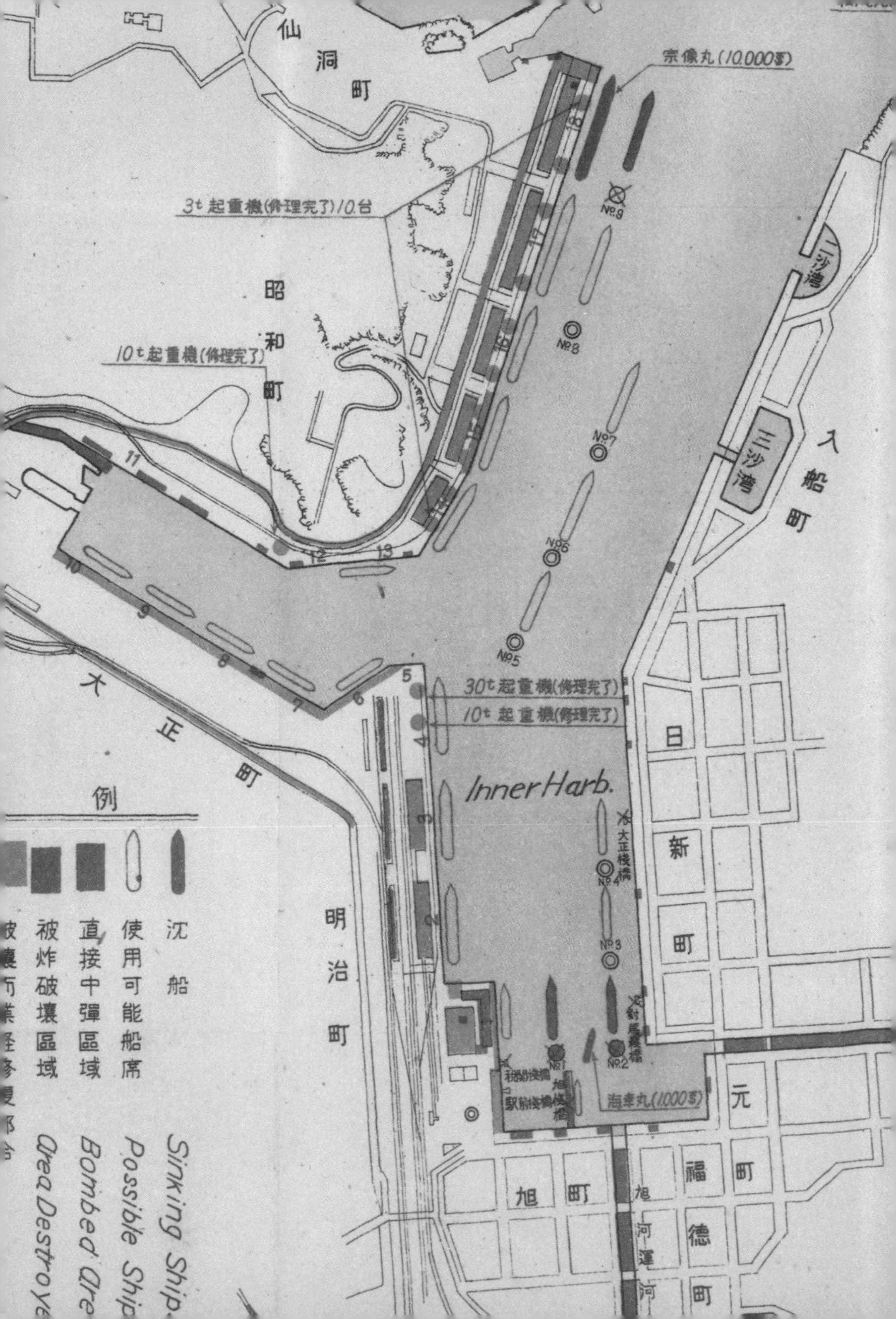

仙洞町
宗像丸(10,000噸)
3t 起重機(修理完了)10台
No.9
昭和町
No.8
10t 起重機(修理完了)
No.7
三沙灣
入船町
No.6
No.5
11
12
13
10
9
8
7
6
5
4
3
2
30t 起重機(修理完了)
10t 起重機(修理完了)
大正町
日新町
Inner Harb.
大正棧橋
No.4
No.3
No.2
No.1
蚵尾棧橋
相助棧橋
旭棧橋
駅前棧橋
海幸丸(1,000噸)
明治町
元町
福德町
旭町
旭河運河
例
沈船
使用可能船席
直接中彈區域
被炸破壞區域
Sinking Ship.
Possible Ship
Bombed Are
Area Destroye

1935年版《大臺北鳥瞰圖》
此圖標示了臺北市的町名。

新莊郡
柳町
入船町
元園町
濱町
有明町
綠町
龍山寺町
新富町
老松町
若竹町
八甲町
堀江町
乃木町
海山郡

町、城下町、東本町、西本町、八幡町、市場町。這些町名都被標示在同一條街道內，此外城區沒有以町為名的街區，由此可見這個時期日本的「町」和現在用法不同，反而和早期中國城市中街、胡同的用法是一致的。而且當時中國城市一條路上也常常出現不同的街名與胡同名稱，和一八六〇年代的神戶是一樣的。至於「丁目」早期的用法，可以從嘉永三年（一八五〇）《增補改正麴町永田町外櫻田繪圖》中找到答案。

《增補改正麴町永田町外櫻田繪圖》的西側，連接半藏御門與四之谷御門是一條不短的街道，但外櫻田這條街道不像貫穿神戶的東西向大街分為十一個「町」，反而只有「麴町」一個名稱。因為太長了，所以由北而南分為十一個「丁目」。由此可見「丁目」在當時的用法是一條大街的分段，像是忠孝東路四段的「段」。如果對比現在的地圖更可清楚「町」、「丁目」古今的差別。

嘉永三年（一八五〇）時的麴町現在改名為「新宿通」，而皇居西面半藏門與四之谷門（現改為日鐵中央線的四之谷驛）之間的新宿通南北兩側仍叫麴町，但已由十一個丁目改為六個丁目。很明顯的，原來的町是街道、線的概念，丁目則是町的分段。現在麴町是東京都千代田區之下的行政區劃，相當於臺灣的「里」（町通常比里的面積要大一些），「丁目」相當於「鄰」，是片的概念。日本本土「町」與「丁目」由街道向街區概念過渡，最主要關鍵點是明治二十一年（一八八八）公布的「町村制」法令。此法公布後，町與村行政級別相同，兩者的差別在於經過都市計畫的區域才可稱「町」，沒有經過市街規劃的農業地區只能稱為村。

日本殖民臺灣的半個世紀，前二十五年不斷調整行政區劃與行政層級，直到大正九年實施五州二廳制之後才固定下來。全臺分五個州，州之下設市與郡。郡之下設街與庄，街是有商業機能的小市鎮，相當於現在的「鎮」，庄相當於現代的「鄉」。街庄之下設「大字」與「字」，「大字」相當於現代的村、里，「字」則相當於現代的鄰。

城市中存在兩套地名辨識系統

市之下不同於郡，分設「町」、「丁目」與「大字」、「字」兩套地名識別系統。為什麼市之下會出現不同的地名系統？劉澤民在〈臺灣市街町名改正之探討——以臺灣總督府檔案相關資料為範圍〉一文沒有探討二重地名識別系統的問題，不過他在該文的結論有簡單提到「臺灣各市街町名改正，主要是市區計畫的配套措施。」也就是說只有舊市街經過都市計畫改造為現代化的街區之後，才有資格從「大字」與「字」轉變為「町」、「丁目」的地名識別體系。

根據現有的文獻資料，早在日本占領臺灣之初，各地便開始進行町名改正的活動。早期推動町名改正的大都是地方上的日本官員與日籍居民，他們推動町名改正的目的只是對臺灣地名不適應與陌生，甚至是為了威權式管理的方便，並沒有經過深思熟慮的政策上考量。

事實上町名的改正不僅牽涉到所費不貲的戶籍與地籍資料變更的龐大經費，更牽涉到戶籍與地籍合一的政策。所以臺灣總督府對於各個地方政府持續的推行町名改正運動，始終站在被動與消極的角色。除了技術性的考量之外，還在於是否要對臺灣這塊殖民地進行「內地化」的深層政治性考量。

推動大正九年實施五州二廳制行政區劃改革的臺灣總督田健治郎是臺灣首任文人總督。之前的臺灣總督全部由陸海軍將領擔任，之所以如此主要是武力鎮壓的統治需求。當前任陸軍中將明石元二郎總督完成全島原住民鎮壓之後，由文官出身的田健治郎擔任臺灣總督，顯見日本對臺灣的統治進入另一個階段。

大正八年（一九一九年）田健治郎在上任之前，曾對首相總理大臣寺內正毅闡述其治臺理念的第一條就是教化臺灣同化於日本。所以由軍事鎮壓轉而進行全方位的同化政策是田健治郎及其後繼者治臺的主要方針。在此方針指導下，實施五州二廳制行政區劃改革，在城市進行町名改正的目的都在於教化臺灣同化於日本，「町」、「丁目」與「大字」、「字」兩套地名識別系統同時存在，便清楚的標示出同化的結果與同化改造的對象。

日本人叫Takao；打狗
臺灣人叫ハマセン；哈瑪星

在《被誤解的臺灣老地名1》一書上我提出一個疑問，為什麼日本時代「艋舺」之名被廢後，至今當地仍以「艋舺」相稱。而打狗被改為高雄之後，除了日本人仍以Takao相稱之外，臺灣人則早在日本時代便改以「高雄」稱之。「艋舺」、「打狗」都是平埔族的音譯地名，為何艋舺的在地居民至今仍以「艋舺」相稱，高雄人卻早早就遺忘了「打狗」之名？難道艋舺人比高雄人更熱愛鄉土？這個說法似乎太唯心了。

早年有「一府、二鹿、三艋舺」之說。艋舺早在乾隆時代就發展為大臺北第一大市街，直到日本割臺時艋舺仍是北部地區最大的城市。當時大稻埕洋行林立，但是艋舺的經濟實力仍足以與之抗衡，所以日本人發展「城內」時仍有意無意地向艋舺方向靠攏，後來還將縱貫鐵路由大稻埕改道艋舺。

長達兩百年的城市發展，艋舺早已發展出獨立的城市屬性，地名「艋舺」更是當地居民靈魂深處最強烈的認同感。日本時代中期後，成功地將城內改造為日本籍居民為主體的日本城市，艋舺沿河地帶被劃為風化區，從此淪落到一個以情色為號召的都市邊緣地帶，經濟實力不但趕不上西門町，甚至比大稻埕還不如。大概是這種屈辱性的頹落使得「艋舺」被賦予另一種悲劇性的色彩。從某個角度而言，這種悲劇性的色彩更加深了對「艋舺」之名的認同。

光復後艋舺的頹勢依然沒有改變，臺北城市的重心仍依著日本人指引的方向，繼續向東發展。艋舺的頹勢更加明顯，悲劇色彩更加濃烈，同時居民對「艋舺」的認同也更加強烈。

高雄人為何不那麼在意打狗？

相對於艋舺，大稻埕一直在轉型尋找自己的發展方向，由茶葉出口轉為外貿，又由外貿轉而依附鐵路運輸之便，發展成為大宗商品的集散地。即使這些又都沒落了，大稻埕還能以「懷舊」情懷作為訴求繼續發展觀光休閒業，最後連「大稻埕」都被「迪化街」取代了，當地人似乎也不是那麼在意。相對於大稻埕，艋舺居民對「艋舺」的執著，顯得那麼特別。高雄人對「打狗」是不是也像大稻埕的居民一樣不那麼在乎？原因可能更複雜。

「打狗」出現在文獻的歷史比艋舺要早得多。早在荷蘭時代之前，就有海盜

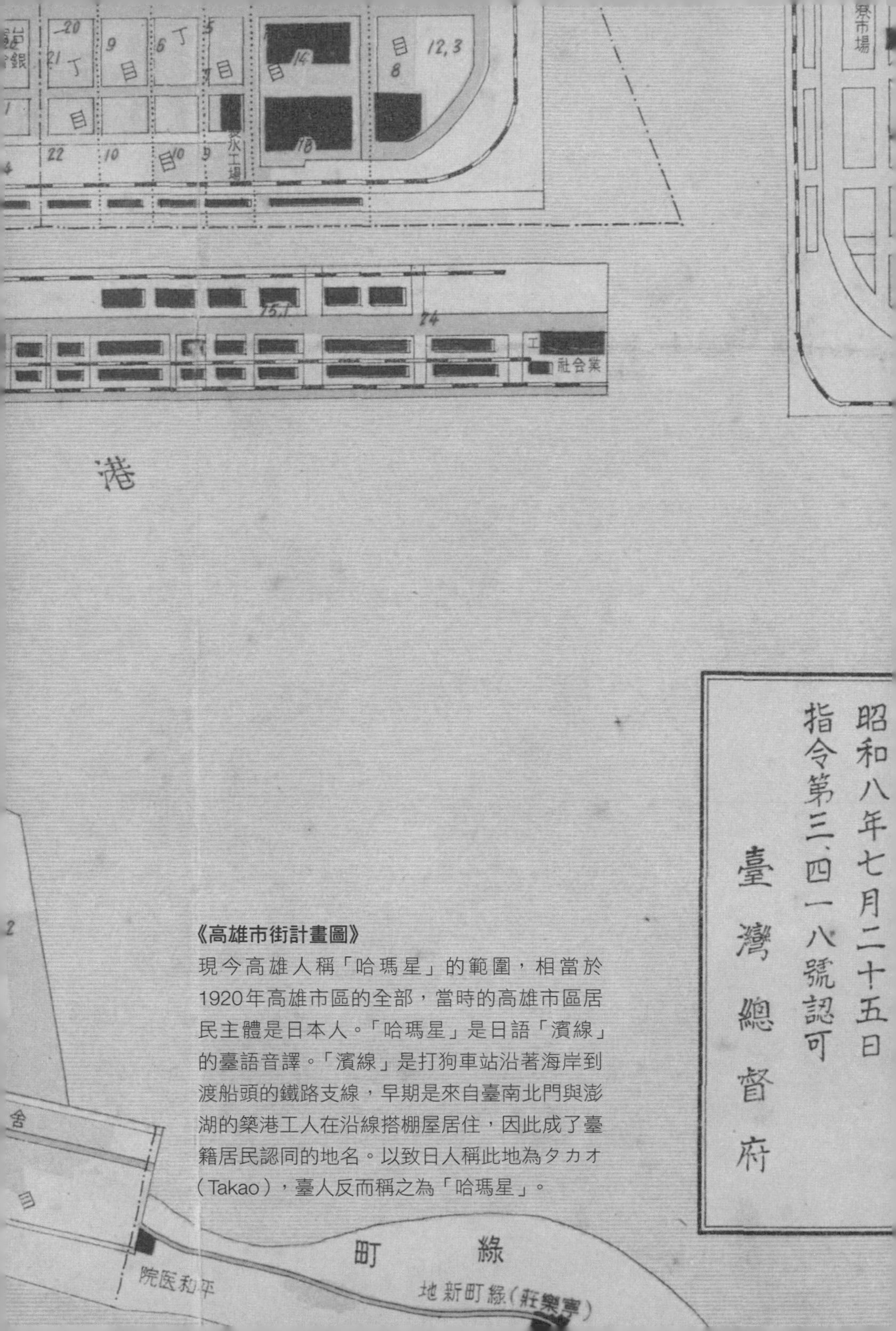

《高雄市街計畫圖》

現今高雄人稱「哈瑪星」的範圍，相當於1920年高雄市區的全部，當時的高雄市區居民主體是日本人。「哈瑪星」是日語「濱線」的臺語音譯。「濱線」是打狗車站沿著海岸到渡船頭的鐵路支線，早期是來自臺南北門與澎湖的築港工人在沿線搭棚屋居住，因此成了臺籍居民認同的地名。以致日人稱此地為タカオ（Takao），臺人反而稱之為「哈瑪星」。

日蓮宗
高野山
鉄道官舎
市営住宅
振武場
会館
建物会社
キリスト教会
消防詰所
警察署
彰化銀行
高雄局
高雄信用組合
高雄驛
新濱町
杉原肥料工場
機関庫事務所
製氷会社
佛立講
税関
水上警察署
大阪商船会社
植物検査所
米穀検査所
高
哨船町
港務部
海洋観測所
税関監視所
税関官舎
江島
哨船頭海水浴場
信号所
港官舎
水産試験所
税関監視所
燈台
旗後町
市場
平和町
水上派出所
旗後局
築港出張所
修理工場
旗後海水浴場
防波堤事務所

林道乾藏金打狗山的傳說，《東番記》中記載的臺灣地名中有「打狗嶼」。打狗嶼應該是指旗津。荷蘭時代荷蘭人將打狗稱為Tancoia，可能是打狗岩的音譯。另外荷蘭人將旗津半島上的旗後山標示為Apen Berg，是猴山的意思。明鄭時代萬年縣縣治設在左營的興隆莊，在打狗山下設哨船頭與砲臺還有鹽田瀨南場。之後整個清代鳳山縣治不是在興隆莊就是埤頭街（鳳山市區），除了打狗山之外幾乎沒有任何有關打狗的地名，連打狗汛都設在旗後山下。可以說在日本時代之前，除了英國人在哨船頭設領事館和海關之外，打狗似乎連村莊都談不上。

有人會問打狗山不是有個打狗社嗎？社址在哪兒？目前說法不一。我認為如果以水源為考慮的話，打狗社社址最大的可能性是在元亨寺下方的「岩仔」，或是廣義的鹽埕埔，也就是壽山（打狗山）的南麓山腳地帶。現今高雄人口中的鹽埕埔其實是鹽埕，鹽埕與鹽埕埔雖然相連，但是兩個不同的地理概念，兩者以建國四路或七賢三路、四路為界。不過打狗社的原住民很早之前就移往打狗林（內門一帶山區）與阿猴，原社址大概被瀨南場的鹽民所取代。

日本時代初期日本人將行政區域規範化後，以鹽埕埔、哨船頭、旗後、鳥松等聚落合稱為打狗庄，這是打狗往高雄發展的第一步。其實這個規劃以傳統地理概念而言相當不靠譜，因為鹽埕埔、哨船頭在壽山下，旗後、鳥松在旗津半島上，中間隔著高雄港（當時還是個大潟湖）。那麼日本人為什麼要這麼做？

因為他們看中了這個大潟湖，準備將它建設為一座現代化的港口，同時要在這座現代港口旁建設一個全新的城市為這座現代化港口服務，這座城市的選址就在「打狗庄」。即使到現在，在高雄人的概念中旗後是旗後，鹽埕埔是鹽埕埔，兩者合起來怎麼會是打狗呢？臺灣當時是殖民地，當然是殖民者說了算。

殖民者的體貼，高雄人並不買帳

一九二〇年行政區域改制，打狗改名高雄，同時成為大字、市、郡、州之名，我想當時高雄人所受到的「地名震撼」一定相當大。之前打狗只是一個庄名，而且即便作為一個庄名，當時的高雄人對它也沒有多少認同感。甚至連打狗庄所涵蓋的鹽埕埔、哨船頭、旗後、鳥松四地居民對這個新庄名也是無感的。對一九二〇年的高雄人而言，打狗是個無感的地名，面對這座全新的城市，他們選擇認同「高雄」這個全新且「高大上」的地名，甚至連殖民者「體貼」的繼續以Takao稱呼這座城市，他們也不買帳。他們選擇以「高雄」的閩南語發音來稱呼這座城市。

日本人在高雄港邊打造的第一座城市是以填海造陸的方式完成。位置大概是在鼓山一路以北，千光路以東的區域，如今高雄人以「哈瑪星」稱之。哈瑪星源於日語「濱線」（ハマヤン，臺語音譯為哈瑪星）。日本時代由第一代高雄火車站（現今捷運西子灣站）沿著鼓山一路、濱海一路延伸到高雄漁會。為什麼高雄人會以「ハマヤン」稱呼日本打造的第一代Takao市？

第一代Takao市的街區居民以日本人為主，可說是一座純日本人的城市。由於Takao港的工程持續進行，需要數量龐大的築港工人，這些工人大多由臺南的鹽分地帶和澎湖招募而來。當然他們是沒有能力住在Takao市的街區，除了鹽埕區的「沙地」外，築港工人沿著「濱線」搭建蓬戶。為了滿足築港的需求，日本人似乎「通融」這些蓬戶的存在。時至今日，濱海一路與捷星一街之間仍然清楚地看出昔日「濱線」與蓬戶的遺跡。

「哈瑪星」訴說了高雄港開發的故事，也以強大的生命力取代了第一代高雄市的Takao之名。如果說高雄有一個地方像艋舺居民對「艋舺」之名一樣堅持的話，那就是「哈瑪星」。

虎頭山

西門町為何能頑強的存活下來

蔣經國剛去世的那段日子陳映真似乎頗有所感，常和我聊起他被逮捕的往事。一九六七年夏天他被警備總部保安處逮捕，關押在西門町武昌街一座建於日本時代的廟宇「東本願寺」，地點相當於現在的獅子林大樓。戰後「東本願寺」被警備總部保安處接收，充作審訊政治犯拘留所，當時「東本願寺」還未改建，仍保留寺院的原貌。

一開始他還不覺得恐懼，只覺得一種極不真實的「怪異感」。當時東本願寺旁的武昌街已是人潮摩肩接踵、熱鬧無比的電影街。前一天晚上他還和朋友在附近的電影院趕了場晚場電影，這會兒他被關押在東本願寺的廂房，從牆板的縫隙還可以窺視武昌街趕電影的男男女女，甚至還可以聞到街上小吃攤飄散過來的燒烤味……

陳映真那種極不真實的「怪異感」，我也曾有過，也是在一九六七年的夏天，也是在西門町。那時我寄住在西門町峨嵋街的親戚家。有一天我姊姊「興沖沖」的跑回家，找我一起去看「死人」。兇殺案現場就在峨眉街與漢中街的路口旁，也就是現在西門町常辦街頭演唱會的地方。

「死人」沒穿上衣，上身「刺龍刺鳳」，應該是幫派份子，可能是因為搶地盤引發衝突而被殺害。這個時候直挺挺的躺在萬國戲院前的漢中街上，胸口插著一把刀，沒有掙扎的跡象，也沒血淋淋的場面，好像是當街睡著了。以「死人」的標準，他的面目還算「祥和」。

兇殺現場就兩個警察，一個便衣刑警靠在一旁吸菸，表情很不耐煩，好像是在等法醫還是檢察官到場相驗。另一名戴膠盔的警員應該是來維持秩序的，但他根本不需要維持什麼秩序，因為現場圍觀的就只有我姊姊和我兩個來自馬公的幼童。整個場景像是一齣沒有導演的荒謬劇。

一個路人大概也是看「死人」走了神，一下撞上了我。我抬頭一看，那不是當紅的影視小生金石嗎？他雖然帶著墨鏡，我還是認了出來了。

那個年代在西門町漢中街峨嵋街路口見到影視紅星比「死人」要容易得多。因為那兒一條岔到成都路的巷子裡有好幾家委託行，當時影視歌星要打理身上的行頭、進口化妝品常往這兒跑。所以這條巷子成了明星「拋頭露面」躲閃不掉的地方。

《大日本職業別明細圖．臺北市》（見下一頁）

此圖詳細的標示城內、西門町與大稻埕的每一家商號店舖。現在泛稱西門町的區域實際上至少還應包含新起町、元園町、壽町、末廣町。

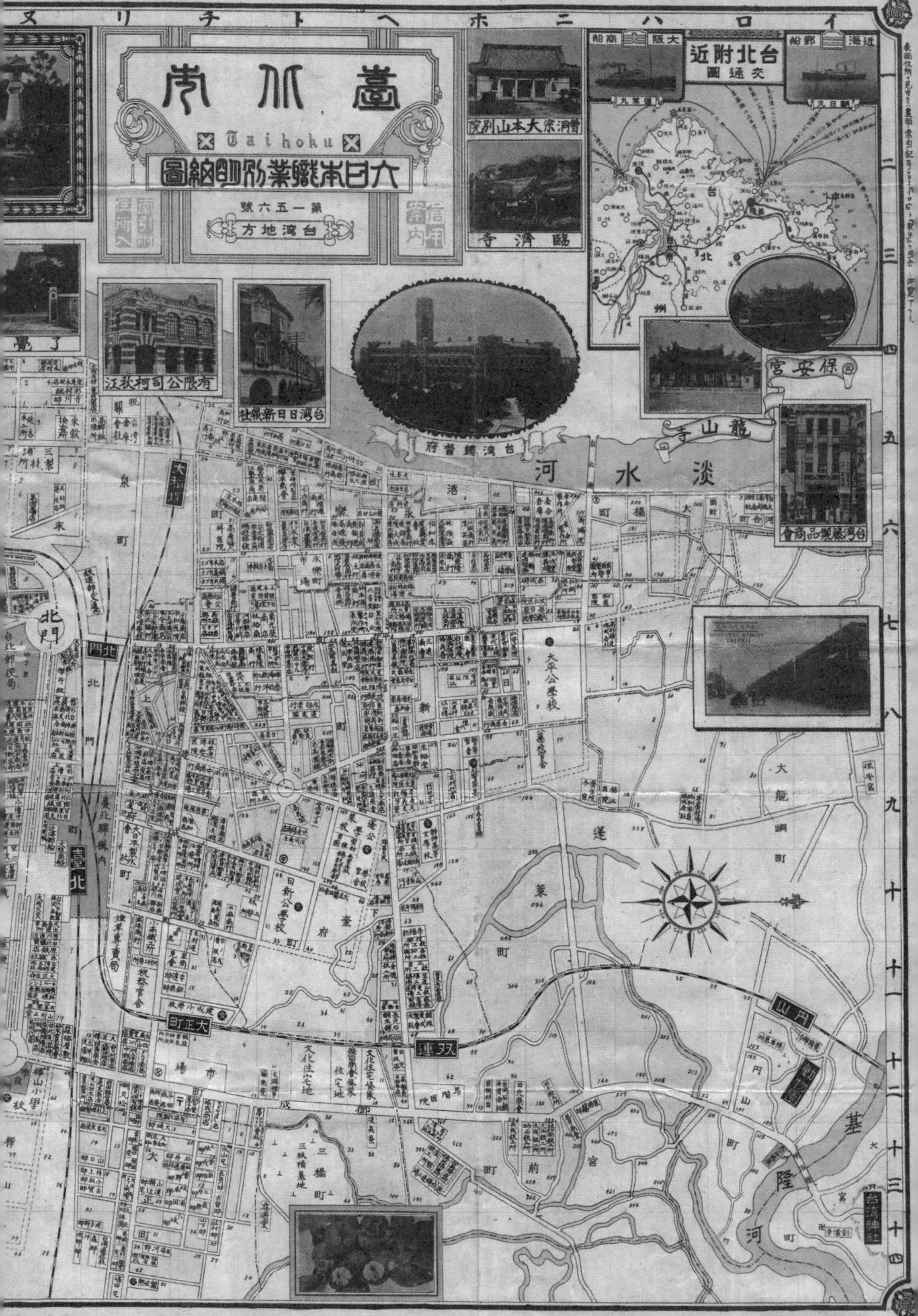

臺北市
Taihoku
大日本職業別明細圖
第一五六號
台灣地方
索引附
信用案内
曹洞宗大本山別院
臨濟寺
台北附近交通圖
大阪商船
近海郵船
台灣總督府
龍山寺
保安宮
台灣製品商會
有限公司柯秋江
台灣日日新報社
了覺
淡水河
大稻埕
北門
臺北
大正町
双連
円山
新公園
大平公學校
日新公學校
蓬萊町
大龍峒町
宮前町
三橋町
三板橋墓地
御成町
文化住宅地
市場
基隆河
台灣神社
樺山小學校

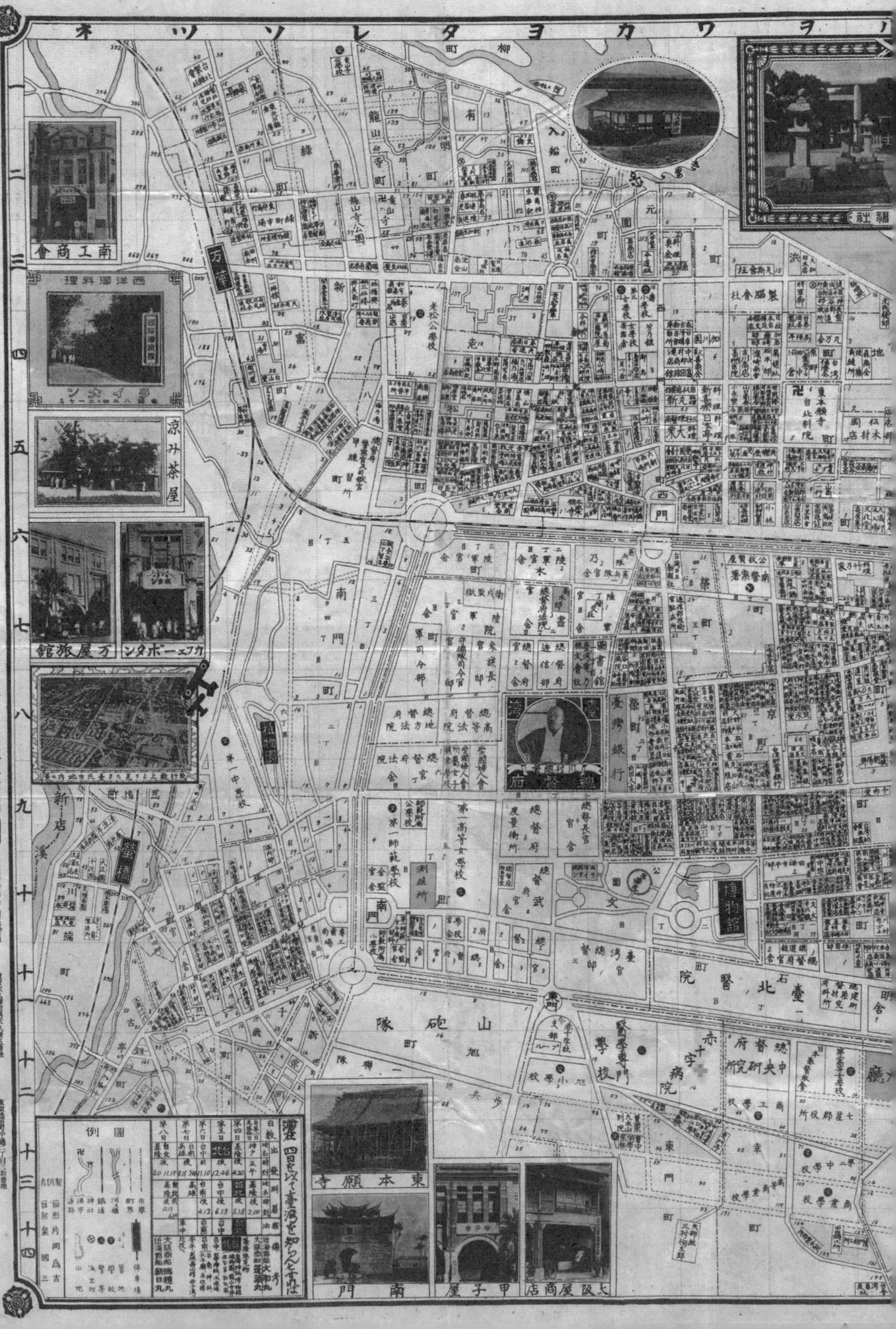

昭和三年十二月十一日印刷

一九六七年的初夏，妹妹因病過世，母親瀕於崩潰，一個多月下不了床，父親為了挽救這個家，志願到新店受訓，帶著全家從澎湖搬到西門町，寄居親戚家。

從馬公搬到西門町，父親打包了全家的家當。除了桌椅板凳留在馬公之外，全家的家當包含鍋碗瓢盆，也就只有九只紙箱。這九只紙箱跟著我們搭上C-119軍用運輸機從馬公飛到松山機場。下了飛機，父親找了一部空軍單位3／4噸的道奇車，把我們全家拉到中華路峨嵋街口。卸下人貨，父親和道奇車駕駛握別，我們全家四口和九只紙箱像是遊牧到西門町的蒙古人，成了西門町一道奇特的風景。看著這九只破舊的紙箱對比中華商場的屋頂上一座座燦爛奪目的霓虹燈塔，我感到一股莫名的羞愧與悲哀。

大概是因為巨大的城鄉差距與文化震撼，我們全家一下子忘卻了喪女之痛，睜大了雙眼注視著西門町發生的事與物。

親戚的住處在峨眉街靠中華路路口，我們一家借住在街屋後院的和式木造小樓上。每晚九點左右，南下最後一班夜班車經過西門圓環總會拉上一長聲汽笛，像是對這個城市悲情的告別，這時我總遙想著馬公的一切難以入眠。

雨夜裡，廊下的麵攤老播放著「溫泉鄉的吉他」、「後街人生」之類的日本演歌，招攬電影街散場的食客。淒冷的雨夜，日本演歌和夜班車的汽笛聲使我倍感淒涼，那時我才剛上小二，應該還沒聽過「鄉愁」這個詞。

西門町熙來攘往的人群中，除了影視紅星，還有一群人是很容易被辨認出來的，那就是來臺度假的越戰美軍。打仗還能出國度假的，全世界大概也只有美軍。西門町的美軍很容易辨認，因為他們身旁總摟著一個妖豔風塵女子。住處隔壁的「太陽咖啡廳」專作美國人生意，櫃檯內一小塊千層蛋糕標價四元，炒飯十元。當時一大碗陽春麵才兩、三塊錢，十元的炒飯還真只有美國人才吃得起。

李敖在回憶錄上描寫他曾和西門町一家咖啡廳老板娘「欲仙欲死」過好幾回，我猜那家咖啡廳就是「太陽」，因為文星書店就在太陽咖啡廳的隔壁。文星書店的裝潢很特別，與其說是書店更像是一家畫廊。

下課後我老喜歡一個人在書店胡混。店裡的書我一本也看不懂，我對店裡一、二樓間的旋轉樓梯特別感興趣，因為樓梯的欄杆像是大號的風鈴，是可以隨風搖曳的。沒多久這家書店也被查封了。

住處的另一邊是唱片行，成天播放著〈A Dear John Letter〉，氾濫到我和姊姊都能跟著「胡唱」。當時我們不可能知道歌詞的原意，所以也不會將這首曲子和美軍聯想在一起。那家唱片行生意不好，我沒看過美國人進去過。

唱片行對面是北方館子「一條龍」，天天滿坐，當時大概是西門町最火的一家餐館。前幾年「阿宗麵線」在「一條龍」的廊下開賣，也成了西門町生意最旺的小吃，看來這兒真是一塊風水寶地。

住處的對面是「西門旅社」，裡面沒有單人房，甚至沒有床，就是幾道紙拉門隔間的大通鋪。住宿費以人頭計算，所以常常是好幾個素昧平生的旅人，男男女女雜處一個大通鋪。這是一棟純日式的木造小樓。後來「西門旅社」改建為「西門戲院」，現在「西門戲院」也已消失多年。

「西門旅社」的東鄰是大眾澡堂「一樂池」，父親有時也帶我到「一樂池」泡澡。當時西門町的上海式澡堂以上海搓澡師傅為號召，所謂搓澡就是用一種纖維較粗的浴巾在身上搓洗，高明的搓澡師傅可以從身上搓出一層厚厚的汙垢。第一次在澡堂內看到赤身裸體的搓澡師傅俯身為也是赤身裸體洗浴的客人搓背，令我大吃一驚。來這兒洗浴的大多是單身的外省男子。

海派澡堂除了泡澡的大水池，還有一個擺滿了單身床的大堂，供客人睡覺。那時我不懂為何有人會在澡堂裡睡覺？十多年前，我到上海出差，有天晚上事情談過頭了，還沒找到旅館，正好附近有個澡堂，我就在澡堂的單人床上過了一夜，省下了旅館錢。那些在上海澡堂呼呼大睡的外省男子，大概也是為了省下出差費才在此過夜的吧！

「一樂池」雖然以海派搓澡師傅為號召，但是從整個建築結構，甚至「一樂池」這個招牌應該都是日本時代遺留下來的。當時的西門町除了海派的澡堂，成都路上還有「老天祿」、「老大坊」之類的上海食坊，幾乎是東陽火腿一條街。日本時代營建的新起街市場改建為紅樓戲院，唱的是「蹦蹦戲」，理髮廳有海派的「白玫瑰」。再遠一點的還有衡陽路、寶慶路上上海人開的綢緞庄、藥局。表面看起來西門町好像是個上海人在臺北複刻的「小上海」，事實上「小上海」不過是日本時代底盤上塗抹的一層薄薄的水泥漆。

總之一九六〇年代末期，我所生活的西門町是臺北最繁華的市街，日本時代遺留下來的事物逐漸被上海的海派風格掩蓋，而西方的時尚正蹣跚的起步。在西門町生活了大半年之後父親結束受訓，我們全家又帶著家當搭乘C-119搬回馬公。直到一九七九年北上就讀大學，我才又回到了西門町。此時西門町已經十分破舊，東區成了新的時尚所在，一般人除了看電影很少人願意在西門町逗留。尤其是昆明路上每隔幾步就是一家黑乎乎的理容院，廊下拉客的「三七仔」令人避之惟恐不及。對比之下，感懷是很深刻的。

從那時候起，我一直想寫一本關於西門町的書，至於該怎麼寫？我毫無概

《新春東陽／頭春冬陽》西門町一丁目前

李火增　攝（夏門攝影企劃研究室提供）

念。這說明當時我對西門町的認識都是得自於浮面的感性層面，用行話來說，就是沒有多少「乾貨」。事實上至今一般談到西門町的文字，大多也都有這方面的傾向。

最近幾年我開始認真的搜尋有關西門町的史料，這才驚訝的發現，這幾十年來有關西門町的文獻竟然是如此的貧瘠。為此我幾乎看完鄧南光、張才、李鳴雕、鄭桑溪等老一輩攝影家的片庫小樣，幾乎找不著日本時代西門町的影像。他們拍了很多大稻埕的照片，就是沒有西門町。為此我想得到的唯一答案是，當時西門町的商家與住戶幾乎全是日本人，他們似乎沒有記錄日本人生活的動機。直到李火增的作品重新「出土」，我才第一回看到昭和十五年前後日本人在西門町的生活常態。雖然距離我在西門町生活的一九六〇年代才不過二十年，但西門町已經歷了巨大的轉變，當時我在西門町所感受到的濃厚日本氣息，不過是其遺緒罷了。由此可見感性的認知是多麼的不可靠。

談西門町首先得將西門町的範圍界定清楚。日本時代官方定義的西門町是以成都路兩側為核心，包含峨眉街以南、內江街以北、康定路以東、漢中街以西環繞的區域。這是地名學狹義定義的西門町，現在一般人口中西門町並沒有這麼狹隘，甚至有些人認為重慶南路也算是「西門町」，但這似乎是又過頭了。

莊永明在《臺北老街》一書上指出戰後廣義的西門町「應是東起中華路、西至康定路、南起成都路二段，北至漢口街，其中包括的有昆明街、西寧南路、漢中街、峨嵋街和武昌街二段、衡陽路、寶慶路等」。

在我看來莊永明定義的「西門町」是以市街繁華的程度為標準，不能說有什麼問題。但我認為以「日本街區」為定義標準的話，廣義「西門町」比較恰當的範圍，應該包含日本時代的西門町、末廣町、壽町、築地町和康定路以東的濱町。這片區域內只有日本人就讀的高等小學校（福星國小）與壽小學校（西門國小），沒有臺灣人就讀的公學校，由此也可以從側面證明這裡幾乎是一個以日本人為主體居民的區域。戰後曾居住過這幾個町的日本人成立的同志會也以「西門會」為名。

日本時代的西門町、末廣町、壽町、築地町和康定路以東的濱町以現在的道路來界定的話，範圍是忠孝西路以南、內江街以北、康定路以東、中華路以西所環繞的區域。我之所以如此界定，還因為這片區域不論是清代還是日本時代初期都不屬於城內、大稻埕與艋舺，也沒有任何聚落與住家，是經過大正時代的都市計畫而發展起來的全新市街。這片新市街將城內、大稻埕與艋舺連結起來，成為一體化的臺北市街。

西門町並不是臺北市最早的日本人住宅區，日本時代初期軍政機關幾乎全設立在城內，殖民政府官員的眷舍主要是在愛國西路以南，沿著南昌街兩側向古亭方向擴展。西門町市街的發展和「萬華遊廓」有很大的關係。

【日本人為何要進行市區改造？】

臺灣地名中，「町」是最具日本時代意涵的地名層級，可以說是日本時代地名的代表。以「町」為名的，最知名的應算是「西門町」。二戰結束後，日本結束在臺灣的統治，「町」的地名層級，在臺灣的官方地名體系中徹底消失，然而臺北的「西門町」卻頑強的存活下來，長期以來在臺灣一直是「繁華」、「流行時尚」的象徵，一度因東區的興起而沒落，近年又重新崛起。「西門町」在臺灣地名史上的地位值得濃墨重彩記上一筆。在細數「西門町」之前，得先從「町」字談起。在地名史上「町」自然和日本統治息息相關，更具體的說，「町」的出現和市區計畫密不可分。

日本人為什麼要花大錢在殖民地臺灣進行現代化的市區改造？現在臺灣很多人將臺灣城市的現代化的改造歸功為日本人的德政，事實上如果不進行市街改正，日本人大概也無法在臺灣繼續統治下去。早年臺灣城市基本上沒有經過嚴密的設計規劃，街區聚落大多是依據地形地貌自然而然形成的，所以街道系統雜亂無章，沒有下水道系統，衛生條件十分惡劣。日本來臺執行武力占領、鎮壓作戰的近衛師團就是臺灣城市惡劣衛生條件的最早「受害者」。

日本占領臺灣初期，執行武力鎮壓的七萬六千名占領軍中，作戰陣亡的才不過一六四名，因感染瘟疫而死亡的竟然高達四、六四二名。感染瘟疫者在臺就醫的有五、二四六名，後送日本本土則高達二一、七四八名，占占領軍的總數超過三分之一以上。所以為了繼續統治，改善衛生條件的市街改正成了最迫切的殖民統治工程。

日本占領初期，臺北城內還十分空曠，市街改正的阻力不大，所以鎮壓義軍的作戰告一段落之後，殖民政府便立即展開城內的市街改正。明治三〇年（一八九七）四月成立「臺北都市計畫委員會」；明治三四年（一九〇一）八月發表臺北城內之都市計畫；明治三八年（一九〇五）發表容納人口十五萬人的臺北都市計畫。

明治三八年制定的臺北都市計畫範圍除了城內之外，還包括大稻埕與艋舺。新的都市計畫簡單的說就是將原本呈現城內、大稻埕與艋舺三個各自獨立的街區，以棋盤式的街道系統連成一片，融合一體。因為大稻埕與艋舺都有繼承的市街體系，要拆屋拓路，阻力很大，一直拖到明治四四年（一九一一），趁大颱風吹毀舊市街的機會，才真正執行新的都市計畫，並藉機擴張其範圍。

到了大正九年（一九二〇），我們從新出版的《臺北市地圖》可以看到全新的街道系統已經完成，將城內、大稻埕、艋舺「三市街」連結為一氣最關鍵的，就是現在被稱為「西門町」的區域。

同樣是山，鳳山與旗山的「山」為何發音不同？

某年我受邀參加旗山一個文史研習營，他們希望我能為他們講講旗山地區的地名沿革。說實在我對旗山一帶的地名沿革十分陌生，可我還是硬著頭皮去了。雖然有「誤人子弟」之嫌，但是出於私心，我想或許可以藉此機會考察一下這片我所陌生的領域。在準備教材時，我突然發現「旗山」來得有點突兀。

旗山成為地區的總名是在一九二〇年之後，之前旗山郡所轄的旗山街、美濃、杉林、甲仙、內門、田寮等庄在清代分別屬於羅漢外門里、港西上里、楠梓仙溪東里、羅漢內門里、嘉祥內里、崇德東里。這些地方在清代的初期泛稱為「阿猴林」。或許是這個因素，一九二〇年改制之前，日本人將這些地區劃在阿緱廳的管轄之內，而現在高雄其他地區則劃歸為臺南廳。

日本人在一九二〇年改制之前，對臺灣的行政區劃作過多次的調整。一九二〇年改制之後就固定下來不再變動，直到今天還可看出那次改制的影響。以旗山地區為例，旗山至今仍是美濃、六龜、杉林、甲仙、內門、田寮等地的交通、經

1938年《臺灣鐵道線路圖》

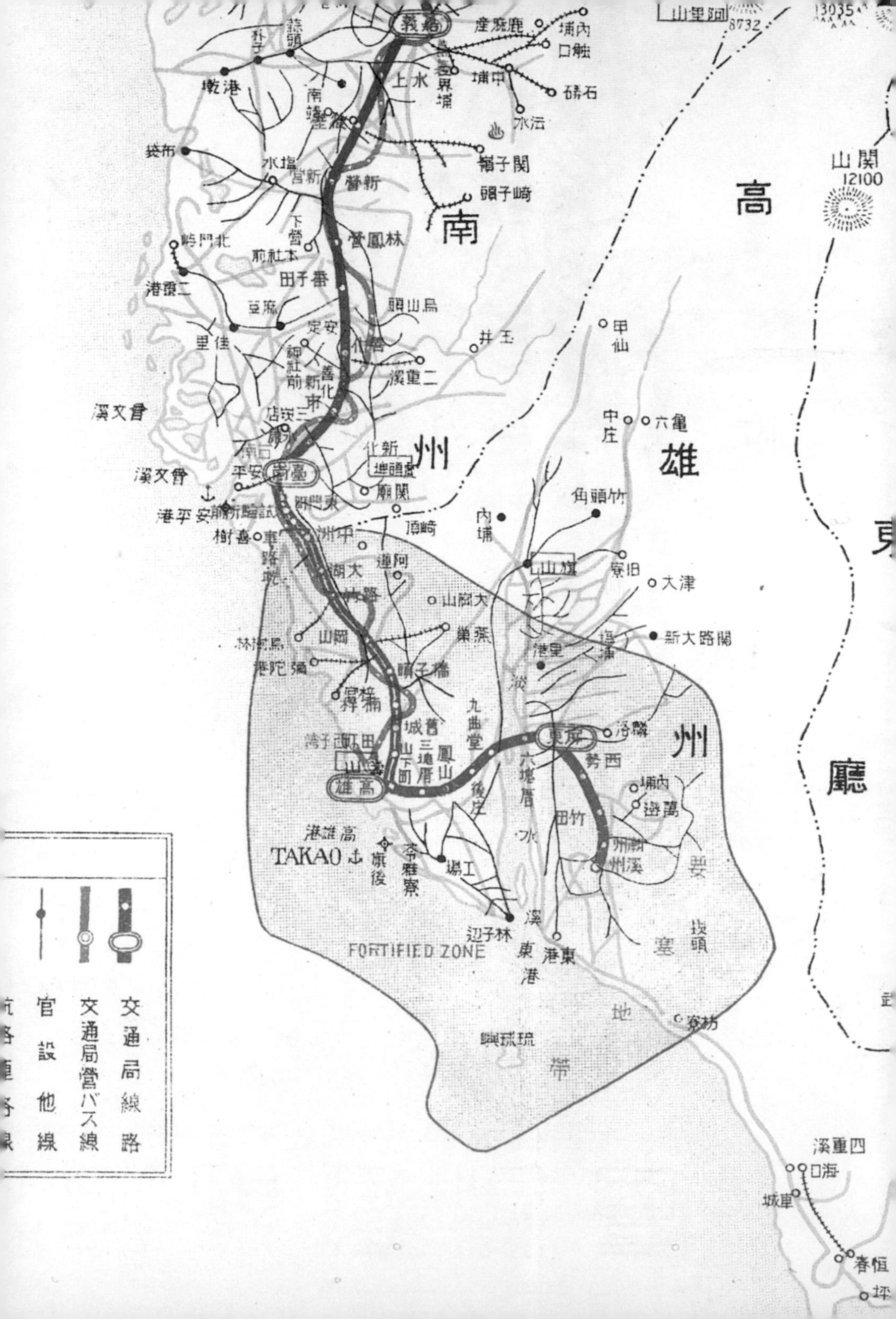

嘉義
臺南
高雄
屏東
南
州
雄
州
高
廳
新營
林鳳營
番子田
善化
新市
岡山
橋子頭
楠梓
鳳山
九曲堂
潮州
溪州
東港
林子辺
琉球嶼
旗山
阿里山
關山
12100
8732
TAKAO
FORTIFIED ZONE
要塞地帶
恆春
四重溪
海口
車城
交通局線路
交通局營バス線
官設他線

濟的樞紐，是這個地區的中心城鎮。

旗山街在一九二〇年之前叫蕃薯寮，旗山應該是日本人根據當地的地標「旂尾山」簡縮而來。另外我猜想，日本官員在一九二〇年改制時可能是想配合高雄州其他兩郡鳳山與岡山，形成「三山」的格局，才將「旂尾山」簡縮為「旗山」，作為地區的總名。

雖然「三山」在高雄州下淡水溪西岸形成了郡名的「一致性」，但日本官方規定的「三山」發音卻沒有清楚的規範，鳳山念作Hozan；岡山Okayama；旗山Gizan。鳳山與旗山是依據日文中的漢音發音，岡山則採用日式發音，因為日本本土也有個岡山，所以就念作Okayama。顯然日本人將以岡山東面的「大崗山」為地名，應該就是為了「走私」Okayama這個日式地名。

那臺灣本地人又怎麼念這三個地名？我在高雄居住多年，發覺高雄本地人是這麼念的，鳳山hong-suang，岡山guang-san，旗山gi-san。有一回我去了一趟岡山，母親問我去哪兒，我用閩南語回說guang-suang。母親似乎聽不懂我說的是哪兒，之後我便開始注意閩南語「山」字在地名中時而文讀時而白讀的怪異現象。

鳳山是個老地名，山字以白讀發音念為suang，岡山、旗山是日本人創造出來的新地名，以文讀念作san。我又以此規律檢驗高雄其他帶「山」地名的唸法。發現只要是老地名一律唸做白讀suang，如崗山仔、員山仔、赤山、柴山、猴山（壽山）、龜山、半屏山、山仔頂、山仔腳。新地名就念為文讀san，如壽山、中山路。

再以此規律檢視臺灣其他地名，發現基本上與高雄相同，如草山、後山陂、龜山、冬瓜山、崩山、虎仔山、烏山頭、尖山、案山、鳳山崎等老地名中的山字都以白讀念作suang。而新地名如松山、文山、海山、阿里山則以文讀念之。

有一些似乎在規律之外，如玉山、知名廟宇龍山寺的山字念作san，山東則以白讀念之。還有，我不會客家語，無法對應客家地名中的山字，其念法是否類似閩南語的規律。

我混果貿的，你混哪兒？

一九七〇年代我還在高雄唸高中時對住左營眷村的同學頗為羨慕，因為每當我在前鎮筆直的機場大道上徒步揮汗疾行擔心遲到時，常常看到他們坐著海軍軍區專車疾駛而過，車上的同學偶爾看見我了，還會得意的朝我揮揮手。

當時就讀的高中在前鎮，位置較偏僻，公車路線不多，我家到學校又沒有直達的公車路線，轉車太費時，所以只能和加工區女工一塊兒擠二七路公車。二七路半小時才一班，有時車上人太多了，司機乾脆過站不停，那事情就大條了。錯過一班，幾乎就等著被記「遲到」。三個「遲到」扣操性成績一分，後果很嚴重。

搭二七路公車上學只能在中山路與凱旋路口下車，也就是現在夢時代捷運站，下車後還得疾行十分鐘的路程才能到校。那會兒每天上學對我而言真是一個大考驗。

專車接送的左營眷村同學，其實也沒那麼值得羨慕。因為絕大多數的時候他們都是搭乘敞篷軍用大卡車，沒座位，站在車斗內只能緊握欄杆防止跌倒。冬天時，一路刺骨寒風從左營縱貫整個高雄市區到前鎮，那滋味就別提了。同學們有時還會嘲笑他們坐的是「載豬仔車」。有時下雨他們也能坐上類似美國校車的軍用巴士，但機會不多。

眷村為何取名為果貿、商協、戲劇？

那個時候高雄地區軍事基地多眷村也多，海軍有左營眷村，岡山有空軍眷村，鳳山軍校周邊的陸軍眷村更是綿延不絕，六〇兵工廠眷舍就在學校附近，就讀我校的學生也都不少。左營眷村的同學，大概是上下學有專車接送才顯得有些特別。其實不僅僅是因為專車接送，左營眷村在高雄，甚至全臺都帶有某種次文化的符號象徵。例如「果貿」眷村子弟的「好勇鬥狠」在當時是遠近知名，甚至在左營眷村中，「果貿」都算是狠角色。當然這都是傳說，同學之中沒有「果貿」的，所以也很難判斷這類傳說的真實性。

六、七〇年代「果貿」在高雄青少年的知名度很高，都知道是左營海軍眷村，大家感興趣的是「果貿」還是「新高ㄟ」比較狠。但我對此不感興趣，反而對眷村為什麼取那麼一個完全沒有軍人威武風格的名字感到十分納悶。後來我才知道鳳山、大寮也有以「商協」、「工協」為名的眷村。

眷村是一九四九年後軍隊大量撤退來臺之後的產物。早年來臺軍人的婚姻，受到軍方嚴格的管控，必須層層批准。一九五五年臺美協防條約簽訂後，大概是覺得反攻大陸無望，軍方才對官士兵的婚姻限制逐步放寬。放寬婚姻限制後，結婚的人數大增，催生了眷舍的需求。

臺灣光復之後國民政府接收了大量的日遺眷舍與房產，起初還可滿足軍方的需求。以我父母親為例，結婚後就被分配在馬公街上一棟軍方接收自日本人的房產，房子不大，上下兩層擠了四戶人家。

漸漸的軍人結婚人數大增之後，供需失衡。於是一九五六年由宋美齡在「婦聯會」週年紀念茶會上提出「為軍眷籌建住宅」的號召，同年成立婦聯會「軍眷籌建委員會」。「因各界熱烈捐款響應」原先預定興建一千間的目標，「爆棚」為四千間。隔年眷舍完工，婦聯會的刊物宣稱「廣建眷宅四千間，將士皆歡顏」。

眷村的興建背離社會正義？

四千間房舍一年便完工，一戶平均的工程預算不過數千元，其品質可想而

《TOSHIEN》

日本時代左營海軍軍區極可能是全臺數量最龐大的官舍建築群，圖中棋盤格式的小黑點都是。光復後在此基礎上繼續擴充。其中規模最大的果貿三村達千戶以上。

知。看過電影《竹籬笆外的春天》後，對眷村的居住品質應該不陌生。雖然分配到眷村的軍眷對其居住品質充滿怨言，然而對當時平價國宅尚不可得的底層民眾而言，眷村無疑是背離社會正義的產物。從某種角度而言，興建眷村的政策加劇族群對立的情緒，影響臺灣社會數十載。「因各界熱烈捐款響應」是眷舍興建目標「爆棚」的主因，然而真的是熱烈響應嗎？

根據後來公布的資料，興建軍眷住宅的經費，除極少部分是民眾自由捐款之外，其餘主要是向工商團體攤派或以各種附加稅捐募集而得。從眷村的名稱就反映了其興建經費的來源。

如「工協」是工業團體捐建的；「商協」是商業團體捐建的；「礦協」是礦業團體捐建的；「僑愛」住的不是華僑，而是華僑捐建的；「影劇」住的也不是藝工隊，而是用電影票附加稅捐籌款興建。另外還有數量龐大的「婦聯X村」，是靠宋美齡影響力募款興建的。

父親後來也分配到婦聯會興建的眷舍。按規矩這個眷村應該要叫「婦聯X村」。單位主管大概是嫌叫「婦聯X村」太不把軍人的威武當回事了，於是來個相應不理。婦聯會似乎也覺得才十戶人家的小破村，叫什麼「婦聯X村」也不是件光彩的事，也不加追究。於是我們那個小眷村，不但破落寒酸，還是個無名村，這大概是全臺僅有的案例。

一九五六年第一期四千戶後，又陸續進行十幾期的眷村興建，據國防部的統計全臺軍方列管的眷村共八八六個。所以，扣掉我們那個「無名村」，全臺至少有八八五個眷村名稱，這在臺灣地名史上是一個極為特殊的範疇。

眷村改建與戒嚴體制解構

一九八〇年代之後眷村面臨危老重建與都更問題，與此同時臺灣社會也進入戒嚴體制解構前的陣痛。眷村在這個政治社會轉型的時刻也扮演了一個特殊的角色。臺大城鄉所羅於陵在其碩士論文〈眷村：空間意義的賦予和再界定〉中有一段精彩的描述：「投票成為最具象徵性的儀式行為，投票本身完成了個體的效忠與奉獻，也同時再驗證著個體對社區凝聚力的期待與想像，開票結果是視為奉獻的完成，同時也再度獲得精神安定與保障。」隨著眷村改建的逐步完成，除少眷村名稱被鑲崁在「ＸＸ新城」中外，絕大多數眷村已消失於都更。

「果貿」是左營地區最早興建的眷舍，首期三百戶於一九六〇年八月完工，經費由青果業貿易工會捐贈，所以命名為「果貿三村」。後來又經過多次增建，形成了一個超過千戶的大型社區。「果貿」由於位於左營軍區與舊城南門的特殊地理位置，一直被視為或「自視」為軍區的門衛，以致被外界賦予某種意象。後來果貿也是最早一批改建的眷村。

「國軍老舊眷村改建條例」於一九九六年總統公布施行，然而早在一九八一年高雄市政府與軍方協商在「果貿三村」的南半部興建大型國宅社區，一九八五年完成十三棟社區大樓，取名為「碧海新城」。「碧海新城」十三棟樓共兩千兩百戶，除一千餘戶分配給原「果貿三村」住戶，另外有五百多戶平價銷售給一般市民，所以新建的「碧海新城」已經不能算是嚴格意義的眷村。即使如此，「碧海新城」在左營一般人印象中還是很淡薄，還是習慣稱之為「果貿」。有些導覽會將「碧海新城」稱之為「果貿國宅」。加上國宅二字後，「果貿」原有的意象也應該有所轉變，我想現在高雄的青少年大概不會再對「果貿」有過多的聯想吧！

虎頭山

產業勞力密集化、城市規劃無序化、地名批量化

光復後的地名大概是臺灣地名史上最無趣的一段，這個時段出現的新地名，除了落入本土派學者攻擊國民政府不尊重本土文化的唾罵之外，實在也找不出什麼亮點。為什麼這時代會搞出那麼些令人打瞌睡的地名，而且量還那麼大？我想應不是單單一句「不尊重本土文化」就可以解釋的。每每思考這個問題，我的思緒就不由得飄到一九七〇年代末期新莊的中港路。

一九七〇年代上下班時段塞車交通打結還是很罕見的場景。臺灣最早出現交通壅塞現象的應該是臺北博愛特區的周邊，如火車站、北門、西門町一帶，除此之外，其他地方就幾乎沒聽說有這方面的問題。可我一九七九年就讀輔仁大學時，才發現新莊也有嚴重的交通打結現象。地點就在新莊的鬧區，中正路與中港路口恆毅中學那兒，時間通常是早上上班時段。

新莊，一座「工業區化」的城市

新莊的中正路其實就像臺一號縱貫線，縱貫線車多那是自然的，但有必要天天塞車？入學報到的第一天，我從臺北火車站搭公車上了中興大橋沿著縱貫線一路經二重埔、頭重到新莊輔仁，日常生活用品的生產工廠幾乎都在這條路上，什麼瑪琪藥皂、萬家香醬油、悠悠藥膏、田邊製藥、武田製藥、藤澤製藥、鈴木機車、三洋電冰箱工廠全在縱貫線的兩旁，如果再往化成路轉進去一些沒門臉的小工廠就數不勝數了。到了輔仁大門下車，養樂多工廠就在輔仁對門，站牌邊後邊是臺富餅乾。那個時候的新莊縱貫線旁除了幾所學校，如金陵女中、恆毅中學等，住家並不多，其餘全是工廠。工廠上班的人潮車潮是交通壅塞的主要原因。

現在回想起來，當時新莊根本不是個城市，就是一個工業區，縱貫線中正路其實是這個工業區內的主幹線。從臺北南下的縱貫線「強行」穿過了這個工業區，過了化成路即是新莊。新莊中正路交通打結處在恆毅中學正面中正路與新海橋引道與大觀路交會的地方，原因顯而易見，新海橋當時還未擴建，是個兩線道的小橋，而新海橋又是新莊與板橋、土城、中和間唯一的通道，車流量自然不在少數。當時人們都認為新莊交通打結的「罪魁禍首」是恆毅中學旁的中港路。

為什麼大夥兒都盯上中港路？我的印象裡中港路沒什麼工廠啊！怎麼會和交通打結扯上關係？我在輔仁期間唯一打打工的機會就是派發建築海報，那時候新莊小公寓的建案很多，班上一位同學江湖味十足，常和社會人士打麻將，因而承包了不少建案海報發派工作，帶著其他同學也跟著打工賺零花錢，因此有機會到中港路轉了幾回。

當時有人說中港路兩旁的住家起碼有兩萬戶，兩萬戶是什麼概念？如果以當時最常見的家庭結構一家五口，那麼一條中港路就住了十萬人，十萬人又是什麼概念？大概相當於一座中小型城市的常住人口，當時澎湖全縣常住人口大概沒有超過五萬。如果再分析中港路住戶的人口成分，中南部北上「打工仔」占了相當的數量，分租公寓的現象十分普遍。所以十萬人可能還是一個低估的數字。

歷史上新莊是北部地區第一座城市，發展比艋舺還早。後來因河港淤塞，再加上閩客械鬥，河港商業轉移到艋舺。清末一度有鐵路縱貫線經過，出現短暫的回春。日治時代之後鐵路南移，淪為農牧區，專供臺北市的農產需求。一九六〇年代臺灣進入進口替代的發展時代，新莊因為緊挨著臺灣第一大市場臺北市，成了臺灣第一個進口替代產業的首選。之後新莊的城市格局出現劇變。

中正路、化成路、中港路構成新莊新格局的三條主要幹道。大型工廠沿著中

《臺灣堡圖》

三角埔
楓樹脚庄
允亀橋
田心仔
新温
舊温
頭前庄
興直堡
中港厝尾
中港厝庄
中港厝頭
小田心仔
磚仔厝
新庄
新庄(海山口)
茄冬湖
頭前
柴橋頭
新埔
土地公
后厝
石
11,2
11,3
21,1
22,9
19,8
20,9
20
23

正路分布，中小型工廠聚集在化成路，兩條主幹與次幹道呈ㄇ字型分布開來。中港路在化成路的西側，基本上就是個新開發的住宅區，擔負產業工人的生活再生產功能。新莊的老城區則被中正路隔在路的南側，由於逼近河道，老街區結構數十年甚至兩、三百年一成不變，只能充作新型工業城市的商業區。如此格局簡單明瞭。

中港路一帶老地名叫「中港厝」，這個地名最晚在乾隆中期就出現，最早的聚落在中華里。這個老地名兩百多年來一直沒有什麼變化，直到日本時代結束還一直叫中港厝。之所以不增不減沒變化，道理也很簡單，中港厝位於新莊平原的中心點，四周從新莊老街一直到林口臺地的邊緣是一望無際的農田，後來區內的道路體系基本上是沿著原來灌溉渠道鋪設的。日本時代中港厝屬於大字層級，相當於現在村里級別，之下沒有小字，大概也無此必要。

市區惡性擴張，地名粗製濫造

光復後進口替代產業在新莊落腳之前，中港厝更名為中港里，並沒劃分其他的地名，顯然此時人口並未大量增加。到了一九七一年中港里劃分為中港、立人、恆安三里。之所以增加恆安、立人兩個里，當然是工廠出現，人口增加的結果。至於為什麼新里名叫恆安、立人，應該是里內有恆毅中學和新莊國小吧！這兩個新里名其實還中規中矩，沒什麼八股味。

到了一九七七年因工業化進一步加速，人口進一步匯集。中港里擴充為四個里，立人里也擴充為四個里，恆安里靠近中正路與中港路交口，腹地有限，人口最早呈現飽和狀態。新擴增的里沿著中港路向北發展。里名至此進入「批量」生產階段，立人里新增的三個里叫立功、立德、立言，湊了個「三達德」，勉強說得過去，中港里新增的三個里叫中和、中美、中泰，這和中港有什麼關係，我想地名的主事者，大概是擠破腦袋也沒法在「中港」的名下再延伸出相關的新里名，只能挑一些「好」字眼湊數了。

這個時候就碰上我在中港路散發建築海報的年代。中港路上沒有公園與綠地，土地只用來建築制式、建材低劣的廉價公寓，連狹小到不能再縮減的公共空間也被各式用途違規占用。人的活動空間被壓縮到極致，比卓別林諷刺電影《工業時代》更加令人髮指。連現實的生活都是如此，地名又算是什麼？不就是工業時代批量生產的廉價品。後來就只剩中港里還在擴充，一九九〇年後又擴充了八個里。里名更加無厘頭了。

中港路並不是新莊唯一惡性擴張的例子。輔仁大學中正路以南是十八分坑溪與塔寮溪氾濫的區域，其惡性都市化擴張就更是令人瞠目結舌。那片一下雨就淹水的區域，連排水設施都沒建，就一口氣建成數以萬計的廉價公寓，同樣沒有公園綠地，道路系統簡直就是個大迷宮。甚至沒有菜市場的規劃，市場、小吃攤就群聚在南北輸電線路的高壓電塔下。里名從三個擴充到近三十個。

那個年代，臺北周邊衛星城市，市區惡性擴張，地名批量生產，和進口替代產業下批量生產的工業產品一樣，是同一種性質，和不重視本土文化扯不上什麼關係。

虎頸山

馬公改回媽宮怎麼就那麼難！

對鄉土的摯愛是攝影家張詠捷創作最大的動力，她對政治活動毫無興趣。她和我是同鄉。《被誤解的臺灣老地名1》出版後，她買了好幾本送人，因為書中「媽宮改馬公是日本人的忌諱作祟？」一文令她感同身受。之後她在縣市長選舉時說服了一位候選人，將馬公恢復舊名「媽宮」作為主要政見，可惜後來這位候選人落選了，更名之議只能繼續塵封。

其實恢復老地名之議由來已久，每每被各級政府以茲事體大，改動成本過高而推諉。但是以前總統陳水扁就職臺北市長後立即將介壽路改為凱達格蘭大道，之後全臺各地引發了一陣恢復原住民地名的風潮，回頭再看看「茲事體大，改動成本過高」，只能說是懶政的推諉託詞罷了。

介壽路改為凱達格蘭大道不過是在道路名稱上做文章，談不上有意義的恢復老地名。而陳水扁也不過是藉改名以破除個人崇拜，打擊國民黨長期執政的威信罷了，和地名正義毫無關係。

我當時就想要是能將臺北市改名為大加蚋市或凱達格蘭市那該有多好。有人或許會說一條街道名稱的改動，相對較容易可行，一個城市改名牽扯就大了。那麼我們來看看臺北縣更名為新北市，還不是說改就改，也沒見政府機構說什麼「茲事體大，改動成本過高」之類的話。那麼恢復舊地名真正的阻礙在哪裡？在探討這個問題之前，我們先對臺灣地名的形成，做一個宏觀的回顧。

地名的回顧

臺灣從明鄭時代起，國家政權就對原有地名加以改造。當時的里名如「仁德」、「永康」、「永寧」、「善化」、「新化」之類的八股地名，簡單的說就是對原住民社會進行意識形態的鎮壓。不過當時明鄭政權對原住民最大的壓迫是無窮盡的傜役。因為發展水平的差異，原住民對地名的歧視形態可能是無感的。

清政府或許是因為少數民族入主中原之故，對原住民的音譯地名包容度較高。但是從其統治後期恆春縣的設治時，對全縣十三個里的命名皆為「宣化」、「德和」、「興文」、「治平」、「安定」之類八股地名，一副統治者教化黎民百姓的嘴臉和明鄭小朝廷也沒啥區別。

一九二〇年日本殖民政府進行行政區域調整的同時，也對地名也進行了一次系統性「規範」。這次規模空前的調整在前文有關「一九二〇年地名大改制」做過深入的分析。此次地名調整將地名的命名徹底掌握在國家機器的手中，平民百姓對與切身相關的地名完全失去了發言權。近年一些相關的學者對日本時代的地名改制，提出不少研究報告。我個人認為這些研究報告總是在一些枝微末節上打轉，很少能切中問題的根源。

首先我們必須清楚的認識到，地名甚至行政區域的改制，是在一九〇六年完成土地與自然資源調查之後的基礎上進行的。所以地名與行政區域的改制，不能單單只是以行政官僚的傲慢與無知作為批判的視角。本質上此次地名與行政區域的改制，是土地資源與人民的身家性命徹底為國家機器經過精確計量之後，轉換為國家機器與統治階級擴張所需的資源。臺灣人民自身的權益徹底被國家與統治階級的利益所涵化而不自知。甚至還嘲笑農業時代鬆散的國家干預，直至自身被組裝為軍國主義的炮灰。

地名改造的荒謬與驚豔

如果我們不能清楚的認知，一九二〇年地名大改制是奠基於殖民主義資本化的本質之上，而單單在殖民主義意識形態的枝微末節上打轉，只能是見樹不見林

《臺灣地圖》（澎湖部分）

1920年行政區域改制之前馬公的行政劃分仍沿襲清代的體制屬於東西澳媽宮街。

吉貝
吉貝嶼
赤崁
瓦硐
通梁
鎮海
南寮
西嶼
澎湖島
林投
嵵裡
虎井嶼
八罩嶼
花嶼
水按
網按
草嶼
貓嶼
西吉嶼
東吉嶼

的短視與淺薄。

對一九二〇年地名大改制在具體操作問題的批判，我認為最關鍵的問題是語言的歧視。統治者必然以自身語言為尊，貶抑被統治者的語言。但因為漢和二族共用漢字千年以上的歷史，使得一九二〇年地名大改制在語言歧視基調上添增了某些「荒謬」的色彩。如果沒有這類荒謬，也斷斷不會出現「媽宮」改為「馬公」、「八塊厝」改為「八塊」之類無厘頭的改法。但或許也因為如此，才會出現「鹹菜甕」改「關西」、「小基隆」改「三芝」等令人「驚豔」的神來之筆。

另一方面本土百姓文化水平有落差，也是殖民者在地名改制上為所欲為的原因之一，例如澎湖人到現在用閩南語稱呼「馬公」時仍然唸作「媽宮」，但是當時「媽宮」兩字怎麼寫，可能也沒多少人講得清楚。

去町名化，其實和消除殖民影響沒有直接關係

這些年來發表日本時代地名政策與作為的學術論文不在少數，但是探討光復後的地名政策的並不多。光復後的鄉鎮級以上的地名，國民政府主動加以變更的其實十分有限，而且變更的原因也都是消極性質的。簡單的說在地名問題上，國民政府可說是殖民政府的繼承者，並沒有獨立的地名政策。因為沒有政策，所有

的變更只能是消極應對，不可能有積極的作為。我之所以如此批判，可以從光復後的地名變更案例加以考察。

首先，大家常認為國民政府為了消除殖民時代的影響，大量的變更日式地名，這類的說法似是而非。當時在新地名制訂時，確實有提到要消除日本味太重的地名。但具體做法是什麼，又很難說得清楚。

光復後日式地名最大的變更案例是城市中的町名。絕大多數的町名都屬於日式地名，但町名的取消其實和消除殖民時代影響並沒有直接關係。主要的問題是，光復後國民政府改變了原有町、番地的城市戶籍系統，改為與內地同步的路街、巷弄體系。

町、番地與路街、巷弄乍看有些類似，但仔細分析，兩者有本質上的區分。路街、巷弄屬於線型體系，町、番地則是區塊體系，體系一變，路街名自然不能再繼承町名，只能推倒重來。

正好當時臺北市政府有一位來自上海的都市規劃師，便將當時上海市以大陸省縣市名為路街名的做法移植到臺北。上海的做法確實是為了消除殖民地租界區的影響。改名之前，上海的租界區內，一堆什麼霞飛路、金神父路之類的路名。租借地一取消，這些以外國人命名的馬路，自然就沒有存在的必要了。

後來臺北沿襲上海的改法成了本土學者長年攻擊的案例。其實這類變更除了臺北、高雄之外，臺灣其他城市採用這個做法的只有零星少數。可見這只是個別地方政府自主行為，並非是中央政策法規的支持，所以並不能視為是為了消除殖民影響的中央既有政策。

其次，光復初期國民政府根本沒有能力派出足夠的行政團隊接管臺灣，陳儀因此主張留任日籍公務員與技術官僚。事實上絕大多數的日籍公務員與技術官僚也願意繼續留任，甚至情願歸化中國國籍。後來反而是美國人反對這個做法，才未見施行。但即使如此，還是有相當人數的日籍人員留任到一九四〇年代末期。

當時的國民政府不但沒有足夠的人力資源接管臺灣，行政管理的法規與制度更是嚴重落後，相當程度的城市規劃沿用日本三〇年代的版本一直到六、七〇年代。因此與地方政府行政相關的地名，基本上承襲日本時代的遺緒。

在地名政策上臺灣還處於殖民時代

光復後，日本時代街庄地名被改名的只有二十五個，其中只有吉野改吉安，小梅改梅山勉強算是改變日式地名，可都還留了一個「吉」、「梅」字的小尾巴。至於壽改為壽豐根本不算改，而是「壽」與「豐田」合稱。真正恢復舊名的

馬公天后宮是全臺最古老的廟宇，1604年荷蘭東印度公司艦隊第一次入侵澎湖時，便記錄了這座廟宇的存在。馬公古名媽宮即源自這座廟宇。

只有坡心改埔心，大平依舊太平。除了馬公之外，臺灣還不知有多少地名應該改回原地名，結果就改了兩個，想一想在地名政策上，說國民政府是類似汪精衛、滿洲國之類的偽政權還真不為過。

除上述之外，二十五個改名個案中，還有少數是內埔改后里，新港改成功，四湖改西湖之類是為了消除重複地名，其他像是都鑾改東和，三叉改三義，八塊改八德，九塊改九如等，改還不如不改。

其實花東地區除了少數像「大和」、「三笠」之類太「囂張」的日本地名，大量的日式地名還是被保留了下來，例如玉里、瑞穗、豐濱、富里、春日、松浦、長良、靜浦、磯崎、鶴岡、舞鶴等等。原因之一可能還與這些地方的舊地名和原住民有關。另外就是光復後的公務員甚至地方人士，也未必願意恢復舊名。試想玉里改回樸石閣、瑞穗改回水尾，就是政府想改，但當地居民願意嗎？其餘的像鶴岡如果改回烏鴉立那就更別提了。

總之從地名的角度來看，國民政府只能算是日本殖民政府的繼承者，而臺灣的住民有相當大比例還挺懷念日本殖民時代的。這就是像無數馬公之類殖民時代「亂改」的地名，想恢復舊名困難重重的真正原因。

【地名變遷】

清治時代	日治時代	光復後
	臺北	
錫口	松山	松山
艋舺	龍山寺町	龍山
臺北城內	城內	城中區
大稻埕	大稻埕	建成區
大稻埕	大稻埕	延平區
大龍峒	大龍峒	大同區
景尾	萬盛	景美區
內湖	內湖	木柵區
	鶯歌街	樹林鎮
三角湧	三峽	三峽
溪洲	中和	永和
漳和	中和	中和
三重埔	鷺洲	三重
和尚洲	鷺洲	蘆洲
山腳	新莊	泰山
樹林口	林口	林口
滬尾	淡水	淡水
八里坌	八里	八里
小雞籠	三芝	三芝
水返腳	汐止	汐止
龍潭堵	瑞芳	瑞芳
金包里	金山	金山
馬鍊	萬里	萬里
槓仔寮	貢寮	貢寮
石底	平溪	平溪
大坪林	新店	新店
	桃園	
大坵園	大園	大園

【地名變遷】

清治時代	日治時代	光復後
蘆竹厝	蘆竹	蘆竹
龜崙嶺	龜山	龜山
八塊厝	八塊	八德
楊梅壢	楊梅	楊梅
安平鎮	平鎮	平鎮
石觀音	觀音	觀音
大嵙崁	大溪	大溪
龍潭陂	龍潭	龍潭
	新竹	
鹹菜甕	關西	關西
舊港	竹北	竹北
紅毛港	紅毛	新豐
大湖口	湖口	湖口
樹杞林	竹東	竹東
草山	寶山	寶山
九芎林	芎林	芎林
月眉	峨眉	峨眉
	苗栗	
吞霄	通宵	通宵
四湖	四湖	西湖
銅鑼灣	銅鑼	銅鑼
三叉河	三叉	三義
崁頭厝	頭屋	頭屋
後壠	後龍	後龍
罩蘭	卓蘭	卓蘭
	臺中	
西大墩	西屯	西屯
犁頭店	南屯	南屯
三十張犁	北屯	北屯

【地名變遷】

清治時代	日治時代	光復後
葫蘆墩	豐原	豐原
墩仔腳	內埔	后里
潭仔墘	潭子	潭子
壩仔	大雅	大雅
大里杙	大里	大里
阿罩霧	霧峰	霧峰
太平	大平	太平
牛罵頭	清水	清水
沙轆	沙鹿	沙鹿
梧棲港	梧棲	梧棲
磁窰	外埔	外埔
茄投	龍井	龍井
東勢角	東勢	東勢
石崗仔	石岡	石岡
	彰化	
和美線	和美	和美
下徑口	線西	線西
新港	新港	伸港
茄苳腳	花壇	花壇
溪湖厝	溪湖	溪湖
田中央	田中	田中
燕霧大庄	大村	大村
關帝廳	永靖	永靖
大埔心	坡心	埔心
二八水	二水	二水
番仔挖	沙山	芳苑
大城厝	大城	大城
蘆竹塘	竹塘	竹塘
草鞋墩	草屯	草屯

【地名變遷】

清治時代	日治時代	光復後
湳仔	名間	名間
內國姓	國姓	國姓
林杞埔	竹山	竹山
獐仔寮	鹿谷	鹿谷
雲林、嘉義		
他里霧	斗南	斗南
庵古坑	古坑	古坑
大埤頭	大埤	大埤
莿桐巷	莿桐	莿桐
五間厝	虎尾	虎尾
義崙	二崙	二崙
海口厝	海口	台西
水漆林	水林	水林
大埔林	大林	大林
水堀頭	水上	水上
打貓	民雄	民雄
新南港	新巷	新港
雙溪口	溪口	溪口
梅仔坑	小梅	梅山
竹頭崎	竹崎	竹崎
番仔路	番路	番路
後大埔	大埔	大埔
樸仔腳	朴子	朴子
六腳佃	六腳	六腳
頂東石	東石	東石
布袋嘴	布袋	布袋
鹿仔草	鹿草	鹿草
義竹圍	義竹	義竹
臺南		
和順寮	安順	安南

【地名變遷】

清治時代	日治時代	光復後
鹽水港	鹽水	鹽水
店仔口	白河	白河
查畝營	柳營	柳營
後壁寮	後壁	後壁
番社	番社	東山
官佃	官田	官田
石仔瀨	大內	大內
蕭壠	佳里	佳里
西港仔	西港	西港
七股寮	七股	七股
北門嶼	北門	北門
大目降	新化	新化
灣裡	善化	善化
直加弄	安定	安定
山仔頂	山上	山上
噍吧哖	玉井	玉井
內茄拔	楠西	楠西
南庄	南化	南化
土庫	仁德	仁德
關帝廟	關廟	關廟
龍船	龍崎	龍崎
埔姜頭	永康	永康
高雄		
楠梓坑	楠梓	楠梓
三塊厝	三塊厝	三民
大港埔	大港埔	新興
能雅寮	苓雅寮	苓雅
旗後	旗後	旗津
港仔墘	小港	小港
林仔邊	林子邊	林園

【地名變遷】

清治時代	日治時代	光復後
大樹腳	大樹	大樹
鳥松腳	鳥松	鳥松
阿公店	岡山	岡山
橋仔頭	橋子頭	橋頭
援勦	燕巢	燕巢
阿嗹	阿蓮	阿蓮
半路竹	路竹	路竹
彌陀港	彌陀	彌陀
舊港口	舊港口	永安
番薯寮	旗山	旗山
瀰濃	美濃	美濃
六龜里	六龜	六龜
山杉林	杉林	杉林
甲仙埔	甲仙	甲仙
羅漢內門	內門	內門
	屏東	
阿猴	屏東	屏東
火燒莊	長興	長治
玲珞	麟洛	麟洛
九塊厝	九塊	九如
高樹下	高樹	高樹
阿里港	里港	里港
萬蠻	萬巒	萬巒
頓物潭	竹田	竹田
新埤頭	新埤	新埤
林仔邊	林邊	林邊
溪洲	溪洲	南州
茄苳腳	佳冬	佳冬
蚊蟀	滿州	滿州

【地名變遷】

清治時代	日治時代	光復後
	澎湖	
媽宮	馬公	馬公
無	白沙	白沙
網垵	望安	望安
大嶼	大嶼	七美
	宜蘭	
頭圍	頭圍	頭城
民壯圍	壯圍	壯圍
冬瓜山	冬山	冬山
叭哩沙	三星	三星
花蓮港	花蓮港	花蓮
七腳川社	吉野	吉安
鯉魚尾	壽	壽豐
無	鳳林	鳳林
馬大安社	大和	光復
水尾埔	瑞穗	瑞穗
新社仔	新社	豐濱
中城	玉里	玉里
公埔	富里	富里
寶桑	臺東	臺東
巴塱衛社	大武	大武
蔴老漏社	成功	成功
都巒社	都鑾	東河
大掃別	長濱	長濱
里壠	關山	關山
擺那擺社	鹿野	鹿野
大陂	池上	池上
火燒島	火燒島	綠島

國家圖書館出版品預行編目 (CIP) 資料

被誤解的臺灣老地名 . 2, 時間篇 / 陸傳傑著 . -- 初版 . -- 新北市 : 遠足文化事業股份有限公司 , 2023.09

面； 公分

ISBN 978-986-508-264-2(平裝)

1.CST: 地名學 2.CST: 臺灣

733.37 112013346

被誤解的臺灣老地名 2：時間篇

作者——陸傳傑
圖片提供——陸傳傑、遠足資料中心

責任編輯——賴虹伶
封面設計——Bert.design
排版——立全電腦排版有限公司
資深主編——賴虹伶
副總編輯——賴譽夫

出版——遠足文化事業股份有限公司
發行——遠足文化事業股份有限公司（讀書共和國出版集團）
地址——231 新北市新店區民權路 108 之 2 號 9 樓
郵撥帳號——19504465 遠足文化事業股份有限公司
電話——(02) 2218-1417
信箱——service@bookrep.com.tw

法律顧問——華洋法律事務所 蘇文生律師
印製——呈靖彩藝有限公司

出版日期——2023 年 9 月 初版；2024 年 6 月 初版二刷
定價——450 元
ISBN 9789865082642（紙本）；
9789865082680（PDF）；9789865082673（EPUB）
書號 0W1N0001